中国能源与环境效率研究

张少华　蒋伟杰　著

本书是张少华主持的国家自然科学基金面上项目"中国企业和城市规模分布异化的政策根源、形成机制与效率评估"（批准号：72073038）、"中国的'中部迷失'问题：典型事实、形成机理及宏观后果"（批准号：71673253），以及广州市宣传文化人才培养专项经费资助的成果之一。

科　学　出　版　社
北　京

内 容 简 介

本书从三个方面对中国的能源与环境效率展开研究。首先，系统梳理和对比文献中存在的各种能源效率测度方法，不仅在此基础上提出一种可以有效分解能源效率的新方法，而且指出 SBM+DDF 模型是估计中国全要素能源效率的"最佳"选择。其次，针对二氧化碳引发的环境污染和全球变暖问题，从影子价格视角分析中国二氧化碳的减排价格、减排空间及减排策略。最后，分析我国雾霾污染的经济成因、"非减速治理雾霾"的可能性及地方政府的治理策略。本书对能源和环境效率研究方法进行系统梳理和稳健使用，在此基础上对中国能源和环境效率进行稳健估计和有效分解，进而提出节能减排的难度、空间及策略。

本书适合从事能源和环境效率研究的科研工作者参考和使用，同样适合各级政府部门参考和使用。

图书在版编目（CIP）数据

中国能源与环境效率研究 / 张少华，蒋伟杰著. —北京：科学出版社，2022.1

ISBN 978-7-03-071015-4

Ⅰ. ①中… Ⅱ. ①张… ②蒋… Ⅲ. ①能源效率–研究–中国 Ⅳ. ①F206

中国版本图书馆 CIP 数据核字（2021）第 260813 号

责任编辑：杭 玫 / 责任校对：王晓茜
责任印制：张 伟 / 封面设计：无极书装

科 学 出 版 社 出版
北京东黄城根北街 16 号
邮政编码：100717
http://www.sciencep.com

北京摩诚则铭印刷科技有限公司 印刷
科学出版社发行 各地新华书店经销

*

2022 年 1 月第 一 版 开本：720×1000 B5
2023 年 2 月第二次印刷 印张：11 1/2
字数：200 000

定价：**105.00 元**
（如有印装质量问题，我社负责调换）

目　　录

第一章　绪　论

　　高质量发展要求和"绿水青山就是金山银山"的发展理念，决定了能源和环境问题成为中国今后的重大问题，重视和解决该问题的主要方向就是节能减排和提高能源环境生产率。这就迫切要求对中国的能源效率水平进行科学测度与准确判断。与此同时，中国经济高速发展过程中同样伴随着严重的环境污染问题，科学分析环境污染的程度及形成根源，同样是摆在学者面前的一个重大问题。

　　本书首先系统综述了能源效率的各种测度方法，发现现有文献测度的全要素能源效率（total factor energy efficiency，TFEE）指标，要么是"考虑能源投入的全要素生产率"，要么是"考虑非合意产出的全要素生产率"，并非真正意义上的能源效率指标。虽然全要素框架下测度能源效率是能源效率研究进展中的一次重大突破，但是必须能够在全要素能源效率框架下分解出能源投入的单独效率贡献，因此，用 Russell 型、QFI[①]型、SBM[②]型及 SBM+DDF[③]型的数据包络分析法（data envelopment analysis，DEA）测度的能源效率才可以称为真正意义上的能源效率。其次，本书首次提出一种基于投入冗余的全要素生产率指数（input slack-based total factor productivity index，ISP）来重新测度和分解中国的能源生产率。该指数分解的能源生产率是真正意义上的能源效率指标；该指数还可以遵循全要素生产率的分解步骤，进一步将能源生产率分解为能源的技术变化与能源的技术效率变化，从而便于发现和挖掘能源生产率变化的驱动力量；该指数结合静态效率指标，还可以刻画出各个省份在能源消费上的优势与不足，从而便于判断每一个省份在节能上的方向。再次，本书指出能源效率研究的未来方向就是研究对象深入微观、研究方法日趋融合和政策指向更加清晰。最后，在 CCR 模型的基础上，从投入要素可调整程度、是否考虑坏产出以及冗余量可得性三个维度，通过改变约束条件的方式，演化得到七种全要素能源效率估计模型，剖析不同模型

---

① QFI：quasi-fixed inputs，准固定投入。
② SBM：slack-based models，基于冗余的模型。
③ DDF：directional distance function，方向性距离函数。

的演进路径和优劣差异，研究发现 SBM+DDF 模型不仅从三个维度对 CCR 模型进行全面改进，而且较好地解决了由于生产前沿面的压缩而导致的识别能力下降和能源效率高估的问题，是估计全要素能源效率的"最佳"选择。基于 SBM+DDF 模型的"节能减排"分析结果表明，中国节能减排潜力巨大，重点在中西部省份。

作为全球最大的二氧化碳排放国之一，中国在未来几年内二氧化碳的减排压力巨大。十八届三中全会以来，中国政府开始强调和加强市场在环境资源配置中的地位，逐步强化市场机制在环境资源配置中的决定性作用。这表明我国的环境政策开始从传统行政命令式转变为市场调控式，而这又依赖于市场调控式环境政策体系的建立，其中二氧化碳的影子价格测度是判断当前中国减排压力和减排空间的基础性工作，更可以为未来几年减排路径的设计提供科学方向和科学依据。为此，本书试图建立科学估计中国工业行业二氧化碳影子价格的稳健方法。首先，引入方向性距离函数与生产技术，对包含污染物的生产技术进行建模；其次，通过构建收益函数来刻画经济个体追求利润最大化的行为，并通过包络定理得到二氧化碳影子价格的估计公式；再次，通过参数近似的方法表示生产技术，并采用参数线性规划求解模型参数；最后，针对参数线性规划模型无法修正样本中存在的抽样误差以及无法获得模型参数的标准误等问题，采用自体抽样方法获得估计参数的抽样分布，并在此基础上对参数进行偏差修正，进而得到二氧化碳影子价格的稳健估计值。在此基础上，利用估计结果对我国工业行业的减排政策进行讨论。

穹顶之下，雾霾滚滚。伴随着中国经济的快速发展，全国大范围持续性的雾霾天气日渐引起社会各界的关注。污染防治首先要识别造成污染的根源，那么，中国巨量雾霾的成因究竟是什么？基于成因的判断，可以采取哪些有效措施来治理日益严重的雾霾？该问题的详细探讨对实现中国可持续发展以及切实改善国民生活质量都至关重要。为此，本书集中探讨了中国雾霾的经济成因和治理方式，利用 Kaya 恒等式（Kaya，1989）对传统的 IPAT（impact population affluence technology）分解方法进行了扩展，将雾霾浓度变化分解为人口规模、生活水平、产业结构、能耗强度及排放强度五个部分，并利用中国 30 个省份[①]的平衡面板数据对雾霾浓度进行了分解，从国家层面、地区层面和省份层面三个维度对分解结果进行了细致分析，接着还分析了治理雾霾的可能抓手、紧迫性和可能方向。

本书的主要特色体现在以下几个方面：①系统综述了能源效率的测度方法、研究争议及发展方向，指出现有文献测度的全要素能源效率指标，要么是"考虑

---

① 不包含西藏和港澳台地区。

能源投入的全要素生产率"，要么是"考虑非合意产出的全要素生产率"，并非真正意义上的能源效率指标。然后提出了真正的能源效率测度方法——基于 ISP 指数的方法；该指数还可以遵循全要素生产率的分解步骤，进一步将能源生产率分解为能源的技术变化与能源的技术效率变化，从而便于发现和挖掘能源生产率变化的驱动力量。②研究了中国工业二氧化碳影子价格的稳健估计与减排政策。从现有研究来看，估计二氧化碳影子价格的模型主要可以分为三大类：第一类是基于专家型的二氧化碳影子价格估计模型；第二类是基于经济-能源模型的二氧化碳影子价格估计模型；第三类是基于微观供给侧的二氧化碳影子价格估计模型。其中，非参数方法虽然弥补了专家型方法具有很强的主观性以及经济-能源模型具有较强假设的缺点，但本身也面临着不可求导等问题。为此，学者通过参数化方法得到连续可导的生产前沿面，使其在现有研究中得到广泛应用。但由于参数线性规划方法无法处理随机干扰对二氧化碳影子价格的影响，同时也无法对得到的估计参数进行假设检验，故受到了学者的批评。针对这些问题，本书拟通过自体抽样方法来克服确定性模型无法处理随机干扰和无法进行假设检验的问题，并在此基础上对参数进行偏差修正，进而得到二氧化碳影子价格的稳健估计值，在此基础上，利用估计结果对我国工业行业的减排政策进行讨论。③利用 Kaya 恒等式对 IPAT 方法进行扩展，分析了中国雾霾污染的经济成因。现有文献对我国雾霾的经济成因作出了大量探索性研究，归纳起来，主要有以下几个方面：人口因素、生活水平、产业结构、能源结构和使用效率。但是这些文献在处理这些影响因素时，多数是基于某一个视角的回归分析，该做法在分析雾霾污染经济成因时会造成"遗漏变量偏差"问题，不仅导致估计结果可信度降低，有"盲人摸象"之嫌，而且导致不同研究结论之间无法进行比较，难以更科学地为治理雾霾提供系统性政策建议。此外，由于没有将这些影响因素放入统一框架下进行分析，故无法对不同影响因素的重要性进行排序比较，直接导致治理雾霾的政策建议针对性和有效性大打折扣，既可能产生"顾此失彼"的情形，也可能造成"捡了芝麻丢了西瓜"的困局。因此，本书采用 Kaya 恒等式对 IPAT 方法进行扩展，借助该分解方法从经济意义上系统识别我国大范围持续雾霾的经济成因和治理方向。

全书总共包括七章。第一章是绪论；第二章是能源效率测度方法：演变、争议与未来；第三章是基于 ISP 指数的中国能源生产率再测度与分解研究；第四章是中国能源效率稳健估计及节能减排潜力分析；第五章是中国能源效率的影响因素研究；第六章是中国工业二氧化碳影子价格的稳健估计与减排政策；第七章是中国雾霾经济成因分解研究。

第二章　能源效率测度方法：
演变、争议与未来

在能源、环境与经济增长问题日益凸显的背景下，提高能源效率成为实现可持续发展的关键，而如何测度能源效率则是一项重要的基础性研究工作。为此，本章首先分析能源效率测度方法的演变过程，其次指出现有文献在能源效率认识上的优势与缺陷，最后指出能源效率研究未来的发展方向。本章认为：①单要素能源效率方法由于没有考虑其他要素投入的影响而存在致命缺陷，但是在国别比较研究与政策目标设定等方面仍然具有比较优势。全要素能源效率方法随着全要素框架的设定、假定的放松和新技术的引入，其中基于 DEA 的估计方法也经历了从径向到非径向再到基于冗余模型，从距离函数到方向性距离函数再到基于冗余的方向性距离函数，逐步将经济、能源与环境问题纳入统一的分析框架，越来越具有接近现实生产情况与政策含义明确等优势。②方向性距离函数与随机前沿分析法（stochastic frontier approach，SFA）的结合，以及单要素指数分解方法（index decomposition analysis，IDA）与距离函数的结合所产生的基于生产理论框架的分析方法（production-theory decomposition analysis，PDA）在能源效率测度方面的应用，更加快了各种方法之间交叉融合的发展趋势。③虽然全要素框架下测度能源效率是能源效率研究进展中的一次重大突破，但是必须能够在全要素能源效率框架下分解出能源投入的单独效率贡献，因此，用 Russell 型、QFI 型、SBM 型及 SBM+DDF 型的 DEA 测度的能源效率才可以称为真正意义上的能源效率。本章研究对科学认识能源效率内涵、合理测度能源效率水平以及建立规范细致"节能减排"绩效评估框架与政策体系具有重要的理论价值和指导意义。

一、引　言

随着资源与环境问题在中国经济可持续发展中的重要性与紧迫性的提高，能源效率的研究大量兴起。纵览能源效率的研究文献，发现能源效率研究主要包括两个方面：能源效率评价与能源效率影响因素研究。能源效率评价是通过采用各种测度能源效率的方法来开展的，而能源效率影响因素研究则是在能源效率测度基础上，通过计量回归分析进一步揭示影响能源效率高低与变化的主要因素。由此可见，能源效率评价，即如何科学又合理地测度出能源效率水平是能源效率研究的首要问题。

笔者在大量阅读与梳理研究能源效率的文献后，"喜忧参半"。"喜"的是研究能源效率的方法已经非常丰富，既有单要素能源效率方法（能耗强度），又有全要素能源效率方法（基于 DEA 发展起来的各种变体）；既有参数方法（SFA），又有非参数方法（DEA）；既有只考虑合意产出的效率分析方法（如能耗强度、全要素能源效率），又有考虑非合意产出的效率评价方法[如环境全要素能源效率（ecological total factor energy efficiency，ETFEE）]。"忧"的是能源效率评价方法的丰富造成的问题比解决的问题更多，具体体现在：①经验判断差异大。单要素能源效率方法测度的中国能耗强度直线下降（史丹，2002），但是全要素能源效率方法测度的中国能源效率情况则没有这种特征，有的发现是"U形"变化趋势（范丹和王维国，2013），有的却发现是"倒 U 形"（Hu and Wang，2006；魏楚和沈满洪，2007a），还有个别研究发现，中国能源效率的变化趋势呈波浪式，仅有局部时间段是"倒 U 形"特征，而且不同测度方法的结论差异很大，不可比较。②方法选择欠斟酌。基于 DEA 发展起来的各种全要素能源效率测度方法可谓"五花八门"（具体详见本章后面综述），但是学界在采用这些方法研究时，大多将各种新发展起来的方法应用于中国样本的研究，而对于不同方法之间的逻辑发展过程、适用条件及识别能力等，大多数研究并没有仔细考量与谨慎选择，这也客观上造成各种研究结论争议不断，差异很大。③尽管能源效率评价上差异较大，学者仍然基于不同方法测度的能源效率水平来设定计量分析模型，进一步分析能源效率的影响因素，而在设定计量分析模型时，控制变量的引入也存在很大的随意性，不同研究的控制变量设定差异很大，有的研究认为能源价格、技术进步等是影响能源效率的主要因素（傅晓霞和吴利学，2010），而有的研究认为技术进步、产业结构等是影响能源效率的主要因素（魏楚和沈满洪，2007b）。此外，对外开放、能源结构、经济发展水平、制度因素等对能源效率也有着重要影响（史丹，2002；魏楚和沈满洪，2007b）。由此可见，这些新产生的问题迫切需要学界对各种能源效率方法进行详细论证与综述。

学术界对能源效率水平的科学判断也是有效施政的首要前提。但是，基于单要素能源效率方法测度的中国能耗强度发现，在中国工业化迅速推进、经济快速增长过程中，单位 GDP（国内生产总值）能源消耗（能耗强度）出现了持续下降的现象，学界称之为"中国能源效率提高之谜"（史丹，2002），这个研究结论与当前中国面临的能源环境紧迫问题明显不符，而且与采用各种全要素能源效率方法测度的结果也差异很大。与此同时，中国政府在"十一五"规划中，第一次明确提出"能耗强度"目标，要求单位 GDP 能耗（又称能耗强度）要比 2005 年降低 20%；而且从 2006 年开始，在全国实施单位 GDP 能耗公报制度，并将能耗降低指标分解到各省份，中央政府与各地政府和主要企业分别签订了节能目标责任书。2015 年，李克强总理在《政府工作报告》开篇首次将"能耗强度"作为与 GDP、居民消费价格、就业等其他宏观经济指标并列的关键指标，提出能耗强度在 2015 年要下降 3.1%以上。足见这一指标在当前经济社会运行新常态下的重要性，仍然属于政府治理与决策的主要参考指标。尽管能耗强度指标因为忽略其他要素投入的影响而存在较大局限性，各种全要素能源效率测度方法也很多，但是能源效率指标依然无法为政府决策提供更好的依据。因此，学术界与政策界在能源效率指标上的这种不一致、不协调，也迫切要求与呼唤一种更加科学的能源效率指标体系的出现。

为此，本章试图详细综述现有研究采用的各种主要能源效率测度方法，指出现有文献在能源效率认识上的优势与缺陷，并进一步指出科学合理的能源效率的测度方法，最后指出能源效率研究未来的发展方向。研究发现：①单要素能源效率方法测度的能耗强度指标具有计算方法简单、国别比较便捷及政策目标设定清晰等优势，但由于其忽略了其他要素投入的贡献而逐渐被全要素能源效率方法取代。②全要素能源效率测度方法由于 DEA 模型的设定差异而包括不同类型：不考虑非期望产出的 CCR 型、Russell 型、QFI 型和 SBM 型全要素能源效率指数；考虑非期望产出的 DF（distance function，距离函数）型、DDF 型和 SBM+DDF 型全要素能源效率指数。这七种效率测度模型在参数化、是否包括坏产出、冗余量、可加权 Pareto 效率等六个方面各具千秋，但是如果从能源效率测度必须能够在全要素能源效率框架下分解出能源投入的单独效率贡献这个角度来说的话，Russell 型、QFI 型、SBM 型及 SBM+DDF 型的 DEA 测度的能源效率才可以得到真正意义上的能源效率。③方向性距离函数与 SFA 的结合既克服了采用 DEA 估计距离函数易受随机干扰的缺点，也避免了 SFA 模型无法估计多投入的缺点；IDA 与距离函数的结合产生的 PDA 可以将能耗强度分解为更具政策含义的指标。不同方法的结合或提高了估计效率，或使模型更加接近真实生产过程。这些方法在能源效率测度方面的应用，使得各种能源效率测度方法出现了一种相互借鉴与逐步融合的趋势。

　　本章其余部分安排如下：第二部分是对能源效率测度方法的介绍与评述；第三部分是对现有研究中存在的争议进行分析；第四部分是未来的研究方向。

二、测度方法的演变过程

　　能源效率是指用较少的能源生产同样数量的服务或有用的产出。对一国的能源效率进行评价涉及能源效率指标的选择及测度该指标的具体方法。目前，国内外学者研究能源效率的方法与视角主要有三种：单要素能源效率方法、全要素能源效率方法及 SFA。单要素能源效率方法主要指的是能耗强度与真实能耗强度；全要素能源效率方法主要指在DEA基础上逐渐发展起来的全要素分析框架，起初的全要素能源效率仅仅是在DEA分析框架下，在投入端包括能源消费的数据，而随着方法的演进，如方向性距离函数的引入，开始在产出端考虑非合意产出的影响；SFA 则是一种使用极大似然估计的参数估计方法。下面将按照能源效率测度方法的演进路径，对现有研究中普遍使用的方法做逐一介绍与简要评述。

（一）单要素能源效率测度方法

　　单要素能源效率指标即能耗强度，是指增加单位 GDP 的能源消费，即单位产值能耗，是反映能源效率的重要指标之一。能耗强度反映了能源和经济的投入产出水平，也在宏观上反映着能源与环境的相互影响和制约关系。该指标简单易懂，便于使用，至今被大量学者采用，由于计算简单，易于进行国别比较研究，因此也常常作为政府部门管理宏观经济的一个关键指标。

　　国内采用能耗强度进行能源效率的典型研究如下。史丹（2002）采用中国1978~2000 年的宏观数据研究了中国的能耗强度，发现中国能源利用效率的改进是非常显著的，对外开放、产业结构和经济体制是影响能源效率的重要因素。高振宇和王益（2006）以 1995~2003 年中国 29 个省份为数据样本，通过聚类分析，将各省份划分为能源高效区、中效区和低效区三类，并利用面板数据计量分析了经济发展水平、产业结构、投资情况及能源价格等因素对能源效率的影响。齐绍洲和罗威（2007）认为随着人均 GDP 的收敛，西部与东部地区的能耗强度差异也是收敛的，但收敛的速度慢于人均 GDP 的收敛速度。傅晓霞和吴利学（2010）则发现 1952~2006 年样本期内中国的能耗强度在 2002 年开始上升。在跨国比较和行业能源效率研究方面，文献也十分丰富。吴巧生和成金华（2006）运用 Laspeyres 指数及其分解模型对 1980~2003 年总体能耗强度及三次产业能耗强度进行分解，研究发现中国能耗强度下降主要是各部门能源使用效率提高的结果。李廉水和周勇（2006）运用因素分析法，研究了 1980~2003 年农业、工业、建筑业、交通运输业、商业和服务业在内的六大产业能耗强度，发现不同时段结构调整对能耗强度的影响不同。

（二）全要素能源效率测度方法

单要素能源效率指标存在一个非常致命的缺陷，即只考虑到能源作为单一投入要素。换言之，这个指标可能忽视能源和其他投入（劳动力和资本）之间的替代或互补关系（Chang and Hu, 2010），尤其是没有单独反映能源投入的单独效率贡献。因此，如果使用这种单要素能源效率指标，很可能会得到一个似是而非的结果，即由于单要素能源效率是把能源作为生产要素的一种投入，却没有同劳动和资本两种生产要素进行区分，在这种情况下，测算出的能源效率值并没有凸显出能源的特征。或者说，在这种情况下既可以将求得的效率值称为能源效率，也可以将其称为资本效率或劳动效率（王兵等，2011）。

为此，Hu 和 Wang（2006）率先提出了全要素能源效率的概念，在全要素框架下计算能源效率。全要素能源效率的概念来源于微观经济学上的全要素生产理论。社会生产的各投入要素在一定程度上可以相互替代，而决定最终产出的并非能源或人力等某一个生产要素，而是各种生产要素的组合。Hu 和 Wang（2006）进一步构造了一个全要素能源效率方法来研究中国各地区间的能源效率差异，其思路是利用距离生产函数（distance production function）估算为达到一定产出而需要的最优能源投入量，再将它与实际的要素投入量之比定义为能源效率。

从测度而言，全要素能源效率是一个目标能源投入除以实际能源投入的比率，是关于能源使用的相对效率指数，易于理解和扩展。计算全要素能源效率的关键是如何计算目标能源投入。DEA 方法是一种非参数的前沿方法，是解决这个问题的恰当方法。DEA 不仅是计算决策单元（decision making units，DMU）绩效或者效率的工具，而且可以计算投入和产出的目标值，更具体地，DEA 可以计算投入和产出的冗余，即投入和产出偏离有效前沿的距离。根据这种方法，过度的能源消费是一种投入冗余，而能源投入的目标值或者效率值就是能源投入的实际值与冗余之间的差值。

在实际的测度中，由于 DEA 模型的设定差异，全要素能源效率指数又包括不同类型。具体而言，不考虑非期望产出的全要素能源效率指数有四种类型，包括

CCR 型、Russell 型、QFI 型及 SBM 型；考虑非期望产出的全要素能源效率指数则包括 DF 型、DDF 型及 SBM+DDF 型。

本章接着需要借助 DEA 分析框架来逐个介绍基于该框架的各种能源效率测度方法。在过去三十多年里，DEA 技术迅速发展并且被应用到银行、经济等诸多领域。与此同时，DEA 也成为能源效率分析的一种主要工具。随着 DEA 的发展，学者已经在基本的 DEA 模型基础上进行各种扩展，突破了原有的限制和假设[如 Ouellette 和 Vierstraete（2004）；Zhou 等，（2006）]。因此，下面不仅介绍各种研究能源效率的先进 DEA 模型，而且讨论全要素能源效率与这些模型之间的关系。

如上所述，传统的能源效率指标能耗强度是一种单要素测度指标，忽视了其他重要的要素投入。因此，引入能源使用的多要素指标就显得尤为必要。Hu 和 Wang（2006）引入的全要素能源效率方法克服了传统能效指标的偏误。这个指标主要有三个特点：①全要素能源效率可以处理多投入和产出，即全要素能源效率是在一个全要素框架下计算的；②全要素能源效率基于每一期的生产前沿，重新调整传统的能源效率指标为 0~1 的一个数值；③目标能源投入的计算对政策制定者极为重要。

根据定义，全要素能源效率是目标能源投入（target energy input）与实际能源投入（actual energy input）的比值，因为实际能源投入总是大于或者等于目标能源投入，全要素能源效率一定小于或者等于 1，即

$$0 \leqslant \frac{\text{target energy input}}{\text{actual energy input}} \leqslant 1 \qquad (2\text{-}1)$$

过度的能源投入，也就是实际能源投入与目标能源投入的差，是一种冗余。因此，总能源冗余（total energy slack）等于实际能源投入减去目标能源投入，在 0 和正无穷大之间。因此，式（2-1）可以表示为

$$0 \leqslant 1 - \frac{\text{total energy slack}}{\text{actual energy input}} \leqslant 1 \qquad (2\text{-}2)$$

毫无疑问，全要素能源效率的思想非常简单、易于理解。一方面，全要素能源效率是全要素投入效率的一个特例，如果仅仅强调能源投入效率的话；另一方面，学者同样可以方便地计算自己感兴趣的某种投入变量的全要素投入效率。例如，Hu 等（2006）根据上述方法研究了中国地区的全要素水资源效率。

同样基于上述思想，可以推导出全要素期望产出效率指数。由于实际期望产出总是小于或者等于目标期望产出，因此，式（2-1）的类似表达式同样在 0~1。因此，全要素期望产出效率指数定义为

$$0 \leqslant \frac{\text{actual desirable output}}{\text{target desirable output}} \leqslant 1 \qquad (2\text{-}3)$$

　　相应地,因为总期望产出冗余等于目标期望产出减去实际期望产出,全要素期望产出效率也可以表示为

$$0 \leqslant 1 - \frac{\text{total desirable output slack}}{\text{target desirable output}} \leqslant 1 \qquad （2\text{-}4）$$

　　然而,在实际经济中,非期望产出是不可避免的,尤其是在能源消费过程中。这意味着使用能源投入生产经济产出或者某种期望产出,也会同时生产出某些非期望产出,如二氧化碳、二氧化硫等。因此,也应该建立全要素非期望产出效率指数。同样可以基于上述思想计算全要素非期望产出效率指数。由于仍然是求最小化过程,因此全要素非期望产出效率指数类似于全要素投入效率指数。实际非期望产出一定大于或者等于目标非期望产出,并且总非期望产出冗余大于或者等于 0。于是,全要素非期望产出效率指数可以表示为

$$0 \leqslant \frac{\text{target undesirable output}}{\text{actual undesirable output}} \leqslant 1 \qquad （2\text{-}5）$$

或者表示为

$$0 \leqslant 1 - \frac{\text{total undesirable output slack}}{\text{actual undesirable output}} \leqslant 1 \qquad （2\text{-}6）$$

　　至此,本章已经简单地展示了全要素投入和产出效率测度的框架。实际上,全要素投入和产出效率指数能够具体地告诉我们所感兴趣的投入和产出的目标值或者减排值。这些测度对于政策制定者和政府是极为重要的。

　　接下来,计算目标值或者投入和产出的总冗余。下面围绕着全要素能源效率概念,通过介绍几种基本和高级的 DEA 模型来阐述它们是如何解决上述问题的。基于 DEA 的效率可以通过径向的、非径向的、基于冗余的及方向性距离函数来扩展。本章首先表明所有模型中的通用符号:假定存在涉及国家、地区及部门等的 N 个决策单元,这些决策单元消费能源和 M 种非能源投入来生产 R 种期望产出和 K 种非期望产出。因此,第 o 个决策单元的能源投入和第 m 个非能源投入变量分别表示为 e_o 和 x_{mo},并且,第 o 个决策单元的第 r 种期望产出和第 k 种非期望产出分别表示为 y_{ro} 和 u_{ko},讨论这些模型和全要素能源效率概念之间的联系。

　　接下来将按照 DEA 模型的发展历程,对不同类型的全要素能源效率估计模型进行比较分析。第一类能源效率的 DEA 模型是传统的不考虑非期望产出的按比例调整的模型。本章根据假设主要介绍三种模型:第一种模型假设所有投入可径向调节,称为径向 DEA 模型,包括 CCR 模型及 BCC 模型;第二种模型假设所有投入可以以不同比率按比例调整,称为非径向 DEA 模型,包括 Russell 模型和 ISP 模型;第三种模型假设只有能源可调节而其他投入是固定的,即 QFI 型全要素能源效率模型。

以上介绍的三种按比例调整的 DEA 模型存在一个严重的缺陷，这些方法得到的全要素能源效率属于 Farrell 效率，当存在松弛变量时，即便是上述模型中效率为 1 的决策单元也存在改进空间。为解决这一问题，Tone（2001）提出了不考虑非期望产出的 SBM，其成为估计全要素能源效率的另一重要工具。与上面介绍的 Russell 方法一样，SBM 也是一种著名的非径向 DEA 模型。特别是，SBM 直接处理过度投入和产出不足之类的冗余，而不是按比例调整。因此，根据全要素能源效率指数的定义，SBM 不仅可以计算出总能源冗余，而且可以更有效地找出目标能源投入。

随着环境问题日益突出，学者开始将污染纳入能源效率的分析框架，形成了第三类估计能源效率的 DEA 模型，包括 DF 型、DDF 型及 SBM+DDF 型三种模型。此类模型的主要贡献在于将经济、能源、环境（economy、energy、environment，3E）问题融入统一的分析框架中，得到的估计结果不仅更加贴近真实生产情况，而且具有更为强烈的政策含义。

1. CCR 型的全要素能源效率

基于假设，所有投入可以径向调整的 DEA 模型主要有 CCR 模型和 BCC 模型。这些模型的主要特点是，所有投入的调整可在不降低产出的情况下按比例进行收缩。然而，这两种模型对规模报酬（returns to scale，RTS）属性有明显差异，CCR 模型是规模报酬不变（constant returns to scale，CRS），而 BCC 模型表现出可变规模报酬（variable returns to scale，VRS）。

Hu 和 Wang（2006）最初提出的全要素能源效率就是根据投入导向的 CCR 模型计算的。在该框架下，第 o 个决策单元的线性规划问题可以通过式（2-7）求解：

$$\theta^* = \min \theta$$

$$\text{s.t.} \quad \sum_{n=1}^{N} \lambda_n e_n \leqslant \theta e_o$$

$$\sum_{n=1}^{N} \lambda_n x_{mn} \leqslant \theta x_{mo} \qquad m = 1, 2, \cdots, M \qquad (2\text{-}7)$$

$$\sum_{n=1}^{N} \lambda_n y_{rn} \geqslant y_{ro} \qquad r = 1, 2, \cdots, R$$

$$\lambda_n \geqslant 0 \qquad n = 1, 2, \cdots, N$$

式（2-7）以包络形式表示了投入导向的 CCR 模型，其中 θ 是标量而 λ_n 是 $N \times 1$ 常数向量。第 o 个决策单元的最优解就是效率得分 θ^*。

CCR 模型的主要缺陷有：忽视了非径向冗余的存在从而导致弱效率测度问题（Cooper et al.，2011）；同时无法直接从式（2-7）直接获得目标能源投入或总能源投入冗余。因此，Ali 和 Seiford（1993）提出了一个两阶段的线性规划问题来最大化非径向冗余。然而，Coelli（1998）建议采用多阶段 DEA 模型来获得非径向冗余，以代替两阶段 DEA。

假定 S_e^- 是根据两阶段或者多阶段 DEA 计算的能源投入的非径向冗余。$(1-\theta)\times e_o$ 等于能源投入的径向冗余。那么，总能源冗余就是径向冗余和非径向冗余的加总，目标能源投入等于实际能源投入减去总能源冗余。因此，建立在 CCR 模型基础上的 Hu 和 Wang（2006）的全要素能源效率可以表示为

$$\text{CCR-type TFEE} = \frac{\theta \times e_o - s_e^-}{e_o} = 1 - \frac{(1-\theta)\times e_o + s_e^-}{e_o} \qquad （2\text{-}8）$$

采用最初的全要素能源效率测度方法，Wei 等（2009）研究了中国省份能源效率。除此之外，Hu 和 Kao（2007）应用该方法计算了亚太经济合作组织的节能目标。至于 BCC 模型，需要在式（2-7）的基础上增加一个约束方程 $\sum_{n=1}^{N} \lambda_n = 1$，意味着生产前沿是可变规模报酬技术。遗憾的是，目前还没有文献采用 BCC 模型研究全要素能源效率。

在 Hu 和 Wang（2006）的开创性研究后，国内一批学者在对能源效率的测度上借鉴该方法，对中国全要素能源效率进行了深入探讨（魏楚和沈满洪，2007a）。魏楚和沈满洪（2007a）是 Hu 和 Wang（2006）研究方法对中国样本的再次研究。他们运用 1995~2004 年省级面板数据进行能源效率的计算，结果发现：大多省份能源效率符合"先上升，再下降"的特征，转折点一般出现在 2000 年前后。在 1999 年之后，各省份之间的能源效率差距逐渐扩大，不具有趋同性。其中能源效率最高的地区为东北老工业基地，其他依次为东部沿海地区、中部地区和西部地区。杨红亮和史丹（2008）使用能耗强度和三种全要素方法（基于 DEA 模型的综合效率指标、考虑能源使用冗余的能效指标、基于 SFA 模型的能效指标）对中国各地区的能源效率的比较研究表明：①全要素方法在揭示一个地区要素禀赋结构对其能效的影响方面有着传统的单要素方法替代不了的优势；②即使以国内的先进能效水平作参照，中国的总体能效水平也还很低，如果各地区可以达到上海等先进地区的能效水平，中国可以节约 30%左右的能源消耗；③东西部之间巨大的能效差距表明了在现阶段实现地区间节能合作、推动先进生产技术在东西部之间扩散的现实必要性。此外，也有学者对传统 CCR 模型在不同的目标下进行了扩展，分析不同情景下能源效率的差异。李世祥和成金华（2008）参考 Mukherjee（2008a）的做法，提出了不同目标情景下能源效率测度方法[①]，并构

---

① 在 DEA 应用的基础上，Mukherjee（2008a，2008b）提出了不同目标情景下能源效率测度的几种方法，即基于技术效率模型的能源效率、能源投入最小化模型的能源效率、成本最小化模型的能源效率、产能利用率模型的能源效率等几个模型。

建了基于不同目标的能源效率评价模型，从 1990~2006 年省际面板数据和工业行业面板数据的角度评价了中国的能源效率状况。研究发现：中国的能源效率整体较低，改进空间在30%~40%；能耗较高的工业部门能源效率都不高，工业部门节能压力巨大；技术进步及技术效率提升是提高能源效率的主要方式；提高能源与其他要素的相对价格有利于能源效率的改进。

　　上述方法相对于单要素能源效率已经有了很大进步，但仍然存在以下问题。首先，传统 CCR 模型或 BCC 模型在计算能源效率时，由于得到的包络面不一定满足严格弯曲的条件，所以径向方法得到的效率值是弱有效，属于"Farrell 有效"而非"Pareto 有效"。通俗地讲，即便计算得到能源效率值等于1，也存在进一步改进的空间。图 2-1 展示了"Farrell 有效"以及改进的方向，其中 A、B、C、D 四个点代表了四个具有不同资源禀赋的地区，C、D 这两个地区虽然具有不同的禀赋，但两者都位于效率前沿面上。A、B 两个地区的效率未达到最佳水平，A' 和 B' 分别是 A、B 两个地区在前沿面上的投影，这意味着 A、B 在不改变当前生产要素结构的条件下，效率改进的目标值为 A' 和 B'。虽然 A' 是"Pareto 有效"的，但 B' 仍然存在改进空间，从图 2-1 可以看到，同 C 点相比，在同样的产出水平下，B' 点需要更多的能源投入，换句话说，B' 点存在着能源消耗冗余，B' 点可以进一步沿着 C 点方向改进，在到达 C 点时才实现"Pareto 有效"。Ali 和 Seiford（1993）提出了一个两阶段的线性规划问题来最大化非径向冗余，从而实现"Pareto 有效"。

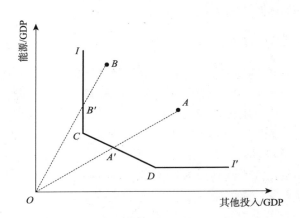

图 2-1　DEA 模型及能源投入冗余

　　其次，学者虽然通过改进模型解决了第一个问题，但是 CCR 模型仍然存在另一个问题。魏楚和沈满洪（2007a）在分析能源效率时，是在控制了其他投入的前提下，分析能源投入与产出的关系。但是在用 DEA 进行能源效率的测度时，实际上测度的能源效率仍然是考虑能源投入的全要素生产率指标。基于径向的 CCR

模型在计算能源效率时并未将能源效率与其他投入要素的效率区分开，这些模型大多数是把能源作为生产要素的一种直接加入 DEA 模型中计算，并没有同劳动和资本两种生产要素进行区分。在这种情况下，测算出的全要素效率值并没有凸显出能源的特征，只是在传统的全要素框架下加入了能源投入，从而测度出决策单元在综合利用多种要素进行生产以实现产出最大化的能力与程度。或者说，在这种情况下既可以将求得的效率值称为能源效率，也可以将其称为资本效率或劳动效率（王兵等，2011）。需要强调的是，Hu 和 Wang（2006）在提出这种测度方法的时候，明确这种方法测度的能源效率是全要素能源效率，但是国内学者在使用该测度方法研究能源效率的时候，却将这种方法测度出来的全要素能源效率理解为能源的单独贡献效率。

再次，政府在设定节能减排目标时，往往设定能耗强度这种单要素能源效率指标，一些国际公约（如"联合国气候变化框架公约"）体现的也是单要素能源效率指标下的减排责任安排，这就给全要素框架下的能源效率指标在与实践进行比较和提出政策建议时带来诸多不便。

最后，能源效率评价本身不是目的，关键是找出影响能源效率差异的因素。如果使用全要素框架下的能源效率为被解释变量，再将由 DEA 或 SFA 计算的全要素生产率指标（或其分解项——技术进步、技术效率）作为解释变量，然后采用普通最小二乘法（ordinary least squares，OLS）进行回归，这种过程可能存在内生性问题，即被解释变量的分子（最优能源投入量）与解释变量全要素生产率实际上都是由同一套数据处理过程产生的。

2. Russell 型的全要素能源效率

如上所述，CCR 模型的弱效率问题会导致能源效率的高估并减弱模型的识别能力，但正如王兵等（2011）指出的那样，该框架下测度的能源效率不是真正意义上的能源效率，既可以称为劳动效率，也可以称为资本效率。因此，允许所有投入按不同比率收缩的 DEA 模型产生了。Färe 和 Lovell（1978）提出了一个著名的建立在 Russell 效率测度基础上的 DEA 模型，而不是采用 CCR 模型中的 Farrell 效率测度。该模型允许不同的投入产出具有不同的放缩比例，且 Russell 测度较 Farrell 测度假设更少，应用更广[详细说明参见 Färe 和 Lovell（1978）]。因此，Russell 测度较 Farrell 测度有着更强的识别能力。

延续本章使用的假设，现有包含 $M+1$ 项投入的数据集，因此，第 o 个决策单元的投入导向型的 Russell 效率测度可以通过下面的线性规划求解：

$$\min \quad \frac{1}{M+1}\left(\sum_{m=1}^{M} \theta_m + \theta_e\right)$$

$$\text{s.t.} \quad \sum_{n=1}^{N} \lambda_n e_n \leqslant \theta_e e_o$$

$$\sum_{n=1}^{N} \lambda_n x_{mn} \leqslant \theta_m x_{mo} \qquad m = 1, 2, \cdots, M \qquad （2\text{-}9）$$

$$\sum_{n=1}^{N} \lambda_n y_{rn} \geqslant y_{ro} \qquad r = 1, 2, \cdots, R$$

$$\lambda_n \geqslant 0 \qquad n = 1, 2, \cdots, N$$

既然方程（2-9）考虑到每一种投入并非同比例调整，那么这个模型就可以避免弱效率问题，并且计算出更有效的效率值。根据全要素能源效率框架，目标能源投入被定义为 $\theta_e \times e_o$，而总能源投入冗余等于 $(1-\theta_e) \times e_o$。因此，Russell-type TFEE 可以表示为

$$\text{Russell-type TFEE} = \frac{\theta_e \times e_o}{e_o} = 1 - \frac{(1-\theta_e) \times e_o}{e_o} = \theta_e \qquad （2\text{-}10）$$

值得强调的是，Färe 和 Lovell（1978）提出的 Russell 测度方法均寻找所有投入按比例减少的最小算术平均值。本章可以很容易地将这个模型扩展到更一般的情形中。图 2-2 展示了 Russell 测度方法下，不同偏好结构对效率的影响情况。在标准模型中，由于赋予不同的投入要素相同的权重，故观测点 A 将会沿着 AA' 向 A' 靠近，并实现最佳效率。

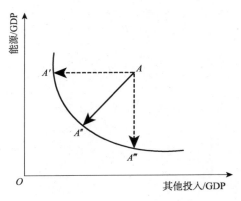

图 2-2　Russell 模型及偏好结构

但在不同的偏好结构下，观测点并不必然对各投入要素赋予相同的权重，在技术条件、要素价格、政策偏好等不同约束的影响下，观测点节能的路径具有多样性。因此，Russell 测度方法的提出为研究不同偏好结构下的节能路径提供了一

种工具，具体来说，如果能源约束对一个国家来说十分重要，而其他投入要素禀赋充裕，则该国的节能路径可以沿着 AA''' 达到最优水平。一般情况下，只要赋予各投入要素不同的权重，水平虚线和垂直虚线之间的节能路径在理论上都是可以实现的。由于权重的选择存在很大的随意性，故研究中使用权重进行计算的文献并不多见。在未来的研究中，可以使用参数将权重变量内生化，使其经济学意义更加清晰，同时也使得测度的全要素能源效率具有更加清晰的政策含义。

实践中有几项研究采用了 Russell-type TFEE 指数来研究能源效率。Zhou 和 Ang（2008）基于 Russell 测度方法构建了一个能源效率指数，研究了 21 个 OECD（Organization for Economic Co-operation and Development，经济合作与发展组织）国家的能源效率。Hernández-Sancho 等（2011）也应用 Russell 测度方法计算了西班牙污水处理厂的能源效率情况。值得注意的是，在 Russell 测度方法提出以后，可以将能源效率从全要素框架下分离出来。为此，Chang 等（2012）在研究中国商业银行全要素生产率时，对 Russell 测度方法在以下几个方面进行了扩展，并将其定义为 ISP 指数：首先，将 Russell 测度方法与 Luenberger 指数结合，并分解出技术进步与技术效率提高；其次，将全要素生产率的分解推进到要素层面，可以分别计算资本生产率和劳动生产率。张少华和蒋伟杰（2014）在包含资本、劳动和能源的 ISP 框架下，测度了中国各省份的能源生产率[①]。下面对 ISP 指数方法做简单介绍。假设每个决策单元 N 在每一时期 T 都使用 $M+1$ 种投入生产 S 种产出。在上述设定下，使用 Russell 测度方法构造生产前沿面，则第 o 个决策单元在 t 时期的投入导向型方向性距离函数可以表述为

$$\vec{D}_t\left(\boldsymbol{x}^t, \boldsymbol{y}^t\right) = \max \frac{1}{M+1}\left(\boldsymbol{\beta}_1 + \cdots + \boldsymbol{\beta}_M + \boldsymbol{\beta}_e\right)$$

s.t.

$$\sum_{j=1}^{N} \boldsymbol{\lambda}_j \boldsymbol{x}_{mj}^t \leqslant \boldsymbol{x}_{mo}^t\left(1 - \boldsymbol{\beta}_m\right)$$

$$\sum_{j=1}^{N} \boldsymbol{\lambda}_j \boldsymbol{e}_j^t \leqslant \boldsymbol{e}_o^t\left(1 - \boldsymbol{\beta}_e\right) \tag{2-11}$$

$$\sum_{j=1}^{N} \boldsymbol{\lambda}_j \boldsymbol{y}_{rj}^t \geqslant \boldsymbol{y}_{ro}^t$$

$$\boldsymbol{\lambda}_j \geqslant 0, \ \boldsymbol{\beta}_m \geqslant 0$$

---

① 这里需要区分能源效率与能源生产率，能源效率测度的是既定时期各省份与生产边界的相对关系，是一种静态的分析。能源生产率是一种动态分析，它可以分析每个省份与生产边界的相对位置变化（效率变化），以及生产边界的移动（技术进步）。

同理，其余三个距离函数均可由式（2-11）直接计算得到。将式（2-11）中的 t 替换为 $t+1$ 即可计算得到 $\vec{D}_{t+1}\left(x^{t+1}, y^{t+1}\right)$，使用类似的方法可以计算两个跨时期方向性距离函数：$\vec{D}_t\left(x^{t+1}, y^{t+1}\right)$ 和 $\vec{D}_{t+1}\left(x^t, y^t\right)$。与上述两个距离函数不同，这两个跨时期方向性距离函数不需要满足大于或者等于 0 的条件。

关于 ISP 指数，可以进一步将式（2-11）中得到的 β_i 定义为 $\vec{D}_{it}\left(x^t, y^t\right)$，这相当于将 $\vec{D}_{it}\left(x^t, y^t\right)$ 视为全要素框架下，t 时期第 i 种投入的方向性距离函数。相应地，能源投入的 ISP 指数为

$$\mathrm{ISP}_e = \frac{1}{2}\left\{\left[\vec{D}_{et}\left(x^t, y^t\right) - \vec{D}_{et}\left(x^{t+1}, y^{t+1}\right)\right] + \left[\vec{D}_{et+1}\left(x^t, y^t\right) - \vec{D}_{et+1}\left(x^{t+1}, y^{t+1}\right)\right]\right\}$$

（2-12）

若 ISP 指数小于、等于或者大于 0，则分别意味着在时期 t 与时期 $t+1$ 之间，第 i 种投入的生产率发生了退步、不变及进步。

需要进一步指出的是，此时测度的各投入要素的生产率指标仍然是加总意义上的，不够深入。换句话说，虽然 ISP 指数衡量了单个投入要素的生产率变化，但是并未直接表明各投入要素生产率变化的来源。因此，有必要对 ISP 的成分做进一步的研究。基于传统的 Luenberger 生产率指数，ISP 指数可以被分解为两个部分：技术效率变化（technical efficiency change，EFFCH）和技术变化（technological change，TECHCH）。前者衡量的是第 i 种投入的相对效率变化，后者为前沿面的移动，对于能源投入，可以分解为式（2-13）和式（2-14）。

$$\mathrm{EFFCH}_e = \vec{D}_{et}\left(x^t, y^t\right) - \vec{D}_{et+1}\left(x^{t+1}, y^{t+1}\right)$$

（2-13）

$$\mathrm{TECHCH}_e = \frac{1}{2}\left\{\left[\vec{D}_{et+1}\left(x^{t+1}, y^{t+1}\right) - \vec{D}_{et}\left(x^{t+1}, y^{t+1}\right)\right] + \left[\vec{D}_{et+1}\left(x^t, y^t\right) - \vec{D}_{et}\left(x^t, y^t\right)\right]\right\}$$

（2-14）

进一步，由于 $\vec{D}_t\left(x^t, y^t\right)$ 等于所有投入距离函数的算术平均，这样就可以将单个投入要素的生产率变化加总为全要素生产率变化，如式（2-15）所示。

$$\begin{aligned}
\mathrm{TFPCH} &= \mathrm{EFFCH} + \mathrm{TECHCH} \\
&= \frac{1}{M+1}\left[\mathrm{EFFCH}_1 + \cdots + \mathrm{EFFCH}_M + \mathrm{EFFCH}_e\right] \\
&\quad + \frac{1}{M+1}\left[\mathrm{TECHCH}_1 + \cdots + \mathrm{TECHCH}_M + \mathrm{TECHCH}_e\right] \\
&= \frac{1}{M+1}\left[\mathrm{ISP}_1 + \mathrm{ISP}_2 + \cdots + \mathrm{ISP}_M + \mathrm{ISP}_e\right]
\end{aligned}$$

（2-15）

需要说明的是，各要素的技术效率变化和技术变化可以理解为，在给定其他要素效率不变的条件下，某要素的技术效率变化指的是观测点在该要素方向上向前沿面移动；而某要素的技术变化指的是生产前沿面沿着该要素的方向向前移

动，同时这种各要素的效率变化均会对全要素生产率产生影响。

另外，Ouellette 和 Vierstraete（2004）认为由于存在交易成本、管制及不可分性，并不是所有投入在短期内都可以调整至最优水平。为了将研究重点聚焦到能源效率上，假设所有投入中仅能源投入是可以调整的，其余投入短期内保持不变。在这些假设条件下，Ouellette 和 Vierstraete（2004）提出了 QFI 型全要素能源效率指数，通过比较可以发现，该模型实际上是 Russell 测度方法的一个特例，在图 2-2 中该方法可以表示为点 A 沿 AA''' 向前沿面移动，从而实现最优生产水平。下面对 QFI 型全要素能源效率指数做详细说明。

3. QFI 型的全要素能源效率

最近关于投入调整假设的一个关键问题是，所有投入是否可以通过径向调整或者非径向调整降低。理论上，上述模型假定所有投入可以自由地迅速调整到它们的目标值。然而，在现实经济环境中，由于存在交易成本、管制及不可分性，并不是所有投入都可以调整至最优水平（Ouellette and Vierstraete，2004）。这也是能源效率研究上的一个重要问题。例如，从政府和政策视角看，没有人愿意看到过度能源消费的降低伴随着就业水平的下降和资本存量的降低。

为解决这个问题，Ouellette 和 Vierstraete（2004）根据准固定投入的假设修改了 DEA 模型。在能源效率研究中，该 DEA 模型仅仅设定能源投入可以调整而其他投入在短期是准固定的。基于这种设定，第 o 个决策单元的效率值可以通过下面的线性规划来求解：

$$\min \quad \theta$$
$$\text{s.t.} \quad \sum_{n=1}^{N} \lambda_n e_n \leqslant \theta e_o$$
$$\sum_{n=1}^{N} \lambda_n x_{mn} \leqslant x_{mo} \qquad m = 1, 2, \cdots, M \qquad (2\text{-}16)$$
$$\sum_{n=1}^{N} \lambda_n y_{rn} \geqslant y_{ro} \qquad r = 1, 2, \cdots, R$$
$$\lambda_n \geqslant 0 \qquad n = 1, 2, \cdots, N$$

事实上，除了在准固定投入 DEA 模型中，非能源投入不允许调整之外，式（2-16）非常类似于式（2-7）表示的 CCR 模型。由于该模型的所有投入不是径向调整，因此自然解决了弱效率问题。根据全要素能源效率框架，目标能源投入定义为 $\theta \times e_o$，总能源投入冗余等于 $\theta \times e_o$。在准固定投入假设下的全要素能源效率为

$$\text{QFI-type TFEE} = \frac{\theta \times \boldsymbol{e}_o}{\boldsymbol{e}_o} = 1 - \frac{(1-\theta) \times \boldsymbol{e}_o}{\boldsymbol{e}_o} = \theta \qquad (2\text{-}17)$$

实际上，由于资本和劳动投入在短期不可能自由调整，准固定投入假设较 CCR 模型更贴近现实，因此，这种测度方法在能源效率研究中非常盛行。例如，Shi 等（2010）采用该方法研究了中国地区产业能源效率。Zhou 和 Ang（2008）也在一个准固定投入假设下提出了一个能源效率指数。

总之，这部分主要介绍了三种按比例调整的 DEA 模型以及这些模型和全要素能源效率指数的关系。值得强调的是，CCR 型的全要素能源效率容易理解，并可以通过免费的软件计算，如 DEAP 软件。然而，正如上述分析，CCR-type TFEE 存在两个不合理的假设：一是为什么可以假定所有投入按照同样比例进行调整；二是为什么可以假定所有投入能自由调整。为解决这些问题，Russell-type TFEE 放松了前一个假定，QFI-type TFEE 进一步放松了两个假定。另外，与 CCR-type TFEE 相比，QFI-type TFEE 和 Russell-type TFEE 有更高的识别能力。这意味着，在未来能源效率的研究中，不应该采用 CCR-type TFEE；而且因为 QFI-type TFEE 的假设更贴近现实，所以 QFI-type TFEE 优于传统 Russell-type TFEE。

4. SBM 型的全要素能源效率

研究能源效率的另一种十分强大的 DEA 模型是传统的不考虑非期望产出的基于冗余的模型（slack-based models without undesirable outputs）。除了上面介绍的 Russell 效率方法，SBM 也是一种著名的非径向 DEA 模型。特别是，SBM 直接处理过度投入和产出不足之类的冗余，而不是按比例调整。因此，根据全要素能源效率指数的定义，SBM 不仅可以计算出总能源冗余，而且可以更有效地找出目标能源投入。正是由于这一特点，SBM 模型相对之前介绍的三种按比例调整的 DEA 模型有较为明显的优势，即该模型测算的效率属于 Pareto 效率。当不存在松弛效应时，这些方法测度的效率值是相等的，但是存在松弛效应时，按比例调整的 DEA 模型会高估效率值。

Tone（2001）正式提出了 SBM 这一术语。随后，Tone（2001）定义 SBM-DEA 方法，并表示 SBM 可视为一种处理投入和产出低效率的重要方法。最初由 Tone（2001）提出的 SBM-DEA 要么是没有取向的，要么在处理投入和产出冗余上均是采用取向的效率测度。因此，正如他的论文所述，SBM 效率是满效率（full efficient），并且比 CCR 模型的识别能力更强。根据定义，非径向的 SBM 可以用方程（2-18）表示。

$$\rho_{NO}^* = \min \ \frac{1 - \dfrac{1}{M+1}\left(\displaystyle\sum_{m=1}^{M} \dfrac{s_m^-}{x_{mo}} + \dfrac{s_e^-}{e_o}\right)}{1 - \dfrac{1}{R}\displaystyle\sum_{r=1}^{R} \dfrac{s_r^+}{y_{ro}}}$$

$$\text{s.t.} \quad \sum_{n=1}^{N} \lambda_n e_n = e_o - s_e^-$$

$$\sum_{n=1}^{N} \lambda_n x_{mn} = x_{mo} - s_m^- \qquad m = 1,2,\cdots,M \qquad (2\text{-}18)$$

$$\sum_{n=1}^{N} \lambda_n y_{rn} = y_{ro} + s_r^+ \qquad r = 1,2,\cdots,R$$

$$\lambda_n \geqslant 0, \ s_e^- \geqslant 0, \ s_m^- \geqslant 0, \ s_r^+ \geqslant 0 \quad n = 1,2,\cdots,N$$

这里 ρ_{NO}^* 是非径向 SBM 效率值。s_e^- 表示能源投入总冗余；s_m^- 及 s_r^+ 分别表示第 m 种投入的过度和第 r 种产出的不足。至于计算方面，非取向的 SBM 可以采用 Charnes 和 Cooper 转置（Charnes and Cooper's transformation）转化为一个线性规划问题（Pastor et al.，1999；Tone，2001）。然而，由于线性规划的最优解应该被转移为上述部分规划的最优解，因此相应的线性规划就难以计算出全要素能源效率值。

接着，本章在下面介绍一种用 SBM-DEA 计算全要素能源效率的更容易的方法。Tone（2011）提出了一种加权型 SBM-DEA 模型，该模型赋予目标函数中的每一个冗余变量权重，便于研究者更灵活地配置所有投入和产出的相对重要性。Ouellette 和 Vierstraete（2004）认为由于存在交易成本、管制及不可分性，并不是所有投入都可以调整至最优水平。故在短期，由于重点关注的是能源效率或者总能源冗余，本章可以为所有投入设置权重，并且建立一个投入导向型的加权型的 SBM-DEA（input-oriented weighted-SBM DEA）。因此，该投入导向型的加权型的 SBM-DEA 可以直接通过下面的线性规划问题求解：

$$\rho_I^* = \min \ 1 - \left(s_e^- / e_o\right)$$

$$\text{s.t.} \quad \sum_{n=1}^{N} \lambda_n e_n = e_o - s_e^-$$

$$\sum_{n=1}^{N} \lambda_n x_{mn} = x_{mo} - s_m^- \qquad m = 1,2,\cdots,M \qquad (2\text{-}19)$$

$$\sum_{n=1}^{N} \lambda_n y_{rn} = y_{ro} + s_r^+ \qquad r = 1,2,\cdots,R$$

$$\lambda_n \geqslant 0, \ s_e^- \geqslant 0, \ s_m^- \geqslant 0, \ s_r^+ \geqslant 0 \quad n = 1,2,\cdots,N$$

基于式（2-19）的定义，ρ_I^* 不仅表示投入导向型的 SBM 效率，而且实际上

是全要素能源效率值。因此，本章定义 SBM 型的全要素能源效率为

$$\text{SBM-type TFEE} = \rho_I^* = 1 - \frac{s_e^-}{e_o} \qquad （2\text{-}20）$$

正如前面讨论，SBM 型的全要素能源效率能够快速地告诉我们总能源冗余（ s_e^- ）和目标能源投入（ $e_o - s_e^-$ ）。由于 SBM 型的全要素能源效率直观地指出了浪费了多少能源，因此本章认为该种效率更适合政策制定者。至于相关应用文献，Zhou 等（2006）基于 SBM 效率测度方法研究了环境绩效指数。Choi 等（2012）运用 SBM-DEA 模型计算了中国 30 个省份的能源消费的潜在降低量。

5. DF 型的全要素能源效率（谢泼德距离函数）

尽管全要素方法在揭示地区要素禀赋结构对能效的影响方面有着传统的单要素方法替代不了的优势，但对于产出端而言，多数研究仅考虑了合意的经济产出而缺少对污染物的考察，这是目前研究存在的主要缺陷。由于污染物治理往往需要成本，这部分污染物应从产出中扣除以反映出真实的 GDP，但污染物治理价格无法确定，因此传统的核算手段和生产理论无法对其进行直接处理。因此，如何在一个 DEA 模型中同时计算能源消费和污染排放就是一个非常吸引人的话题。下面将介绍与能源效率相关的第三类 DEA 模型，该模型可以同时处理能源投入和污染物的减少。

对于非期望产出，如污染物的排放，传统的 DEA 模型在技术处理上存在两种理论问题：第一，传统的 DEA 模型只允许增加产出和减少投入，意味着减少非期望产出被限制。为了解决这个限制，文献中要么将非期望产出作为投入，要么使用数据转换来扭转 DEA 模型的非期望产出（Seiford and Zhu，2002）。第二，传统的 DEA 模型假定投入和产出都是强（自由）处置。然而，非期望产出的减少在实际生产过程中应该是代价不菲的。因此，Färe 等（Färe and Grosskopf，2004；Färe et al.，2004）提出了一种环保技术，该技术强加给非期望产出弱可处置和空联合生产的特征。现在，当考虑污染物排放时，他们的方法已被广泛应用于评估能源和环境效率（Zhou et al.，2008）。

至于计算方面，本章简要介绍两种常用的考虑非期望产出计算全要素能源效率的 DEA 模型。第一个模型是 Färe 等（1996）基于谢泼德投入距离函数（Shephard's input distance function，DF）提出的。然而，原有模型假定所有投入类似于 Farrell 效率测度方法那样按比例缩放。为了接近现实，本章假设只有能源投入可以进行调整，这与准固定投入的假设是一致的。因此，第 o 个决策单元的效率值可以通过下面的线性规划问题求解：

$$D_i\left(e_o, x_{mo}, y_{ro}, u_{ko}\right)^{-1} = \min \ \rho$$

$$\text{s.t.} \quad \sum_{n=1}^{N} \lambda_n e_n \leqslant \rho e_o$$

$$\sum_{n=1}^{N} \lambda_n x_{mn} \leqslant x_{mo} \qquad m = 1, 2, \cdots, M$$

$$\sum_{n=1}^{N} \lambda_n y_{rn} \geqslant y_{ro} \qquad r = 1, 2, \cdots, R \qquad (2\text{-}21)$$

$$\sum_{n=1}^{N} \lambda_n u_{kn} = u_{ko} \qquad k = 1, 2, \cdots, K$$

$$\lambda_n \geqslant 0 \qquad n = 1, 2, \cdots, N$$

注意式（2-21）非常类似于式（2-20）。这两个公式的唯一区别就是式（2-21）处理了非期望产出被强加的弱可处置和空联合生产特性。式（2-21）的最优解与式（2-20）的最优解的比率被定义为环境绩效指数。而且，根据全要素能源效率的定义，DF-type TFEE 可以表示为

$$\text{DF-type TFEE} = \frac{\rho \times e_o}{e_o} = 1 - \frac{(1-\rho) \times e_o}{e_o} = \rho \qquad (2\text{-}22)$$

将环境因素纳入全要素能源效率分析框架，是为了满足"节能减排"这一现实要求，但在实际操作中存在着不少的问题。早期研究中，学者使用 DF 型 DEA 方法研究"节能减排"问题时，并没有针对环境因素单独建模。起初，这些研究（汪克亮等，2010）都是建立在谢泼德距离函数基础上，在处理非合意产出时，要么将污染物作为一种投入，要么将污染物通过取其倒数或者乘以-1 转换成合意的产出。袁晓玲等（2009）采用 1995~2006 年中国 28 个省份数据，发现中国省际全要素能源效率均值呈"U 形"，2000~2006 年呈波动式上升趋势。省际全要素能源效率差异很大，节能潜力巨大。汪克亮等（2010）则采用中国 2000~2007 年 29 个省份的投入产出数据，运用谢泼德距离函数测度了各省份的能源效率，发现我国区域能源效率整体水平较低且区域差异显著。

可见，传统的 DF 型 DEA 模型在测度能源效率时，没有考虑环境规制，而对于考虑环境规制的研究来说，处理坏产出的方式也存在很大的问题，不符合现实生产规律，而 DF-type TFEE 虽然对环境进行建模，但只允许"节能"而忽略了"减排"对效率提升的影响。随着 DEA 技术的不断发展，学者又提出了专门处理污染物问题的方向性距离函数（DDF），使得对污染和能源效率的联合建模更加符合现实生产规律，为此本章将在后续部分阐明 DDF 型全要素能源效率的测度方法及其优势与不足。

6. DDF 型的全要素能源效率（方向性距离函数）

除了谢泼德距离函数方法，Färe 和 Grosskopf（2004）使用方向性距离函数来解决线性规划问题。事实上，方向性距离函数（DDF）允许同时拓展期望产出和收缩非期望产出。如果研究产出导向的问题，如全要素非期望产出效率，则方向性距离函数比谢泼德距离函数更合适。关于能源效率问题，对于投入为导向的方向性距离函数方法，第 o 个决策单元的效率值可以通过如下这个优化问题求解：

$$\vec{D}_i\left(e_o, x_{mo}, y_{ro}, u_{ko}; g_e\right) = \max \quad \beta$$

$$\text{s.t.} \quad \sum_{n=1}^{N} \lambda_n e_n \leqslant e_o - \beta g_e$$

$$\sum_{n=1}^{N} \lambda_n x_{mn} \leqslant x_{mo} \qquad m = 1, 2, \cdots, M$$

$$\sum_{n=1}^{N} \lambda_n y_{rn} \geqslant y_{ro} \qquad r = 1, 2, \cdots, R \qquad (2\text{-}23)$$

$$\sum_{n=1}^{N} \lambda_n u_{kn} = u_{ko} \qquad k = 1, 2, \cdots K$$

$$\lambda_n \geqslant 0 \qquad n = 1, 2, \cdots, N$$

其中，g_e 表示能源投入的方向向量。一方面，如果设定 $g_e = e_o$，最优解 β 可以理解为能源相对有效边界的按比例收缩量。另一方面，如果设定 $g_e = 1$，最优解 β 就是能源投入的减少量，即总能源冗余。因此，如果设定 $g_e = e_o$，那么 DDF-type TFEE 可以表示为

$$\text{DDF-type TFEE} = \frac{e_o - \beta \times e_o}{e_o} = 1 - \beta \qquad (2\text{-}24)$$

很明显，DF 型全要素能源效率将等于准固定投入假设下的 DDF 型全要素能源效率，尽管它们的目标函数是不一样的。然而，方向性距离函数的设置更具一般性，而距离函数只是一种特例（Färe and Grosskopf, 2004）。此外，可以应用基于松弛的 DEA 模型来解决线性规划问题，并获得其全要素能源效率，如 Zhou 等（2006）的研究。但是，Färe 和 Grosskopf（2010）引入了广义方向性距离函数方法，并表明 SBM-DEA 是广义 DDF 模型的一个特例。由于本章采用准固定投入的假设，广义 DDF 模型应该是与传统 DDF 一致的。并且，DDF 型的全要素能源效率将与准固定投入假设的 SBM 型非期望产出模型一致。

上述分析中，为了保持与前文的一致性，方向性距离函数只考察了能源效率。事实上，许多学者在研究中使用了方向性距离函数更为一般化的形式，可以在一个框架下同时处理"节能减排"问题。接下来本章将对这种更为一般化的方向性距离函数做详细的分析。为了使节能减排可以在同一个框架下进行分析，需

要构造环境生产函数，通过产出集合 $P(\boldsymbol{x})$ 来定义生产技术，其中 $\boldsymbol{x}$ 为投入向量，$(\boldsymbol{y},\boldsymbol{b})$ 为好产出及污染物，则产出技术可以通过产出集合被描述为

$$P(\boldsymbol{x}) = \left\{ (\boldsymbol{y},\boldsymbol{b}) \middle| \boldsymbol{x} 可以生产 (\boldsymbol{y},\boldsymbol{b}) \right\}, \boldsymbol{x} \in R_+^N \qquad （2-25）$$

为了解决联合生产问题，一个定义良好的环境技术需要同时满足以下基本假设：

（1）好产出和坏产出零结合（null-joint），即当坏产出为 0 时好产出必然也为 0，表明如果存在好产出则必然会伴随坏产出，该假设可以表示为当 $(\boldsymbol{y},\boldsymbol{b}) \in P(\boldsymbol{x})$ 时，如果有 $\boldsymbol{b}=0$，则有 $\boldsymbol{y}=0$，该假设保证了生产可能性边界过原点。

（2）投入和好产出是强可处置的（freely/strong disposable），即当 $\boldsymbol{x}_1 \geqslant \boldsymbol{x}_2$ 且 $P(\boldsymbol{x}_1) \supseteq P(\boldsymbol{x}_2)$ 时；若 $(\boldsymbol{y}_1,\boldsymbol{b}) \in P(\boldsymbol{x})$ 且 $\boldsymbol{y}_1 \geqslant \boldsymbol{y}_2$，则有 $(\boldsymbol{y}_2,\boldsymbol{b}) \in P(\boldsymbol{x})$。

（3）坏产出是弱可处置的（weakly disposable），即若 $(\boldsymbol{y},\boldsymbol{b}) \in P(\boldsymbol{x})$ 且 $\theta \in [0,1]$ 成立，那么就有 $(\theta\boldsymbol{y},\theta\boldsymbol{b}) \in P(\boldsymbol{x})$。这一假设表明减少坏产出是有代价的，会使得好产出也同时减少，且保证了生产可能性边界的凸性。

上述环境生产技术可以表述包含污染物的生产集，但传统的距离函数不能用于其计算，Chung 等（1997）在 Luenberger 短缺函数基础上发展起来的方向性距离函数（DDF）则可用来表述环境生产技术，定义方向向量为 $\boldsymbol{g}$，则方向性距离函数可定义为

$$\overrightarrow{D}_0(\boldsymbol{x},\boldsymbol{y},\boldsymbol{b};\boldsymbol{g}) = \sup \left\{ \boldsymbol{\beta} : (\boldsymbol{y},\boldsymbol{b}) + \boldsymbol{\beta}\boldsymbol{g} \in P(\boldsymbol{x}) \right\} \qquad （2-26）$$

式（2-26）中的方向性距离函数可按照指定的方向实现污染量的最大削减和合意产出的扩张，如图 2-3 所示，OBC 所形成的包络线即弱处置假设下的产出集，A 点为观测到的样本点，污染物及正常产出水平为 $(\boldsymbol{b},\boldsymbol{y})$，给定方向向量 $\boldsymbol{g}(\boldsymbol{y},-\boldsymbol{b})$，则 A 点可以朝着前沿移动——污染物减少的同时产出提高，其边界上对应的目标点 B，其移动距离的最小值为 $\boldsymbol{\beta}$。

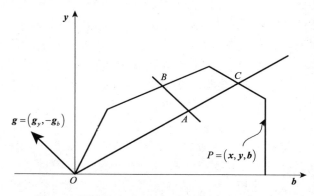

图 2-3　谢泼德产出距离函数及方向性距离函数

图 2-3 还表明方向性距离函数是谢泼德距离函数的一般化形式，如果令方向向量 $g=(b,y)$，则样本点 A 将向边界上的 C 点移动，此时正常产出和污染物排放同比例同方向变动，此即利用距离函数测度传统的 Debreu-Farrell 技术效率的思路[①]。

　　方向性距离函数的出现有助于对环境、产出增长及能源联合建模，构建起环境生产技术，可将目前基于"多投入-单产出"的能源效率模型扩展到"多投入-多产出"框架，重点考察以能源要素为基本点的综合环境因素的效率评价。随着方向性距离函数的出现，国内外很多学者运用它来测度环境效率和全要素能源效率（Weber and Domazlicky，2001；Jeon and Sickles，2004；Arcelus and Arocena，2005；Watanabe and Tanaka，2007；王兵等，2011），这种函数可以把污染物作为对环境的负产出纳入效率的分析框架中，同时考虑了合意产出的提高和非合意产出的减少，更加符合实际的生产过程。王兵等（2010）运用SBM方向性距离函数和 Luenberger 生产率指标测度了考虑资源环境因素下中国 30 个省份1998~2007 年的环境效率、环境全要素生产率，研究表明中国 1998~2007 年的市场全要素生产率平均增长率为 1.14%，低于环境全要素生产率 1.8%的平均增长率。

　　总之，如果在全要素生产率框架下同时考虑"节能减排"问题，则对能源效率的研究至少可以从以下几个方面进行扩展。事实上，在后续的研究中也有许多学者在这些方向上做出了重要的贡献。

　　首先，借助方向性距离函数，可以构建同时测度"节能减排"的分析框架，为此，本章可以设定包含三个维度的方向向量 $g=(-gx,gy,-gb)$。此时投入端包含了能源、资本与劳动力等投入要素，产出端既包含了合意产出（如 GDP）又包含了非合意产出（如污染物的排放），借助该指标可以考察不同地区（国家）相对最优前沿所可能实现的最大能源投入节约、最大产出扩张及最大污染排放削减能力。在这个维度，学者采用基于 DEA 的方向性距离函数求解 Malmquist-Luenberger 生产率指数，在投入要素中考虑了能源消费，而在产出方面考虑了非期望产出-环境污染的一种全要素生产率，现有文献称之为"环境全要素能源效率"（Weber and Domazlicky，2001；Jeon and Sickles，2004；Arcelus and Arocena，2005；Watanabe and Tanaka，2007；王兵等，2011；Li and Hu，2012），本章认为这种能源效率实际上是"考虑非合意产出与能源投入的全要素生产率"。

　　其次，可以考察能源政策的影响。例如，给定能源消耗约束，即相当于对投入向量中的能源分向量给予"弱处置"约束，此时可以通过比较施加约束条件前

[①] 实际上，距离函数与方向性距离函数具有如下关系：$\vec{D}_0(x,y,b;g)=1/D_0(x,y,b)-1$。感兴趣的读者可以参考 Chung 等（1997）的文章。

后的产出扩张差异及污染物排放量差异，从而间接估计由于能源政策的改变（如"节能"目标约束）所导致的经济成本和环境改善程度的变化。在这一领域，目前实证性的文章尚不多见。

最后，还可以应用于环境政策评价。即比较投入、产出在"污染无约束"和"污染有约束"条件下的产出差异，也即施加"环境政策"约束之后所导致的经济的潜在损失，从而间接估算出由于环境管制（如"减排"目标约束）而导致的机会成本。但"波特假说"认为，环境约束会提升企业减排技术，从而提高生产效率。

7. SBM 型方向性距离函数

传统方向性距离函数虽然可以在一个框架下同时研究"节能减排"问题，但也存在着局限性，如对于分段线性的生产前沿面而言，当约束条件中存在非零松弛变量时，测得的效率存在高估问题。Fukuyama 和 Weber（2009a）研究了 SBM方向性距离函数与传统方向性距离函数的关系：当不存在松弛效应时，两个测度结果相等；若存在松弛效应，则SBM方向性距离函数值大于传统的方向性距离函数值。因而，传统的方向性距离函数低估了无效率水平，由于SBM方向性距离函数与传统的方向性距离函数一样，其值越大表示的效率水平越低，故当约束条件中存在松弛效应时，也意味着对能源效率的高估。

如图 2-4 所示，T 为生产前沿面，g 为方向向量，A、B 两点为观测点。对于 A 点来说，在传统的方向性距离函数下，其最佳实践点为图中的 A' 点，但同样的非合意产出下，C 点的好产出是最优的，显然 A' 点还有向 C 点改进的空间。同理，B' 点也存在着继续向 D 点改进的空间，而传统的方向性距离函数并没有很好地处理这一问题。为解决这一问题，Färe 和 Grosskopf（2010）引入了广义方向性距离函数，将方向向量单位化，这样得到的距离函数便是投入或者产出的冗余或者不足。

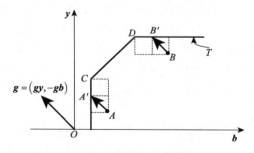

图 2-4　传统 DDF 及 SBM+DDF 效率

此外，Fukuyama 和 Weber（2009b）在研究日本银行非效率时提出了另一种解决办法，即将 SBM 测度方法与方向性距离函数相结合，利用 SBM 具有

Pareto-Koopman 效率的特点，并保留了方向性距离函数可以同时处理"节能减排"的优势。沿用本章对于投入产出变量的设定，第 o 个决策单元的效率值可以通过如下这个优化问题求解：

$$\vec{S}_o\left(e_o, x_{mo}, y_{ro}, u_{ko}; g_e, g_x, g_y, g_u\right)$$

$$= \mathop{Max}\limits_{s_e, s_x, s_y, s_u} \frac{1}{2}\left[\frac{1}{M+1}\left(\frac{s_e}{g_e} + \sum_{m=1}^{M}\frac{s_{xm}}{g_{xm}}\right) + \frac{1}{R+K}\left(\sum_{r=1}^{R}\frac{s_{yr}}{g_{yr}} + \sum_{k=1}^{K}\frac{s_{uk}}{g_{uk}}\right)\right]$$

s.t.

$$\sum_{n=1}^{N}\lambda_n e_n + s_{en} = e_o$$

$$\sum_{n=1}^{N}\lambda_{mn} x_{mn} + s_{xm} = x_{mo}, \forall m \qquad\qquad (2\text{-}27)$$

$$\sum_{n=1}^{N}\lambda_{rn} y_{rn} - s_{yr} = y_{ro}, \forall r$$

$$\sum_{n=1}^{N}\lambda_{kn} u_{kn} + s_{uk} = u_{ko}, \forall k$$

$$\sum_{n=1}^{N}\lambda_n = 1, \lambda_n \geqslant 0, \forall n; s_{xm} \geqslant 0, \forall m; s_{yr} \geqslant 0, \forall r; s_{uk} \geqslant 0, \forall k$$

在式（2-27）中，其他变量的设置同本章前述章节，而 $\left(s_{en}, s_{xm}, s_{yr}, s_{uk}\right)$ 则代表投入和产出的松弛变量。松弛变量存在的意义在于，只有当松弛变量各元素皆为 0 时，其观测点才是最优的，反之则存在有待改进的地方。于是，当 $\left(s_{en}, s_{xm}, s_{yr}, s_{uk}\right)$ 均大于 0 时，表示在产出一定的情况下，现实的投入和坏产出都大于前沿边界的投入和坏产出；而在投入一定的情况下，实际的好产出则小于前沿边界的好产出。并且松弛变量可以测度出观测点距离最优点的偏离程度，所以 $\left(s_{en}, s_{xm}, s_{yr}, s_{uk}\right)$ 中的松弛变量越大，其代表的投入冗余量、好产出生产不足量和坏产出生产过度量就越大。

SBM 型方向性距离函数与传统的方向性距离函数一样，其值越大，代表的效率水平就越低，所以计算得出的值代表的将是观测点的无效率值。按照 Cooper 等（2007）的思路，可以将无效率分解为式（2-28）~式（2-31）：

能源无效率：

$$IE_e = \frac{1}{2M+2}\frac{s_e}{g_e} \qquad\qquad (2\text{-}28)$$

投入无效率：

$$IE_x = \frac{1}{2M+2}\sum_{m=1}^{M}\frac{s_{xm}}{g_{xm}} \qquad (2\text{-}29)$$

好产出无效率：

$$IE_y = \frac{1}{2(R+K)}\sum_{r=1}^{R}\frac{s_{yr}}{g_{yr}} \qquad (2\text{-}30)$$

坏产出无效率：

$$IE_u = \frac{1}{2(R+K)}\sum_{k=1}^{K}\frac{s_{uk}}{g_{uk}} \qquad (2\text{-}31)$$

参考 Chang 等（2012）的研究，可以进一步将 SBM 型方向性距离函数所得到的无效率水平在投入-产出要素层面进行分解，只要将投入无效率、好产出无效率和坏产出无效率的求和运算展开，便可以得到各投入-产出变量的无效率值，从而使无效率值的经济学含义更加明确。以能源投入无效率值为例，若 $IE_e=0.2$，说明当前生产中能源投入量存在冗余，要想实现最优的生产水平，则需要压缩能源投入当前水平的 80%[①]。在该设定下，各投入要素与产出变量的非效率值具有十分明确的经济学意义及清晰的政策含义。

王兵等（2010）运用 SBM 方向性距离函数和 Luenberger 生产率指标测度了考虑资源环境因素下中国 30 个省份 1998~2007 年的环境效率、环境全要素生产率及其成分。研究结果表明，能源的过多使用以及二氧化硫的过度排放和化学需氧量超标是环境无效率的主要原因，中国减排工作的压力大于节能工作的压力。Li 和 Hu（2012）也意识到大量文献中的能源效率指数没有考虑诸如二氧化碳、二氧化硫等非合意产出，采用基于 SBM 的方向性距离函数，研究了中国 2005~2009 年 30 个省份的环境全要素能源效率指数，发现中国的环境全要素能源效率处在 0.6 这样的低水平，如果不考虑环境因素，会导致中国的能源效率高估 10%。

8. 概述性小结

在上述对七种能源效率测度方法详细分析的基础上，本章进一步从参数化、是否包括坏产出、冗余量、可加权等方面对这些方法进行对比分析，其具体特征如表 2-1 所示。在模型参数化方面，通过设定具体的函数形式，将距离函数转化为参数形式。借助线性规划法、SFA 等方法可以估计出距离函数中的参数值，并由此计算各决策单位的能源效率，以及非合意产出的影子价格。但需要注意的是，不管是对 DF 还是对 DDF 的参数化，其得到的效率值都是包含能源的全要素生产率，而无法得到真正的能源效率。

---

① 得到这一结论的前提条件是方向向量选择为 $g=(e,\ x,\ y,\ u)$。

表 2-1　七种测度方法特征对比

效率测度类型	参数化[1]	坏产出	冗余量	Pareto 效率	可加权	能源效率[2]
CCR/BCC						
Russell/ISP					✓	✓
QFI						✓
SBM			✓	✓	✓	✓
DF	✓					
DDF	✓	✓				
SBM+DDF	✓	✓	✓	✓	✓	✓

1）对 DF 或者 DDF 进行参数化，可以使用线性规划及极大似然估计方法进行估计
2）这里的能源效率指的是真正意义上的能源效率，而非包含能源的全要素生产率，可参见王兵等（2011）
资料来源：笔者整理

在对坏产出建模方面，如果基于方向性距离函数（DDF）来测度能源效率，则在考察合意产出增加的同时，还要考察非合意产出的减少，只有当合意产出无法继续扩张、非合意产出无法继续减少时，观测点才处于效率前沿。

基于冗余的效率测度模型具有以下优势：首先，SBM 模型得到的效率是 Pareto-Koopman 效率，若达到最优效率值，则不存在改进空间；其次，SBM 模型结果可以得到投入的冗余以及产出的不足，具有很强的政策含义，在非导向模型下，其效率值是满效率的；最后，SBM 模型中可以分解出真正意义的能源效率。正因为如此，许多研究"节能减排"的文献都使用了 SBM-DEA 方法（Chang et al.，2012；王兵等，2010；Li and Hu，2012）。

在可加权方面，Russell 型、SBM 型、DDF 型及 SBM+DDF 型都可以对投入产出变量设定权重，有利于将政策因素纳入模型的分析框架。这个对中国的应用尤其重要，随着"美丽中国"等概念的提出，从中央到地方推出了一系列的节能减排政策，通过选择合理的方法，可以揭示出地方政府在节能减排方面的动机与倾向。同时，可以分析各决策单元在不同权重向量下的表现，看出其不同的偏好结构。例如，朱宁等（2014）在研究商业银行不良贷款的影子价格时，根据不同的风险偏好定义了不同的方向向量。类似地，也可以通过加权的方式对政府面对"节能减排"时的不同偏好进行刻画。

在能源效率测度的有效性和真实性方面，Russell 型、QFI 型、SBM 型及 SBM+DDF 型都可以得到真正意义上的能源效率。但其机制并不相同，对于 Russell 型、SBM 型及 SBM+DDF 型 DEA 模型来说，得到能源效率的方法是将能源投入效率从全要素框架下分离出来，这一方法被称为"要素层面的分解"（张少华和蒋伟杰，2014）。QFI 方法的思想则有着很大的区别，Ouellette 和 Vierstraete（2004）认为由于现实环境中存在交易成本、管制及不可分性，不是所有投入都可以自由调整。基于这一理由，在对生产建模时，只允许能源投入可

变，从而得到在其他要素不变的条件下能源投入的效率。但在研究省际能源效率时，这一假设是否依然合理，值得仔细推敲。

（三）SFA

以上介绍的全要素能源效率测度方法在构造生产前沿面时都使用了非参数的方法，即基于线性规划的 DEA，而目前构造生产前沿面的方法中，还有一种参数方法，即 SFA，该方法本质上是一种使用极大似然估计的参数估计方法。与 DEA 相比，使用 SFA 确定效率前沿的缺点是必须要为效率前沿假定一种方程形式，这使得生产前沿面具有一定的主观性，在一定程度上增加了使用 SFA 的风险。SFA 的优点也很明显，在确定效率前沿的时候，它可以把随机因素的影响分离出来，这样其结果就不会受测量误差或者其他随机性的误差的冲击，能够较好地克服确定性模型由随机偏误带来的误差。

为此，学者构造随机前沿框架下测度能源效率的方法，由于 SFA 本质上是一种使用极大似然估计的参数估计方法，故在产出端只考虑 GDP，而在投入端可以同时考虑劳动、资本及能源。以 C-D 生产函数为例，SFA 构建的效率前沿可以表示为

$$\ln y_i = \beta_0 + \beta_l \ln l_i + \beta_k \ln k_i + \beta_e \ln e_i + v_i - u_i \qquad (2\text{-}32)$$

其中，y、l、k、e 分别为产出、劳动、资本和能源；v_i 为随机变量，它代表了生产中存在的随机因素，假定其服从标准正态分布[①]；u_i 为非负随机变量，用来表示能源消耗偏离能效前沿的情况，假定该变量服从半正态分布，且 v_i 和 u_i 之间相互独立。在该框架下，SFA 型能源效率可以表示为

$$\text{SFA-type TFEE}_i = \frac{E\left(y_i^* \mid u_i, l_i, k_i, e_i\right)}{E\left(y_i^* \mid u_i = 0, l_i, k_i, e_i\right)} \qquad (2\text{-}33)$$

传统的随机前沿型能源效率虽然克服了确定型方法的一些缺点，但其本身也存在不少问题：第一，生产函数的设定具有一定的主观性，且不同设定所得到的结果具有较大的差异；第二，传统 SFA 模型无法处理多投入-多产出问题。为解决这些问题，Zhou 等（2012）将谢泼德距离函数与 SFA 相结合，使得 SFA 模型可以同时处理多投入-多产出问题。本章定义如下生产技术：

$$T = \left\{(l, k, e, y) : (l, k, e) \text{可以生产} y\right\} \qquad (2\text{-}34)$$

谢泼德能源距离函数可以定义为

---

① 文献中，对于 u 的分布有不同的假设，可以是半正态分布、截断正态分布或者是伽马分布，根据研究需要，会有不同的选择。

$$D_e(l,k,e,y) = \sup\{\alpha : (l,k,e/\alpha,y) \in T\} \qquad (2\text{-}35)$$

要通过 SFA 估计上述距离函数，需要将距离函数与特定的生产函数相结合，为了使生产函数更具一般性，本章使用超越对数（trans-log）形式的生产函数，并建立如下关系：

$$\begin{aligned}
\ln D_e(l,k,e,y) = {} & \beta_0 + \beta_l \ln l + \beta_k \ln k + \beta_e \ln e + \beta_y \ln y \\
& + \beta_{lk} \ln l \ln k + \beta_{le} \ln l \ln e + \beta_{ly} \ln l \ln y \\
& + \beta_{ke} \ln k \ln e + \beta_{ky} \ln k \ln y + \beta_{ey} \ln e \ln y + v
\end{aligned} \qquad (2\text{-}36)$$

其中，v 为随机变量，它代表了生产中存在的随机因素，假定其服从标准正态分布。由于谢泼德能源距离函数对能源具有线性齐次性，即

$$D_e(l,k,e,y) = eD_e(l,k,1,y) \qquad (2\text{-}37)$$

将式（2-37）取自然对数后代入式（2-31）可得

$$\beta_{le} \ln l + \beta_{ke} \ln k + \beta_{ey} \ln y = 1 - \beta_e \qquad (2\text{-}38)$$

将式（2-38）代入式（2-36）可得

$$\begin{aligned}
\ln(1/e) = {} & \beta_0 + \beta_l \ln l + \beta_k \ln k + \beta_y \ln y + \beta_{lk} \ln l \ln k + \beta_{ly} \ln l \ln y \\
& + \beta_{ky} \ln k \ln y + v - u
\end{aligned} \qquad (2\text{-}39)$$

其中，$u = \ln D_e(l,k,e,y)$，是与能源非效率相关的非负随机变量。

在改进之后，SFA 型能源效率可以测度多投入-多产出下的能源效率，其结果可表示为

$$\text{DF-SFA-type TFEE}_i = \exp(-\hat{u}) \qquad (2\text{-}40)$$

续竞秦和杨永恒（2012）运用基于谢泼德能源距离函数的 SFA，对 2001~2010 年我国省际能源效率及其影响因素进行实证分析。研究结果表明样本期内大多数省份的能源效率经历了"先降后升"的变化趋势，转折点一般出现在 2006 年前后，表明"十一五"时期节能降耗政策效果明显；我国能源效率总体水平仍不高，呈现出从东向西梯次递减的区域分布特征。Zhou 等（2012）使用相同的方法测度了 OECD 国家的全要素能源效率，并将结果与 DEA 测得的结果进行了比较，结果表明 DF-SFA 型全要素能源效率相比于 DF 型全要素能源效率具有更高的识别能力。林伯强和杜克锐（2013）也采用这一方法对我国能源效率进行了测度，并在此基础上分析了要素市场扭曲对能源效率的影响，结果表明要素市场扭曲导致了 24.9%~33.1%的能源效率损失。

（四）PDA

以上分别介绍了单要素能源效率和全要素能源效率，单要素能源效率由于没

有考虑资本、劳动等要素投入对产出的贡献及能源与资本劳动之间的替代效应而受到学者的质疑。为此，越来越多的研究采用了全要素能源效率，但传统的全要素能源效率实质上只是将能源加入传统的经济效率分析中，得到的结果仍然是经济整体的技术效率，而非真正意义上的能源效率（王兵等，2011；林伯强和杜克锐，2013）。为了保留单要素能源效率定义直观、计算简单、易于分解的优势，有学者将单要素能源效率与距离函数相结合，提出了 PDA。PDA 可以将能源效率分解为技术效率变化、技术进步、投入替代（包括资本-能源替代、劳动-能源替代以及能源间的替代）和产出结构 6 个成分。在后续研究中，孙广生等（2012）使用该方法对中国能源效率进行了测度并分解。下面本章将参考孙广生等（2012）的做法，对 PDA 进行介绍。

首先，需要构建生产技术，在规模报酬不变的假设下，可以构造如下生产技术集合：

$$T^t = \left\{ \left(x^t, y^t \right) \middle| x^t 可以生产 y^t \right\} \quad (2\text{-}41)$$

在这一技术条件下，相应的产出导向型距离函数可以表示为

$$D^t \left(x^t, y^t \right) = \inf \left\{ \alpha \middle| \left(x^t, y^t / \alpha \right) \in T^t \right\} \quad (2\text{-}42)$$

同理，还可以定义 $t+1$ 期技术和 $t+1$ 期投入下的距离函数以及两个跨期距离函数，这里不再赘述。此外，本章还可以用观测产出与距离函数来表示不同技术与投入下的最大产出水平。例如，利用 $t+1$ 期技术和 $t+1$ 期投入下的距离函数，可以将 $t+1$ 期技术和 $t+1$ 期投入下的最大产出表示为

$$y_{\max}^{t+1} \left(x^{t+1}; T^{t+1} \right) = y^{t+1} / D^{t+1} \left(x^{t+1}, y^{t+1} \right) \quad (2\text{-}43)$$

在上述设定下，若以 $t+1$ 期投入在两期技术水平下所能达到的最大产出作为技术进步的标准，则生产单元的产出增长可以分解为

$$\frac{y^{t+1}}{y^t} = \underbrace{\frac{D^{t+1} \left(x^{t+1}, y^{t+1} \right)}{D^t \left(x^t, y^t \right)}}_{\text{EFFCH}} \times \underbrace{\frac{y^{t+1} / D^{t+1} \left(x^{t+1}, y^{t+1} \right)}{y^{t+1} / D^t \left(x^{t+1}, y^{t+1} \right)}}_{\text{TECH}} \times \underbrace{\frac{y_{\max}^{t+1} \left(x^{t+1}; T^t \right)}{y_{\max}^t \left(x^t; T^t \right)}}_{\text{SCACH}} \quad (2\text{-}44)$$

类似地，若以 t 期投入在两期技术水平下所能达到的最大产出作为技术进步的标准，则生产单元的产出增长可以得到另一种分解，即

$$\frac{y^{t+1}}{y^t} = \underbrace{\frac{D^{t+1} \left(x^{t+1}, y^{t+1} \right)}{D^t \left(x^t, y^t \right)}}_{\text{EFFCH}} \times \underbrace{\frac{y^t / D^{t+1} \left(x^t, y^t \right)}{y^t / D^t \left(x^t, y^t \right)}}_{\text{TECH}} \times \underbrace{\frac{y_{\max}^{t+1} \left(x^{t+1}; T^{t+1} \right)}{y_{\max}^t \left(x^t; T^{t+1} \right)}}_{\text{SCACH}} \quad (2\text{-}45)$$

为避免基准的选择差异对结果造成影响，对式（2-44）和式（2-45）取几何平均可以得到类似于 Malmquist 指数的一种分解，即

$$\frac{y^{t+1}}{y^t} = \underbrace{\frac{D^{t+1}\left(x^{t+1}, y^{t+1}\right)}{D^t\left(x^t, y^t\right)}}_{\text{EFFCH}} \times \underbrace{\left[\frac{D^t\left(x^{t+1}, y^{t+1}\right)}{D^{t+1}\left(x^{t+1}, y^{t+1}\right)} \frac{D^t\left(x^t, y^t\right)}{D^{t+1}\left(x^t, y^t\right)}\right]^{0.5}}_{\text{TECH}}$$

$$\times \underbrace{\left[\frac{y_{\max}^{t+1}\left(x^{t+1}; T^t\right)}{y_{\max}^t\left(x^t; T^t\right)} \frac{y_{\max}^{t+1}\left(x^{t+1}; T^{t+1}\right)}{y_{\max}^t\left(x^t; T^{t+1}\right)}\right]^{0.5}}_{\text{SCACH}} \tag{2-46}$$

　　为了说明方便，本章在分解能源效率时只考虑劳动、资本、能源三种投入，在规模报酬不变的条件下，可将能源效率分解为

$$\text{PDA-type TFEE} = \frac{Y^{t+1}}{Y^t} \times \frac{E^t}{E^{t+1}} = \underbrace{\frac{D^{t+1}\left(L^{t+1}, K^{t+1}, E^{t+1}, Y^{t+1}\right)}{D^t\left(L^t, K^t, E^t, Y^t\right)}}_{\text{EFFCH}}$$

$$\times \underbrace{\left[\frac{D^t\left(L^{t+1}, K^{t+1}, E^{t+1}, Y^{t+1}\right)}{D^{t+1}\left(L^{t+1}, K^{t+1}, E^{t+1}, Y^{t+1}\right)} \frac{D^t\left(L^t, K^t, E^t, Y^t\right)}{D^{t+1}\left(L^t, K^t, E^t, Y^t\right)}\right]^{0.5}}_{\text{TECH}} \tag{2-47}$$

$$\times \underbrace{\left[\frac{y_{\max}^{t+1}\left(l^{t+1}, k^{t+1}; \tau^t\right)}{y_{\max}^t\left(l^t, k^t; \tau^t\right)} \frac{y_{\max}^{t+1}\left(l^{t+1}, k^{t+1}; \tau^{t+1}\right)}{y_{\max}^t\left(l^t, k^t; \tau^{t+1}\right)}\right]^{0.5}}_{\text{INPSUBSTIT}}$$

其中，$k=K/E$，$l=L/E$，$y=Y/E$，τ^t 为 t 期以（l，k，y）为投入产出的前沿面。至此，本章将传统的能源效率变化分解成技术效率变化、技术进步及投入替代变化三项，从而与全要素生产率建立起联系。

　　在实证分析方面，孙广生等（2012）采用这一方法对单要素框架下的能源效率变化情况进行分解，直接分解出全要素变化项。具体而言，将传统的能源效率变化分解成技术效率变化、技术进步及投入替代变化三项，从而与全要素生产率（包含能源投入）建立起联系，其中技术效率变化加上技术进步等于全要素生产率。林伯强和杜克锐（2014）扩展了这一研究方向，首先，他们认为对于快速成长的中国来说，规模报酬不变的假设不符合实际，故放宽了这一假设；其次，考虑到中国各省份之间的差异较大，在研究中使用了共同边界 DEA，以刻画地区间的效率差异；最后，为了规避 IDA 和 PDA 存在的缺点，将两者的优势相结合，对传统 PDA 模型进行了修正。

　　使用 PDA 对能耗强度进行测度与分解，不仅保留了单要素能源效率具有的直观、计算方便等特点，而且可以考察不同投入要素之间的替代效应。在此基础上，可以利用计量模型对影响能源效率的因素进行分析。但是，孙广生等（2012）的分解方向（将能源效率分解为全要素生产率）实际上反了，既然是全

要素当然就包括能源投入，所以应该将全要素生产率分解为能源效率，能源效率是全要素生产率的一部分，而不是将能源效率分解为全要素生产率，有循环论证求解之嫌。

三、测度方法的研究争议

（一）现有研究发现

1. 关于单要素能源效率

能耗强度指标简单易懂、便于使用，更因为其容易计算和便于国别比较的特征而在政策中广泛使用。但能耗强度指标同时也存在诸多缺陷，这一点已经被大量学者所认识：①能耗强度指标只是衡量了能源这一单要素投入与经济产出之间的一个比例关系，没有考虑其他投入要素的影响。在实际生产过程中，资本、劳动和能源是相互配合的，最终的产出是与所有投入生产的要素相关联的，而能耗强度指标忽略了能源使用和劳动力、资本之间的替代效应和互补效应。②能耗强度本身包括了大量的结构因素，如产业结构的变动，能源与劳动、资本之间的替代以及能源投入结构的变化，或者能源价格的变动，这些变化都将显著影响指标值的大小，但实际上并不表明经济中能源生产的技术效率发生了变化，因此难以体现出"效率"因素。而且，因为能耗强度指标反映的是社会生产的总体状况，所以该指标也抹杀了产业间的技术差别和能效差别，不能够表征国民经济体中各个不同产业在能源利用效率上不同的发展变化情况。③因为一个经济体中使用的能源种类很难唯一，很多研究都表明种类不同的能源形式在根据现有技术使用时会有不同的利用效率差异，而能耗强度只是经济体的总产出的货币表现与总的能源投入之间的比值，因此无法对能源结构不同的经济体之间的能源效率差异作出有效反映。④使用能耗强度考察节能潜力存在较大问题，即该指标忽略了能源消费的"反弹效应"。"反弹效应"的存在意味着能耗强度的提高与节能之间并无单向因果关系，简单来讲，节能有两种途径：减少能源消费需求或者减少能源服务需求。前者指经济活动消耗的能源量，后者指一定能源量所支撑的生产、生活或者消费活动。如果能效提高导致能源服务边际成本下降，则在能源服务需求弹性大于 1 的时候，能源服务需求可能因为能效的提高而增加，即"反弹效应"。上述缺陷的存在，使学者开始寻找可以反映能源效率的更为合理的指标体系。

2. 关于全要素能源效率

基于单要素能源效率的不足，学者在研究中采用了全要素能源效率指标。Hu 和 Wang（2006）率先使用全要素能源效率指标研究了中国能源效率问题。但是，学者同样分析了全要素生产率指标的各种缺陷：①DEA 本身存在缺陷。样本决策单元个数若低于总的变量个数的两倍，会使 DEA 效率的区别能力减弱；若决策单元的输入（输出）变量间存在较强相关性，则会对 DEA 效率值产生很大影响，如输入变量之间存在相关性会低估效率值。②这些方法大多数是把能源作为生产要素的一种直接加入 DEA 模型中计算，却没有同劳动和资本两种生产要素进行区分。在这种情况下，测算出的全要素效率值并没有突显出能源的特征，只是在传统的全要素框架下加入了能源投入，从而测度出决策单元综合利用多种要素进行生产以实现产出最大化的能力与程度。或者说，在这种情况下本章既可以将求得的效率值称为能源效率，也可以称为资本效率或劳动效率。③DEA 模型属于确定性模型，假定决策单元生产效率稳定，从而忽视了偶然因素的影响，此外，也没有考虑数据的测量误差和其他计算误差引起的随机偏误，它在对效率前沿进行估计时容易受到样本数据质量的影响，更确切地说，DEA 对基础数据很敏感，所估计的效率前沿容易受样本数据质量的影响。④采用不同的 DEA 测度出的全要素能源效率值不同，以此来代表能源效率就会出现分析结果的不一致性，这一点已经在上文详细论及。

（二）本章对比分析

上述测度与分解能源效率的方法涵盖了单要素能源效率到全要素能源效率，以及参数法与非参数法等常见的测度与分解方法。这些方法都存在着不同的优势与不足，在不同的条件下有着不同的适用性。一般来说，在需求决定产出的条件下，投入导向型 DEA 模型能够适用于大多数能源与环境问题。不考虑非合意产出时，如 CCR 和 BCC 这样将径向效率测度方法与 CRS 和 VRS 假设相结合的参考技术不仅可以提供技术效率的信息，也可以测度出规模效率。当对研究对象的规模报酬比较感兴趣时，可以将非递增规模报酬作为研究这一性质的辅助工具。考虑非合意产出时，将环境 DEA 技术与方向性距离函数或者双曲线距离函数相结合的效率测度方法更加适用于对研究对象效率的测度。如果需要综合考虑经济、能源与环境，则基于冗余的效率测度方法会更加有效，因为这种方法相对于方向性距离函数具有更高的识别能力。此外，与非参数法相比，参数法引入了随机因素，可以减小测量误差等随机因素对研究对象能源效率的冲击，但同时也因为模型设定具有主观性而遭受质疑。为此，本章首先对三类测度单要素能源效率的方法和三类测度全要素能源效率的方法进行了分析，不同类型测度方法的优势与主要存在的问题如表 2-2 所示。

表 2-2　能源效率测度方法的优势与缺点

分类	测度方法	优势	缺点
单要素能源效率	能耗强度	定义直观、计算方便	1. 无法考察结构因素的影响 2. 无法考虑投入要素的替代作用 3. 由于"反弹效应"的存在，无法反映真实能源效率
	真实能耗强度	将环境等非技术因素剔除，能源效率更加真实	
	IDA	考察能源效率动态变化，对贡献成分进行分解[1]	
全要素能源效率	DEA	1. 无须具体的函数形式 2. 可以分解出能源效率 3. 同时考虑"节能减排"	1. 无法排除随机因素的干扰，对数据质量要求较高 2. 不同投入产出数据、模型得到的结果可比性差 3. 结果无法进行统计检验
	SFA	1. 结果对随机干扰较稳健 2. 考虑"多投入、多产出" 3. 结果可以进行统计检验	1. 函数设定具有主观性 2. 得到的结果非真正能源效率 3. 估计时往往样本较小
	PDA	1. 定义简单，同时具有 DEA 的优点 2. 分解项政策含义明确	1. 由于包含了 DEA，故具有 DEA 模型的缺点 2. 在分解时有循环论证之嫌

1）常用方法包括拉氏指数（Laspeyres index）分解法、迪氏指数（Divisia index）分解法和费雪指数（Fisher index）分解法。前两种分解方法都无法避免一个问题，那就是指数分解时存在残差项，这种天然的缺陷会导致对能源消耗强度的变动原因无法解释

资料来源：笔者整理

　　从表 2-2 不同模型优缺点的比较可以得到以下几点结论。首先，每种模型的产生与发展都有其特定的背景，与具体的研究目的及建模水平相关。随着研究的发展，假设条件逐步放宽，生产过程越来越接近真实情况。以 DEA 模型的发展为例，早期的 CCR/BCC 模型假定各种投入按相同的比例放缩，显然不符合现实情况，随后的 Russell 模型允许各要素按不同比例进行放缩，但当投入变量存在冗余效应时会产生高估效率的问题，为此，SBM 应运而生。与此同时，伴随着环境问题越来越受重视，如何对污染建模成为重要的议题，并在此基础上发展了距离函数及方向性距离函数。

　　其次，从估计方法的发展路径看，各种方法之间具有相互借鉴优势、规避缺点、逐步融合的趋势。以单要素能源效率为例，早期的单要素能源效率多为能耗强度，计算简单也有利于跨地区比较。但总量层面的分析抹杀了许多结构信息，为此发展了 IDA 来对能源强度进行分解，使其分量更具政策含义。即便如此，也未能反映要素之间替代关系对能源效率的影响，对单要素能源效率缺点的改进产生了 PDA。该方法通过将生产理论、单要素能源效率及 IDA 的结合，将单要素能源效率推进到全要素分析框架下，通过 IDA 的运用，分解出更具政策含义的分量，从而得到了广泛的应用。从估计与分解方法的角度看，PDA 融合了单要素能

源效率、DEA、IDA 三种方法的优势，是对传统方法的扬弃。

最后，方法之间的交叉融合在提供强大的分析工具的同时，也带来了一些问题。由于不同方法的前提假设并不完全相同，故使用范围也存在差异，从而导致不同文献在研究中国区域或行业的能源效率时，得到了相去甚远甚至截然相反的结论。正如本章引言部分提到的那样，能源效率估计方法的多样性导致经验判断差异巨大，在很大程度上影响了这类研究的政策价值。

四、测度方法的未来发展

（一）研究对象深入微观

在研究对象的选择方面，国内现有研究中多数基于宏观数据，如省际层面或者行业层面考察环境约束下的能源效率。在未来企业数据可获取的情况下，有必要向微观层面拓展。微观数据有利于揭示企业的真实行为偏好和技术，可以更好地揭示其作用机理；同时公开数据便于重复实验，可以对不同模型进行相互检验，使得理论结果进一步贴近现实问题，并更有效地运用到政策制定和生产实践中。例如，使用 SBM+DDF 方法可以得到具体的改进目标，从而可以在企业层面制定更具针对性的政策，使政策的可行性得以加强。

在这方面，国外学者做了不少有意义的研究工作，Sueyoshi 和 Goto（2011）研究了日本化石燃料型火电厂的节能减排效率，这篇文章最大的贡献在于对减排方式进行了区分，通过选择不同的投影方向，将减排分为"自然减排"和"管理减排"。"自然减排"指的是通过减少煤炭等投入要素的使用从而达到减排的目的，这种减排方式实施简单，但其代价可能是产出的同步减少；"管理减排"指的是通过提高管理水平在不减少能源投入的条件下实现减排，如使用更为清洁的煤炭、采用更为先进的技术等。

我国学者对发电效率的研究多数基于行业层面，近年来也有学者开始从微观视角进行分析。赵晓丽等（2013）从微观企业层面研究了中国火力发电厂的效率，但可能是由于数据的原因，并没有考虑二氧化碳等非合意产出的影响。火力发电厂作为这些污染物排放的主要来源，若缺乏对非合意产出的分析则将使政策含义大打折扣。

此外，Färe 等（1996）的研究为本章提供了另一个重要意义的方向，在有污染物排放限制的条件下，分析排放权交易对产出的影响。Färe 等（1996）主要分析了二氧化硫、二氧化碳及氮氧化合物的排放权交易对以煤炭为燃料的火力发电厂产出的影响，结果表明如果引进排放权交易市场，则这些火力发电厂的发电量将会有 3%左右的提升。此外，他们在研究中分别分析了单个污染物排放权交易与不同污染物排放权交易之间的不同差异，发现影响产出的最主要的污染物是二氧化硫。

这一研究对于旨在淘汰落后产能、实现经济结构转型升级的中国来说，具有十分重要的借鉴意义。在数据可得的情况下，可以模拟分析建立排放权交易市场对我国火电厂产出水平的影响。此外，还可以通过建立污染物排放的交易市场，将淘汰落后产能、合理配置资源及保护生态环境实现可持续发展等重要目标交给市场去完成，真正发挥市场在资源配置中的主要作用。

然而，由于微观企业相对来说具有更强的异质性，以及生产过程更容易受到随机因素干扰等特点，传统能源效率估计方法的适用性会大打折扣。为此，现有文献针对微观数据的这些特性有两种改进思路：其一，保留原来的估计方法，但采用 Bootstrap 方法对原先的估计值进行修正，以得到能源效率的稳健估计；其二，发展新的估计方法，将随机干扰和异质性纳入估计模型，如 Kuosmanen（2012）将 SFA 与 DEA 相结合，在保留 DEA 优势的基础上将随机因素纳入模型当中，该方法为我们处理微观企业的能源效率提供了一个有效的分析框架。

（二）研究方法日趋融合

学者对能源效率的测度方法主要沿三种思路进行推进：首先，使模型更加符合实际生产过程；其次，使模型的政策含义更加清晰；最后，通过模型修正，使模型得到的结果更加稳健。前两种思路主要体现在不同能源效率估计方法的借鉴与融合上，主要目的在于还原真实生产过程以及分解出更具政策含义的指数。第三种思路主要在于克服能源效率估计模型自身的缺陷，主要体现在对非能源效率估计方法的借鉴与吸收上。

第一，为了使模型更加符合实际生产过程，学者将非合意产出纳入能源效率的分析框架中，并提出了"弱可处置"的概念，意味着减少坏产出是有代价的。Sueyoshi 和 Goto（2012，2013）将这一概念进一步推进，针对非合意产出提出了管理可处置（managerial disposable）及自然可处置（natural disposable）的概念，使能源投入与污染产出之间的关系更加符合现实情况。

如图 2-5 所示，前沿面 ABC 表示好产出的生产前沿，GHDEF 为非合意产出的生产前沿面。非合意产出的生产前沿面可以进一步分解为自然可处置前沿面（GHD）及管理可处置前沿面（DEF）。对于自然可处置性，如 KG 所示，只要减少能源等投入要素的使用，显然会使二氧化碳等非合意产出减少，对于企业或者地区来说，要做到这一点并不困难。更为重要的是 Sueyoshi 和 Goto（2012，

2013）定义的管理可处置性，在增加投入要素的使用从而增加产出的条件下，减少污染物的产出。要做到这一点可以使用更为清洁的能源，或者通过研发得到更为清洁的生产技术等。

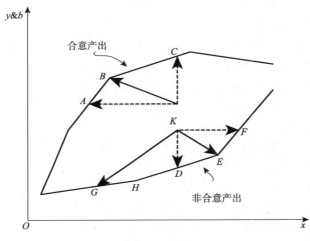

图 2-5　自然和管理可处置性

此外，两种不同类型的可处置性可以区分企业或者地区对环境规制的不同反应，自然可处置性代表的是对环境规制具有消极反应的决策单元，而管理可处置性代表对环境规制具有积极反应的决策单元。为此，可以利用这一技术来实证检验"波特假说"，如果积极反应大于消极反应，则整体上会展现出环境规制带来了技术进步和产出增加，即"波特假说"成立，反之，环境规制会带来产出的减少。

第二，使模型的政策含义更加清晰，通过 Russell 测度方法或者 SBM 方法可以将能源效率从全要素生产率中剥离出来，得到真正意义上的能源效率。王兵等（2010）使用SBM方法测度了考虑环境因素的全要素生产率，但并未将能源效率单独剥离出来，在未来的研究中，可以将能源投入的冗余量分离出来，还可以将非合意产出的冗余量分离出来，从而计算出节能减排的潜在能力。再者，方向性距离函数的引入，为考虑非合意产出的能源效率提供了强大的分析工具。但是在应用方向性距离函数时，方向性向量的选取较为单一。在一般的理论研究中都是采取比较中性的态度，将其确定为（1，−1），即合意产出与非合意产出的扩张与收缩比例为 1。但是并不是所有的政府都是具有中性偏好的，根据不同的研究需要和政策制定偏好，方向性向量的具体选择上应该不固定为（1，−1）。Zhou等（2013）在研究中国电力行业的环境效率时，使用熵权法确定了SBM模型的权重，这是对于权重向量确定方法的一次重要尝试。在未来研究中，可以通过对政策、禀赋等因素建模，从而将方向向量或者SBM的权重向量内生化，从而使其具有更为明确的政策含义。这个对中国的应用尤其重要，随着"美丽中国"等概念的提出，从中央到地方提出了一系列的节能减排政策，通过选择合理的方法，可以揭示出地方政府在节能减排方面的动机与倾向。

第三，针对效率测算模型的固有缺陷，对模型进行修正，使模型得到的结果更加稳健。DEA模型的一个很大的缺陷在于不能很好地处理随机因素，针对这一缺陷，现有文献按两种思路进行发展。其一，采用Bootstrap方法对估计值进行修正，以得到能源效率的稳健估计，Song等（2013）在分析金砖五国能源效率时，使用了Bootstrap-DEA的方法，通过自体抽样的方式解决了DEA模型无法处理随机噪声的问题；其二，发展新的估计方法，将随机干扰和异质性纳入估计模型，Kuosmanen（2012）将SFA与DEA相结合，在保留DEA优势的基础上将随机因素纳入模型当中。可见，该发展方向主要体现在通过对其他效率估计方法的借鉴，提升能源效率估计方法的稳健性。

伴随着测度方法的不断改进，对能源效率的测度将更加准确。同时，分解技术的引入也可以将能源效率从全要素生产率中真正剥离出来，使得到的结果具有更加明确的政策含义。同时，一些新方法的引入可以为"节能减排"分析提供更多的工具，如逆DEA模型的使用可以在产出和技术既定的条件下预测投入要素的使用量。此外，网络DEA模型的兴起，可以打开从能源投入到污染产出的"黑匣子"，还原更为真实的生产过程，从而为决策者提供更具政策含义的理论支持。

（三）政策指向更加清晰

随着能源效率测度方法更加贴近真实生产过程，尤其是在DEA框架下引入非合意产出以及投入产出的调整更加灵活，采用这些最新的能源效率测度方法研究能源效率不仅可以兼顾能源、环境与经济增长之间的关系，将环境约束与能源投入纳入现有的经济增长模型之中，而且测度结果具有更加清晰的政策含义，为考察"节能减排"与可持续发展问题奠定了坚实的技术基础。首先，对生产了非合意产出的经济单元的环境全要素能源效率进行定量评价，可以评估环境规制的经济效应，也可以对"波特假说"进行实证检验，进一步可以为政府是否应进行环境规制以及规制的程度和规模提供一个参考，若"波特假说"成立，则可以通过严格的环境规制促进企业转型升级；若"波特假说"不成立，则可以通过对研发活动进行补贴或者减税的方式帮助企业转型升级。

其次，Russell型、SBM型、DDF型及SBM+DDF型由于可以对投入产出变量设定权重，因而有利于将政策因素纳入模型的分析框架。给定能源消耗约束，即相当于对投入向量中的能源分向量给予"弱处置"约束，此时可以通过比较施加约束条件前后的产出扩张差异及污染物排放量差异，从而间接估计由于能源政策的改变（如"节能"目标约束）所导致的经济成本和环境改善程度的变化。

最后，在环境政策评价中，比较投入、产出在"污染无约束"和"污染有约束"条件下的产出差异，也即施加"环境政策"约束之后所导致的经济的潜在损失，从而间接估算出由于环境管制（如"减排"目标约束）而导致的机会成本，为合理设置减排目标与减排路径提供决策参考。

总之，本章考察了目前较为流行的能源效率测度与分解方法，这些方法经历了从单要素能源效率到全要素能源效率的发展，既有参数方法也有非参数方法，还有不同方法之间融合产生的新方法。在测度全要素能源效率时，根据前沿面构造方法的差异又可分为参数法（DEA、SFA）和非参数法（DEA）、确定性方法（DEA）和随机方法（SFA）。虽然各种方法都有其优缺点，但结果表明基于DEA测度的能源效率具有接近现实生产情况、政策含义明确等优势，故越来越多的文献采用这一方法研究"节能减排"问题。对现有文献的分析发现：①从技术演变来看，能源效率测度方法逐步经历了从单要素向全要素框架的演变，全要素框架下的测度方法也经历了放松假定，不断贴近真实生产过程的进化，各种方法呈现相互借鉴优势、规避缺点、逐步融合的趋势；②从政策指向来看，Russell型、SBM型、DDF型及SBM+DDF型由于可以对投入产出变量设定权重，因而有利于将政策因素纳入模型的分析框架；③从能源效率含义来看，能源效率本质上是考察能源投入对经济产出的单独效率贡献，需要在全要素框架下测度与分解，因此，用Russell型、QFI型、SBM型及SBM+DDF型的DEA测度的能源效率才可以称为真正意义上的能源效率。

第三章 基于 ISP 指数的中国能源
生产率再测度与分解研究

本章发现现有文献测度的全要素能源效率指标，要么是"考虑能源投入的全要素生产率"，要么是"考虑非合意产出的全要素生产率"，并非真正意义上的能源效率指标。本章首次采用基于 ISP 指数的能源效率测度方法来重新测度和分解中国 1985~2009 年 29 个省份的能源生产率，该指数的优势在于不仅可以测度与分解全要素生产率，而且可以将全要素生产率进一步分解为各种投入要素的生产率，测度的能源生产率还可以分解为能源的技术变化与技术效率变化。研究表明：①中国能源生产率年均提高 2.89%，总体水平并不高，低于其他国内外文献的测度结果。2002 年是中国能源生产率发生变化的关键年份。2002 年之前，中国能源生产率年均变化为 3.69%，但是波动性较大，2002 年之后，中国的能源生产率水平稳步上升。2002 年之前，技术变化是能源生产率提升的主要驱动力量，2002 年之后，技术效率变化推动了中国能源生产率的稳步上升，表明中国能源生产率开始走上效率提升的轨道。②中、西部与东部的能源生产率水平差距越来越大，技术变化是导致东、中、西部之间差距的主要原因。③东部地区呈现出"高能效-高增长"的经济发展模式，而中西部则表现为"低能效-低增长"的经济发展模式。④全部省份的能源生产率均得到提升，最佳实践省份越来越多，但是省份之间的追赶效应只有 0.36%，由此导致中国省份在能源生产率上呈现"强者恒强、弱者恒弱"的发展态势。

一、引　言

中国能源效率的高低，不仅是学界长期关注的核心话题，而且是政府政策实施的主要考量目标。改革开放四十多年来，中国能源消费模式（能源消费占 GDP

比重）呈现出阶段性变化特征。1978 年改革开放到 2001 年加入世界贸易组织之前，中国能源消费增长速度持续低于经济增长速度，能耗强度呈现单调下降的趋势，由此引起国内外学者的广泛关注与研究。但在 2001 年加入世界贸易组织之后，中国能源消费增长速度超过了经济增长速度，进一步激发了学者对中国能源效率的研究热潮。近年来，随着节能减排政策的实施，以及建设生态文明社会与美丽中国战略的提出，中国能源效率问题的研究显得愈加重要与紧迫。

中国能源效率的研究具有重要的意义：①中国已经成为世界上最大的能源消费国，能源效率的高低，关系到中国能否在世界能源生产与消费格局中获得主导地位。②中国经济未来几十年发展的主要推动力之一是城市化，城市化进程要求的大规模基础设施和住房建设，需要大量的水泥和钢铁等高耗能产品，能源效率的高低，关系到中国城市化的环境质量与生态效益。③中国是一个人均能源占有量相对较低的国家，能源供需之间的尖锐矛盾会引发中国对国外能源的依赖加剧，能源安全成为中国一个紧迫性的国际战略。能源效率的高低，关系到中国能源安全战略空间的大小。④高能耗引发的环境污染与温室气体减排问题，使得中国承受着巨大的国际压力。能源效率的高低，关系到中国在国际谈判与规则制定过程中的地位和实力。⑤有效的能源效率研究，便于设计合理的政策框架与措施，以应对由能源引发的诸问题。

本章旨在对中国能源效率进行更加详细彻底的研究。具体而言，本章首次采用基于 ISP 指数，以中国 1985~2009 年 29 个省份为研究样本，分别从国家、区域及省际三个层面研究中国的能源效率。尝试回答如下三个系列问题：①中国能源效率的变化趋势与特征是什么？技术变化与技术效率变化（本章测度的能源效率，可以分解为技术变化与技术效率变化两项）对能源效率的影响差异如何？②中国能源效率的地区差异如何？经济增长与能源效率之间是否可以协调？能源效率地区差距背后的驱动因素是什么？③中国能源效率的省份特征是什么？是否有更多的省份进入效率前沿面？省份之间的追赶效应大不大？各个省份在能源效率上的优势与不足如何？如何根据其优势与不足确定未来节能方向？

能源效率研究重在能源效率测度方法的选择。国内外学者研究能源效率的方法主要有两种：单要素能源效率指标与全要素能源效率指标。单要素能源效率指标即能耗强度，是指增加单位 GDP 的能源消费，即单位产值能耗，是反映能源效率的重要指标之一。单要素能源效率指标简单易懂，便于使用，易于进行国别比较研究，至今被大量学者采用。但该方法也有不少缺陷：①该指标不能够反映能源利用的基础技术效率。②因为 GDP 能耗指标反映的是社会生产的总体状况，所以使用 GDP 能耗指标也就抹杀了产业间的技术差别和能效差别，不能够表征国民经济体中各个不同产业在能源利用效率上不同的发展变化情况。③GDP 是一个经济体中各种不同生产要素的综合产出，只有能源要素投入无法完成社会生产活动。GDP 能耗指标无法反映劳动力及其他生产要素对能源投入的替代效应。④因为一个经济体中使用的能源种类很难唯一，很多研究都表明种类不同的能源形式在根据现有技术使用时会有不同的利用效率差异，而 GDP 能耗指标只是经济体的总产出的货币表现与总的能源投入之间的比值，因此无法对能源结构不同的经济体之间的能源效率差异作出有效反应（何晓萍，2011）。

单要素能源效率指标的诸多缺陷促使学者转向全要素能源效率指标。Hu 和 Wang（2006）基于 DEA 开创性地开发出一种全要素能源效率指标。随后，国内外一批学者借鉴该方法，对中国能源效率进行了深入探讨。但是，这些研究均是将能源作为生产要素的一种投入直接加入 DEA 模型中计算，却没有同劳动和资本两种生产要素进行区分。在这种情况下，测算出的全要素效率值并没有凸显出能源的特征，只是在传统的全要素框架下加入了能源投入，从而测度出决策单元在综合利用多种要素进行生产以实现产出最大化的能力与程度。

基于 DEA 的全要素能源效率指标存在没有考虑非合意产出（环境污染）的缺陷。由此，学者将非合意产出引入全要素能源效率研究中。这些研究都建立在谢泼德距离函数基础上，这种距离函数在处理非合意产出时，要么将污染物作为一种投入，要么将污染物通过取其倒数或者乘以-1 转换成"合意的产出"。然而将污染物当作投入处理违背了实际的生产过程，数据转换处理法可能会破坏模型的凸性要求。

随着一种新的函数——方向性距离函数的出现，国内外很多学者运用它来测度全要素能源效率（Weber and Domazlicky，2001；Jeon and Sickles，2004；Arcelus and Arocena，2005；Watanabe and Tanaka，2007；王兵等，2011），这种函数可以把污染物作为对环境的负产出纳入效率的分析框架中，同时考虑了合意产出的提高和非合意产出的减少，更加符合实际的生产过程。Li 和 Hu（2012）也意识到大量文献中的能源效率指数没有考虑诸如二氧化碳、二氧化硫等非合意产出，而采用基于 SBM 的方向性距离函数，研究了中国 2005~2009 年 30 个省份的环境全要素能源效率指数。但是，这些方法测度处理的能源效率实际上是"考虑非合意产出的全要素生产率"，也非真正意义上的能源效率。

在对上述文献进行梳理的基础上，本章有几个判断：①相比单要素能源效率指标，全要素能源效率指标由于同时考虑了资本、劳动等投入要素，因此更加合理科学，也是未来开发能源效率测度方法的主要方向。②Hu 和 Wang（2006）基于 DEA 构造的全要素能源效率指标，其思路是利用距离生产函数估算为达到一定产出而需要的最优能源投入量，再将它与实际要素投入量之比定义为能源效率。但是由于 DEA 的局限性，其测度出来的效率指标也并非严格意义上的能源效率，而是资本、劳动和能源三种投入的全要素生产率指标，文献中将其称为"全要素能源效率"。本章认为，基于 DEA 测度出的"全要素能源效率"应该称为"考虑能源投入的全要素生产率"更加合理。③后来的研究方向从要素投入端转到产出端，在新发展起来的谢泼德距离函数、方向性距离函数基础上考虑了非合意产出的影响，文献中也将这些方法测度出来的效率指标称为"全要素能源效率"[1]，本章认为，利用这两种方向性距离函数测度的效率指标应该称为"考虑非合意产出的全要素生产率"更为合适。④本章由此判定，无论是单要素能源效率指标还是全要素能源效率指标，均会产生对能源效率的"高估"问题。单要素能源效率指标是因为没有考虑资本、劳动等其他要素投入所致，而全要素能源效率指标本质上考虑了能源投入或者非合意产出的全要素生产率指标，并没有单独分解出能源这种要素投入的生产率影响。总之，目前国内外文献中所采用的能源效率指标均存在较大的缺陷，不能够真实反映与提取能源投入在产出增长中的单独效率贡献，由此可能会导致对中国能源效率水平过于乐观的判断及对节能减排政策与方向的误导。

　　本章试图在解决上述方法缺陷的基础上重新测度与分解中国能源效率。具体而言，本章使用一种基于 ISP 指数的方法来重新测度和分解中国的能源效率，该指数使用投入导向型方向性距离函数及 Färe-Lovell 效率测度方法（Briec，2000）对 Luenberger 生产率指数进行了扩展，扩展后构建的 ISP 指数可以在计算全要素生产率的同时，计算单个投入要素的生产率变化情况。进一步，不仅可以将 ISP 指数分解为技术变化和技术效率变化，而且可以将每种投入要素的生产率分解为各自的技术变化和技术效率变化[2]。以考虑资本、劳动及能源三种投入的 ISP 指数为例，该指数可以将考虑三种要素投入的全要素生产率，分解为资本生产率、劳动生产率[3]及能源生产率，不仅可以将全要素生产率分解为技术变化和技术效率变化，而且可以分别将资本生产率、劳动生产率及能源生产率分解为各自的技术变化和技术效率变化。

　　因此，在 ISP 指数基础上分解与测度的能源生产率指标不仅解决了单要素能源效率指标没有控制资本、劳动等要素投入的缺陷，而且解决了现有全要素能源效率指标的模糊性（针对现有全要素能源效率指标只是某种意义上的全要素生产率指标）与不彻底性（针对现有全要素能源效率指标并没有分解出能源投入在产出增长中的单独效率贡献），是一种真正意义上的能源效率指标，基于该指标判断中国能源效率变化趋势，分析省份能源效率差距，提出未来节能方向，更具有科学价值。

　　本章主要的研究发现有：①平均而言，中国的能源生产率年均提高 2.89%，

---

　　① Li 和 Hu（2012）则称之为环境全要素能源效率指数（ecological total-factor energy efficiency）。

　　② 鉴于本章测度的能源效率指标是在全要素生产率指标基础上分解出来的，因此称之为能源生产率。

　　③ 本章所指的劳动生产率与通常的劳动生产率不是同一个概念，通常的劳动生产率等于产出除以劳动，反映单位劳动投入的产出；而本章的劳动生产率是在全要素生产率基础上分解出的劳动生产率。

总体水平并不高，也远低于其他国内外文献的测度结果，因为传统方法测度的能源效率存在"高估"问题。②能源生产率的分解项分析表明，能源的技术进步是能源生产率提高的主要因素，年均增长率为 2.53%；同时，技术进步也是导致中西部与东部能源生产率差距进一步拉大的主要原因。③中国能源生产率在 2002 年发生了转变。2002 年之前，中国的能源生产率年均变化为 3.69%，但是波动性较大，2002 年之后，中国的能源生产率水平在能源消费发生急剧增长背景下稳步上升，而其他国内外文献大多认为 2000 年之后中国能源效率出现下降趋势；2002 年之前，技术变化是能源生产率提升的主要驱动力量，而 2002 年之后，技术效率变化开始发挥更加显著的作用。④中西部与东部的能源生产率水平差距越来越大，技术变化是导致东、中、西部之间差距的主要原因。结合区域经济增长发现，东部地区呈现出"高能效-高增长"的经济发展模式，而中西部地区则表现为"低能效-低增长"的经济发展模式。⑤全部省份的能源生产率均得到提升，最佳实践省份越来越多，但是省份之间的追赶效应只有 0.36%，由此导致中国省份在能源生产率上呈现"强者恒强、弱者恒弱"的发展态势。⑥聚类分析表明进入能源高效区与能源中效区的省份相对较少，而其他文献则发现大多数省份进入了能源高效区与能源中效区。

　　本章研究不仅推进了能源效率研究方法，同时也系统解释了中国能源效率的变迁过程，为中国能源效率的研究争论提供了更加客观科学的回答。另外，同单要素能源效率指标相比，全要素能源效率指标在揭示一个地区资源禀赋结构对其能源效率的影响方面有着不可替代的优势，而本章使用的能源效率指标本质上是全要素能源效率指标，可以揭示各个地区的能源禀赋、能源消费与经济增长之间的关系。

　　本章的边际贡献体现在：①方法上，在理清现有能源效率测度方法上的缺陷与不足的基础上，首次提出 ISP 指数，测度出真正意义上的能源生产率，并可以将能源生产率分解为其技术变化与技术效率变化两项。②思路上，基于中国1985~2009 年 29 个省份的面板数据，分别从国家、区域及省份三个层面，测度并系统回答中国能源生产率的变化趋势与变化特征，为节能减排目标设定与任务分解等提供了科学的学理支持。③结论上，中国能源生产率水平并不高，现有其他文献测度的中国能源效率存在"高估"问题。2002 年之后，中国能源效率并没有下降，而是稳步提高，背后的主要驱动力量是能源的技术效率变化。能源禀赋、能源消费与经济增长之间并不是简单的线性关系，一些资源相对稀缺的省份，如广东、福建、江苏等大省，可以通过提高能源效率的方式，实现本地区经济的可持续发展，而一些自然资源相对富足的省份，如黑龙江、山西、内蒙古、河南等，却同时遭受着资源浪费与经济发展质量低下的双重"诅咒"。本章不仅识别出能源生产率方面的最佳实践省份，而且指明各个省份在能源生产率上的优势与不足，明确了各省份的节能方向与节能潜力。

本章其余部分安排如下：第二部分是对本章使用的能源生产率测度与分解方法的详细介绍；第三部分是数据来源与变量选取说明；第四部分是实证结果和分析，分别从国家、区域及省际三个层面对中国能源效率变化趋势进行研究。

二、ISP 指数与能源生产率

（一）Luenberger 生产率指数

Luenberger 生产率指数法是一种较为传统的测度生产率的方法，为了将各投入要素的生产效率从全要素生产率的框架中区分出来，本章将对传统的 Luenberger 生产率指数进行改进。为此，本章先对 Luenberger 指数进行简单的介绍。

首先，需要定义生产技术 P^t。在时期 t，若使用投入要素 $\boldsymbol{x}^t \in R_+^M$，可以生产产出 $\boldsymbol{y}^t \in R_+^S$，则时期 t 的生产技术 P^t 可以表示为

$$P^t = \left\{ \left(\boldsymbol{x}^t, \boldsymbol{y}^t \right) : \boldsymbol{x}^t 可以生产 \boldsymbol{y}^t \right\} \tag{3-1}$$

其次，Luenberger 生产率指数的计算依赖于方向性距离函数，根据 Chambers 等（1998）的研究，t 时期的方向性距离函数可以定义为

$$\vec{D}_t \left(\boldsymbol{x}^t, \boldsymbol{y}^t; \boldsymbol{g}_x, \boldsymbol{g}_y \right) = \max \left\{ \beta \in R : \left(\boldsymbol{x}^t - \boldsymbol{\beta} \boldsymbol{g}_x, \boldsymbol{y}^t + \boldsymbol{\beta} \boldsymbol{g}_y \right) \in P^t \right\} \tag{3-2}$$

其中，$\left(\boldsymbol{g}_x, \boldsymbol{g}_y \right)$ 是定义在 $R_+^M \times R_+^S$ 空间上的非零向量。因此，该函数可以在收缩投入向量的同时扩张产出向量。从上述定义中可知 $\vec{D}_t \left(\boldsymbol{x}^t, \boldsymbol{y}^t; \boldsymbol{g}_x, \boldsymbol{g}_y \right) \geqslant 0$；当且仅当观察点 $\left(\boldsymbol{x}^t, \boldsymbol{y}^t \right)$ 位于生产前沿面时，$\vec{D}_t \left(\boldsymbol{x}^t, \boldsymbol{y}^t; \boldsymbol{g}_x, \boldsymbol{g}_y \right) = 0$。

进而，Luenberger 生产率指数可以用上述方向性距离函数表示为

$$L\left(\boldsymbol{x}^{t+1}, \boldsymbol{y}^{t+1}; \boldsymbol{x}^t, \boldsymbol{y}^t \right) = \frac{1}{2} \left\{ \left[\vec{D}_t \left(\boldsymbol{x}^t, \boldsymbol{y}^t \right) - \vec{D}_t \left(\boldsymbol{x}^{t+1}, \boldsymbol{y}^{t+1} \right) \right] + \left[\vec{D}_{t+1} \left(\boldsymbol{x}^t, \boldsymbol{y}^t \right) - \vec{D}_{t+1} \left(\boldsymbol{x}^{t+1}, \boldsymbol{y}^{t+1} \right) \right] \right\} \tag{3-3}$$

若 Luenberger 生产率指数小于、等于或者大于 0，则分别意味着在时期 t 与时期 $t+1$ 之间，生产率发生了退步、不变及进步。

（二）ISP

上述定义的传统 Luenberger 生产率指数实际上是用于计算全要素生产率的多

要素生产率指数，常与比例距离函数（proportional distance function）结合使用。遗憾的是，该方法无法在全要素框架下分析单一要素的生产率变化。

为此，本章对传统的 Luenberger 生产率指数进行了改进，并引入了 ISP 指数，该指数将投入导向型方向性距离函数和 Färe-Lovell 效率测度方法相结合，是对 Luenberger 生产率指数的改进。这一改进使得 ISP 指数可以在计算全要素生产率的同时，计算单个投入要素生产率的变化情况。

下面对 ISP 指数方法做简单介绍。假设每个决策单元 N 在每一时期 T 都使用 M 种投入生产 S 种产出，则决策单元 j 在 t 时期的第 i 种投入及第 r 种产出可以分别表示为 x_{ij}^t 和 y_{rj}^t。在上述设定下，使用 Briec（2000）引入的 Färe-Lovell 效率测度方法构造生产前沿面，则决策单元 o 在 t 时期的投入导向型方向性距离函数可以表述为如式（3-4）这样的线性规划问题：

$$\vec{D}_t\left(\boldsymbol{x}^t, \boldsymbol{y}^t\right) = \max \frac{1}{M}\left(\boldsymbol{\beta}_1 + \boldsymbol{\beta}_2 + \cdots + \boldsymbol{\beta}_M\right)$$

s.t. （3-4）

$$\begin{cases} \sum_{j=1}^{N} \boldsymbol{\lambda}_j \boldsymbol{x}_{ij}^t \leqslant \boldsymbol{x}_{io}^t\left(1 - \boldsymbol{\beta}_i\right) \\ \sum_{j=1}^{N} \boldsymbol{\lambda}_j \boldsymbol{y}_{rj}^t \geqslant \boldsymbol{y}_{ro}^t \\ \boldsymbol{\lambda}_j \geqslant 0, \boldsymbol{\beta}_i \geqslant 0 \\ j = 1, 2, \cdots, N; i = 1, 2, \cdots, M; r = 1, 2, \cdots, S \end{cases}$$

其中，$\boldsymbol{\lambda}_j$ 为一个正的 $n \times 1$ 权重向量，用于构造一个决策单元投入、产出相联系的凸集合；而 $\boldsymbol{\beta}_i$ 是一个测度为达到有效水平，第 i 种投入所需要收缩的比例。因此，如果所有的冗余变量为 0，即 $\boldsymbol{\beta}_1 = \boldsymbol{\beta}_2 = \cdots = \boldsymbol{\beta}_M = 0$，则决策单元 o 位于强有效前沿面上（Kerstens et al.，2011）。由上述分析可知，Färe-Lovell 效率测度法假设规模报酬不变，这表明投入产出效率水平取决于技术效率。

方程（3-3）中的其余三个距离函数均可由方程（3-4）直接计算得到。将方程（3-4）中的 t 替换为 $t+1$ 即可计算得到 $\vec{D}_{t+1}\left(\boldsymbol{x}^{t+1}, \boldsymbol{y}^{t+1}\right)$，使用类似的方法可以计算两个跨时期方向性距离函数：$\vec{D}_t\left(\boldsymbol{x}^{t+1}, \boldsymbol{y}^{t+1}\right)$ 和 $\vec{D}_{t+1}\left(\boldsymbol{x}^t, \boldsymbol{y}^t\right)$。与上述两个距离函数不同，这两个跨时期方向性距离函数不需要满足大于或者等于 0 的条件。至此，我们可以根据方程（3-3）及方程（3-4）计算全要素视角下的 Luenberger 生产率指数。

关于 ISP 指数，可以进一步将方程（3-4）中得到的 $\boldsymbol{\beta}_i$ 定义为 $\vec{D}_{it}\left(\boldsymbol{x}^t, \boldsymbol{y}^t\right)$，这相当于将 $\vec{D}_{it}\left(\boldsymbol{x}^t, \boldsymbol{y}^t\right)$ 视为全要素框架下，t 时期第 i 种投入的方向性距离函数。相

应地，第 i 种投入的 ISP 指数为

$$\text{ISP}_i = \frac{1}{2}\left\{\left[\vec{D}_{it}\left(\boldsymbol{x}^t,\boldsymbol{y}^t\right) - \vec{D}_{it}\left(\boldsymbol{x}^{t+1},\boldsymbol{y}^{t+1}\right)\right] + \left[\vec{D}_{it+1}\left(\boldsymbol{x}^t,\boldsymbol{y}^t\right) - \vec{D}_{it+1}\left(\boldsymbol{x}^{t+1},\boldsymbol{y}^{t+1}\right)\right]\right\}$$

（3-5）

若 ISP 指数小于、等于或者大于 0，则分别意味着在时期 t 与时期 t+1 之间，第 i 种投入的生产率发生了退步、不变及进步。

需要进一步指出的是，此时测度的各投入要素的生产率指标仍然是加总意义上的，不够深入。换句话说，虽然 ISP 指数衡量了单个投入要素的生产率变化，但是并未直接表明各投入要素生产率变化的来源。因此，有必要对 ISP 的成分做进一步的研究。基于传统的 Luenberger 生产率指数，ISP 指数可以被分解为两个部分：技术效率变化（EFFCH）和技术变化（TECHCH）。前者衡量的是第 i 种投入的相对效率变化，后者为前沿面的移动，见式（3-6）和式（3-7）：

$$\text{EFFCH}_i = \vec{D}_{it}\left(\boldsymbol{x}^t,\boldsymbol{y}^t\right) - \vec{D}_{it+1}\left(\boldsymbol{x}^{t+1},\boldsymbol{y}^{t+1}\right)$$

（3-6）

$$\text{TECHCH}_i = \frac{1}{2}\left\{\left[\vec{D}_{it+1}\left(\boldsymbol{x}^{t+1},\boldsymbol{y}^{t+1}\right) - \vec{D}_{it}\left(\boldsymbol{x}^{t+1},\boldsymbol{y}^{t+1}\right)\right] + \left[\vec{D}_{it+1}\left(\boldsymbol{x}^t,\boldsymbol{y}^t\right) - \vec{D}_{it}\left(\boldsymbol{x}^t,\boldsymbol{y}^t\right)\right]\right\}$$

（3-7）

进一步，由于 $\vec{D}_t\left(\boldsymbol{x}^t,\boldsymbol{y}^t\right)$ 等于所有投入距离函数的算术平均，这样就可以将单个投入要素的生产率变化加总为全要素生产率变化，见式（3-8）：

$$\begin{aligned}
\text{TFPCH} &= \text{EFFCH} + \text{TECHCH} \\
&= \frac{1}{M}\left[\text{EFFCH}_1 + \text{EFFCH}_2 + \cdots + \text{EFFCH}_M\right] \\
&\quad + \frac{1}{M}\left[\text{TECHCH}_1 + \text{TECHCH}_2 + \cdots + \text{TECHCH}_M\right] \\
&= \frac{1}{M}\left[\text{ISP}_1 + \text{ISP}_2 + \cdots + \text{ISP}_M\right]
\end{aligned}$$

（3-8）

方程（3-8）表明全要素生产率变化是单个投入要素生产率变化的算术平均值。同样，TFP 变化的两个分解部分：技术效率变化和技术变化，分别是单个要素投入技术效率变化和技术变化的算术平均值。换言之，基于 ISP 指数不仅可以测度出具体的各种投入要素的生产率，而且可以进一步测度出全要素生产率。同时，无论是全要素生产率还是投入要素的生产率，都可以进一步分解为各自的技术效率变化及技术变化。这样，在考虑资本、劳动及能源三种投入的情况下，就可以借助 ISP 指数分别测度出资本生产率、劳动生产率及能源生产率，而各个投入要素生产率加总就可以得出全要素生产率。注意，基于 ISP 指数方法测度的能源生产率是控制了资本和劳动投入情况下的能源要素的生产率，而不再是上文分析的某种意义的全要素生产率，从而真正实现对能源效率的彻底测度。

值得强调的是，各要素的技术效率变化和技术变化可以理解为，在给定其他要素效率不变的条件下，某要素的技术效率变化指的是观测点在该要素方向上向前沿面移动；而某要素的技术变化指的是生产前沿面沿着该要素的方向向前移动，同时这种各要素的效率变化均会对全要素生产率产生影响。

三、数据变量说明

ISP 指数本质上是一种全要素生产率指数，因此，借助 ISP 指数测度能源生产率，除了通常的能源消费、经济产出数据之外，还需要其他资本与劳动投入的数据，具体处理过程如下。

资本存量（k）。估算资本存量最常用的方法是"永续盘存法"，现在被国内外学者广泛采用。在使用永续盘存法时主要涉及当期投资指标的选择、基期资本数量的计算、折旧率的选择和投资平减四个问题。本章这里使用单豪杰（2008）的数据，并采用其方法，将 2009 年的数据补齐，同时将资本存量的数据调整为以 1999 年为基期。

劳动投入（l）。在衡量劳动力投入时，劳动时间可能是比劳动力人数更好的度量，但是在中国很难获得这方面的数据。本章采用各省份历年从业人员数作为劳动投入量指标。各省份历年从业人员数据，1985~2008 年来自《新中国六十年统计资料汇编》，2009 年来自《中国统计年鉴 2010》。

能源消费（tec）。在中国的能源生产和消费总量中，煤炭、石油和电力等是主要的能源品种，为了更加全面准确地反映中国的能源消费，本章采用《新中国六十年统计资料汇编》中的能源消费总量（单位是万吨标准煤）数据，但是其对各地区能源消费总量的统计不全，主要是个别省份个别年份的数据缺失。本章对照《中国能源统计年鉴》《山东统计年鉴》《上海统计年鉴》《天津统计年鉴》对缺失数据进行增补后，尚有湖南省和山东省 1991~1994 年、海南省 1985~1989 年的能源消费总量数据无法获得，只好采用一定的统计方法进行增补，其中 1991~1994 年湖南省和山东省的数据缺失我们采用线性插值法将其补齐，而海南省缺失的 1985~1989 年的数据采用平均增长率法进行外推。

地区生产总值（gdp）。本章选用中国 29 个省份以 1999 年为基期的实际地区生产总值。1985~2008 年数据来自《新中国六十年统计资料汇编》，2009 年数据来自《中国统计年鉴 2010》。

本章最终构建了中国 29 个省份 1985~2009 年的平衡面板数据，以备测度中国能源生产率专用。

四、实证结果及分析

本部分运用本章第三部分所介绍的方法，使用 Lingo 11 软件求解了上述方法中涉及的线性规划问题，基于中国 29 个省份 1985~2009 年的数据样本，测度了中国的能源生产率，在将其分解为技术效率变化和技术变化的基础上，分别从国家总体层面、区域层面及省际层面进行分析。

（一）国家层面能源生产率分析

如图 3-1 所示，从国家整体角度看，中国的能源生产率变化在样本区间总体保持了正增长，年平均增长率达到 2.89%，累积增长达到 69.34%。具体来看，在 2002 年之前，中国的能源生产率变化全部为正，但是呈现出较大的波动性，2002 年出现拐点，首次出现了能源生产率退步，为 3.17%，2003 年退步 0.28%，2004 年退步 0.3%，随后几年能源生产率由负转正，一路稳步增长，2009 年能源生产率增长达到 5.04%。基于数据分析，结合其他文献研究结论，本章有以下几个基本判断与发现。

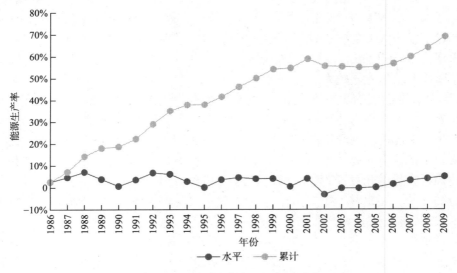

图 3-1　能源生产率水平及累计变化

（1）本章研究结果低于国内外采用其他方法研究的结果。具体而言，中国能源生产率保持了年均2.89%的正增长，在2002年出现拐点之前，能源生产率年均增长率为3.69%，2002年之后，年均增长率为1.29%，而孙广生等（2012）研究得出全要素能源效率每年提高3.73%。本章认为正是其他方法在测度能源效率上的模糊性与不彻底性，导致对中国能源效率水平的高估。

（2）中国能源生产率拐点出现在2002年，这个结论与史丹（2002）完全一致，尽管他们采用的是单要素能源效率指标（能耗强度），而其他采用全要素能源效率指标的研究（魏楚和沈满洪，2007b；师博和沈坤荣，2008）均指出2000年前后是中国能源效率发生变化的转折点。续竞秦和杨永恒（2012）则认为转折点出现在2006年前后。为什么2002年之后，在中国能源消费出现爆炸性增长情况下，能源生产率依然稳步增长？本章在后面结合能源生产率的分解项进行分析。

（3）在能源效率变化趋势上，本章研究结论与其他文献差异最大。以2002年为拐点，前期的能源生产率尽管不断提升，但是波动性很大，而2002年之后的能源生产率稳步增长，2002年前后呈现出截然不同的变化模式。国内外同类研究大多表明，中国自1978年以来到2002年拐点出现之间，能耗强度一直处于下降趋势（史丹，2002）。魏楚和沈满洪（2007a）研究则表明1995~2004年大多省份能源效率符合"先上升，再下降"的特征，转折点一般出现在1999~2002年。曾胜和黄登仕（2009）则认为1980~2007年中国能源效率也是"先上升，后下降"，但是1998年是拐点。王兵等（2011）则发现自1998年以来，中国能源效率除了2007年略有回升之外，整体上处于持续下滑状态。续竞秦和杨永恒（2012）发现大多数省份的能源效率经历了"先降后升"的变化趋势，转折点一般出现在2006年前后。总之，无论是变化趋势上还是拐点上，本章研究与现有其他文献研究结论差异较大。

（4）由于现有方法的局限，可能导致对中国能源效率变化过于乐观的判断，实际上中国能源生产率水平仍然较低，进一步提升的空间非常大，未来中国能源生产率还将面临降低波动性的挑战。李世祥和成金华（2008）基于DEA提出不同目标情景下能源效率测度的几种方法，从1990~2006年省际面板数据和工业行业面板数据的角度评价了中国的能源效率状况。研究也发现，无论是基于所有省份的评价，还是基于主要工业行业的评价，结果都表明中国能源效率总体水平较低。

本章认为，目前中国的能源生产率水平还比较低的主要原因是：①以煤炭为主的能源禀赋结构。煤炭是中国最重要的能源，生产和消费的数量大、比重高，短期内难以替代。煤炭占我国化石能源资源总量的90%以上。目前，我国煤炭年消费超过30亿吨，约占世界的47%，在一次能源消费中的比重高出世界平均水平40个百分点。煤炭的特点是利用率较低，二氧化碳和污染物排放强度较大，给减轻碳排放强度和环境保护带来较大压力。②与工业化及工业"重化"有关。国际经验表明，发展中国家的能源消费是一个快速提升的过程。发展中国家源消费的提速，与其经济发展与结构重型化有关。工业能耗强度远高于服务业，工业比重的上升导致总体能耗强度的上升，同时，重工业能耗强度远高于轻工业，工业的重化导致工业能耗强度进一步上升。中国正在经历的这种快速工业化以及工业"重化"过程，均会加大能源效率提升的难度。③制度建设方面，电力、油气等重点领域体制改革进展较慢，价格、财税机制尚不能完全适应能源快速发展需要。能源战略规划、法规政策和标准体系尚不健全。能源生产安全形势依然严峻，资源开发利用秩序有待规范。能源统计和预警预测工作薄弱。行业管理和监管工作需要进一步理顺和加强。

据此本章判断：①以煤为主的能源结构与低碳发展的矛盾将长期存在。煤炭作为能源消耗主体的局面还将长期保持。到 2050 年，世界及中国化石能源比重为62%及 76%。中国煤炭产量世界第一，低碳能源资源的选择有限，决定了能源供给结构以煤为主。目前的能源条件决定了我国较高的能源消费模式，也说明只有提高能源效率，才可能走出能源困境。②我国的产业发展水平与产业生产方式也助推了我国的能源高消耗的发展模式。在中国获得新能源技术突破以及人均收入步入发达国家水平之前，中国仍将维持较高的能源消耗水平，中国能源生产率的提升仍将面临巨大挑战。③能源生产率的提升是一项系统工程，不仅与经济发展阶段、经济发展模式有关，更与制度基础设施密切相关，只有改革和理顺能源价格，建立能源战略储备，完善能源财税制度，才可能在提升能源生产率的同时降低能源生产率的波动性。

图 3-2 显示了 1986~2009 年中国能源生产率分解项的变化情况。在整个样本期，能源生产率的技术效率变化平均增长率只有 0.36%，而能源生产率的技术进步平均增长率达到 2.53%。从变化趋势看，能源技术变化与技术效率变化的波动性都很大，其中技术效率逐渐由负转正，表明省份之间的追赶效应（catch-up effect）开始显现。以 2002 年为分水岭，技术进步与技术效率对能源生产率的贡献正好相反，在 2002 年之前，能源生产率的提升主要依靠技术进步，但是 2002年之后，能源技术进步缓慢，而技术效率得到逐步提升，是能源生产率在 2002 年之后稳步增长的主要力量。总体而言，最近几年，能源技术进步和技术效率的提升都很缓慢，这是导致我国能源生产率不高的主要原因。

研究中国能耗强度变化的众多研究都认为技术效率提高，尤其是各产业内技术效率提高，是导致中国能耗强度在 1980 年后快速降低的主要原因。史丹（2002）认为改革开放以来，我国能源消费增长速度减缓甚至下降的根本原因是能源利用效率的改进。李廉水和周勇（2006）把广义技术进步分解为科技进步、纯技术效率和规模效率，发现技术效率是工业部门能源效率提高的主要原因。Ma

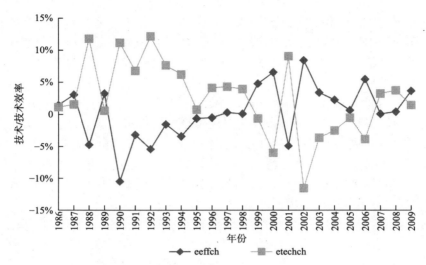

图 3-2　能源生产率的技术变化、技术效率变化

eeffch 为全国年均能源技术变化值，etechch 为全国年均能源技术效率变化值

和 Stern（2008）采用因素分解法对 1980~2003 年中国能耗强度变化作了比较细致的研究，发现技术效率提高是 1980~2003 年中国能耗强度降低的主要驱动因素，产业结构变迁则阻碍了能耗强度的降低，而 2000 年之后中国能耗强度的上升则归因为能源技术效率提高的减速甚至出现退步。

　　总之，与其他文献相比，本章此处的主要发现是：①中国能源生产率总体水平不高，是因为能源的技术变化与技术效率变化都比较慢。②平均而言，技术进步是中国能源生产率提升的主要驱动力，年均增长率达到 2.53%。③2002 年以后，技术效率变化日益成为中国能源生产率提升的主要力量，可能表明中国的能源生产率将逐渐走上依靠效率提升的轨道上来。④典型事实分析表明，2002 年之后能源消费加速增长，而能耗强度却不断下降，那么，这种下降究竟是因为 GDP 的过快增长，还是反映了能源效率的真实提升？本章此处分析表明，关键是因为 2002 年之后，能源的技术效率变化日益成为驱动中国能源生产率上升的主要力量。

（二）区域层面能源生产率分析

　　为考察区域能源生产率，将除西藏和港澳台地区以外的我国 29 个省、自治区、直辖市分为东、中、西三大经济区域[①]。图 3-3 显示了我国东、中、西部的累

---

　　① 其中，东部地区包括北京、天津、河北、辽宁、上海、江苏、浙江、福建、山东、广东、海南；中部地区包括山西、吉林、黑龙江、安徽、江西、河南、湖北、湖南；西部地区包括四川（含重庆市）、贵州、云南、陕西、甘肃、宁夏、青海、新疆、广西、内蒙古。

积能源生产率变化情况，研究发现：①总体而言，东、中、西部的能源生产率都取得较大的提升，再次发现 2001 年之后，三个地区的能源生产率同时出现退步现象，存在一个比较扁平的"U 形"趋势。②东部提升最快，尤其进入 20 世纪 90 年代，东部进一步拉大了与中西部能源生产率差距，可能的解释是，20 世纪 90 年代开始，尤其是邓小平 1992 年南巡之后，中国加快了改革开放的步伐，东部借助自身的区位优势和政策优势等，迅速融入全球经济，不仅迅速提升了自己的经济实力，而且在分享经济全球化红利的过程中提高了自身的能源生产率。③中部能源生产率变化最慢，自始至终处于落后状态，说明"中部塌陷"也体现在能源生产率方面。在 20 世纪 90 年代以前，西部的能源生产率变化是最快的，只是进入 90 年代以后提升乏力，直至 1997 年之后与中部逐步趋同。20 世纪 90 年代后，特别是 1992 年邓小平南方谈话后，中国的改革进入了实质性阶段，东部地区由于处在改革开放的前沿，通过国际贸易和国际投资，吸引了大量先进的管理技术和经验，促进了自身的技术进步。中西部地区由于比较封闭的地理位置、落后的经济发展水平以及长期以来形成的区域经济非均衡发展格局，难以从国际贸易和国际投资中获取更多的技术与管理等方面的经验，其能源领域难以取得突破性的技术进展。另外，"六五""七五"时期，由于中国经济采取了优先发展东部地区的非均衡发展战略，中西部大量的生产要素开始向东部地区转移，使得中西部地区的企业在竞争中处于更加不利的地位。整个"八五"时期及"九五"前期，中西部地区的生产技术出现普遍下降。为了缓解能源和交通运输紧张的状况，国家要求有计划地将原材料、能源消耗量大的高耗能产业向中西部资源充裕的地区转移，国家产业布局的改变及东、中、西部地区本身能源效率的差异，使得地区之间能源效率的差异不降反升。

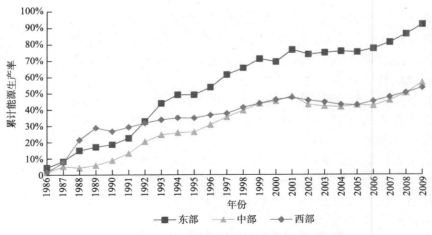

图 3-3　东、中、西部能源生产率累计变化趋势

　　图 3-4 显示三个区域能源生产率的年均变化。东部的年均能源生产率是3.85%，而中西部的年均能源生产率分别是 2.37%和 2.24%。中部和西部的能源生产率几乎一样。总体来看，中国东、中、西部的能源生产率都不高，未来提升空间仍然很大。本章结论显然与 Hu 和 Wang（2006）所报告的东部能效最高、西部次之、中部最低的结果不同；但是与史丹（2006）、杨红亮和史丹（2008）、李国璋和霍宗杰（2009）、Chang 等（2010）、续竞秦和杨永恒（2012）的东、中、西部能源效率水平依次递减的计算结果类似。结合各个地区的经济发展水平和速度，发现东部地区呈现出"高能效-高增长"的经济发展模式，而中西部地区则表现为"低能效-低增长"的经济发展模式，说明地区经济的高增长和低能耗可以做到并行不悖，而低增长却可能与低能源效率相伴，也说明中国的各个地区在经济发展、能源消耗方面呈现出两极分化趋势。

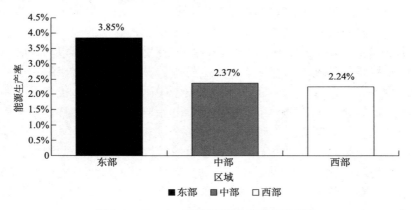

图 3-4　东、中、西部能源生产率年均变化

　　通过对能源生产率进行分解可以发现中西部与东部差距的主要原因。表 3-1的分解与计算表明：①从年均变化来看，东、中、西部之间能源生产率的差距主要体现在技术变化方面，其中，东部最优，西部次之，而中部最低。②从贡献度来看，相比技术效率变化，技术变化也是推动各区域能源生产率提升的主要力量。③但是东、中、西部之间依然呈现很大的差异，东部的能源生产率的提升几乎靠技术进步来实现；在中部，能源的技术变化与技术效率变化对能源生产率的促进作用相差不大；在西部，尽管技术进步的促进作用极大，但由于西部的技术效率变化年均退步 0.11%，所以抑制了西部能源生产率的进一步提升，更表明西部对中部与东部的追赶速度反而下降了，差距进一步拉大了。总之，对于三个区域来说，如何进一步改善技术效率变化，关系到其能源生产率能否获得实质性提升。

表 3-1　分解项对各地区能源生产率的贡献率

区域	平均变化			贡献度	
	epch	eeffch	etechch	eeffch	etechch
东部	3.85%	0.21%	3.65%	5.45%	94.8%
中部	2.37%	1.15%	1.22%	48.5%	51.5%
西部	2.24%	−0.11%	2.35%	−4.91%	1.05%

注：epch 为基于 ISP 指数的各区域年均能源生产率变化值，eeffch 为各区域年均能源技术变化值，etechch 为各区域年均能源技术效率变化值

（三）省际层面能源生产率分析

表 3-2 列示了我国 29 个省、自治区、直辖市的年均能源生产率及其分解情况。研究发现：①就能源生产率平均水平而言，全部省份在样本期内都实现了提升。1985~2009 年能源生产率提高最快的三个省份依次为北京、上海及广东，分别达到了年均 7.5%、6.7% 及 4.8% 的增长率，相反，1985~2009 年省级能源生产率提高最慢的三个省份依次为海南、贵州及山西，年均增长率分别只有 0.2%、0.5% 及 1.2%。②能源生产率提升较快的省份大多数是沿海比较发达的省份，如北京、天津、上海、江苏、福建及广东等，能源生产率提升乏力的多是经济上比较落后的省份，如山西、内蒙古、黑龙江、海南、贵州及甘肃等，同时注意到，能源生产率比较高的省份不仅经济发展程度比较高，而且都是能源相对稀缺地区，而能源生产率比较低的省份却多是能源生产大省，同时经济发展比较落后地区，"自然资源诅咒"在能源生产率上也是成立的。③从省际能源生产率的分解项上看，技术效率变化方面，辽宁、上海、河南及云南这四个省份 1985~2009 年平均位于生产前沿面上，即它们处于"最佳实践"状态；值得警醒的是 1985~2009 年有 11 个省份的年均技术效率变化为负，说明这些省份均出现了不同程度的远离生产前沿面的情况，其中广西、浙江及福建是三个"掉队"最严重的省份。各个省份之间的追赶效应（catch-up effect）并不明显，从全国来看年均技术效率变化只有 0.36%（见表 3-2 最后一行）。技术变化方面，1985~2009 年各个省份的年均技术变化值都为正数，且为各省份能源生产率变化的主要推动力，全国年均技术变化达到了 2.53%（见表 3-2 最后一行），即生产前沿面年均向上移动 2.53%。

表 3-2　各省份能源生产率年均变化及其分解

省份	epch	eeffch	etechch	省份	epch	eeffch	etechch
北京	0.075	0.023	0.052	河南	0.018	0.000	0.018
天津	0.035	0.018	0.016	湖北	0.028	0.012	0.016
河北	0.034	0.009	0.024	湖南	0.025	0.017	0.008

续表

省份	epch	eeffch	etechch	省份	epch	eeffch	etechch
山西	0.012	0.008	0.004	广东	0.048	−0.009	0.057
内蒙古	0.015	−0.001	0.016	广西	0.041	−0.023	0.065
辽宁	0.039	0.000	0.039	海南	0.002	−0.003	0.005
吉林	0.020	0.013	0.007	四川	0.033	0.016	0.017
黑龙江	0.028	0.027	0.001	贵州	0.005	−0.002	0.007
上海	0.057	0.000	0.067	云南	0.018	0.000	0.018
江苏	0.040	0.011	0.029	陕西	0.017	0.001	0.017
浙江	0.017	−0.017	0.034	甘肃	0.015	0.004	0.011
安徽	0.029	0.018	0.010	青海	0.021	−0.005	0.026
福建	0.047	−0.010	0.056	宁夏	0.033	−0.004	0.037
江西	0.030	−0.003	0.032	新疆	0.027	0.005	0.022
山东	0.021	−0.001	0.022	平均	0.028 9	0.003 6	0.025 3

注：epch 为各省份年均能源生产率变化值；eeffch 为各省份年均能源技术效率变化值；etechch 为各省份年均能源技术进步变化值；eeffch 为 0 表示该省份处在生产前沿面

表 3-3 报告了样本期内每年处于最佳实践的省份。研究发现：①处于最佳实践的省份主要有辽宁、上海、福建和云南等，其中上海和云南在整个样本期都是最佳实践省份。②我们注意到，在 20 世纪 80 年代后半期，能源生产率最佳实践的省份数较多，但进入90年代，辽宁和上海则掉出最佳实践省份，2000 年以前，最佳实践省份的这种频繁变动，与前文得出的中国能源生产率在 2002 年以前波动性较大的结论十分吻合。进入 21 世纪，越来越多的省份能源生产率提高，进入最佳实践省份行列。

表 3-3 最佳实践省份随时间演变

年份	最佳实践省份	年份	最佳实践省份
1986	辽宁、上海、海南、云南	1998	上海、福建、云南
1987	辽宁、上海、广东、海南、云南	1999	上海、福建、云南
1988	辽宁、上海、广东、海南、云南	2000	辽宁、上海、福建、云南
1989	辽宁、上海、广东、海南、云南	2001	辽宁、上海、福建、云南
1990	辽宁、上海、云南	2002	辽宁、上海、福建、云南
1991	辽宁、上海、福建、云南	2003	辽宁、上海、福建、云南
1992	上海、福建、云南	2004	辽宁、上海、福建、云南
1993	福建、云南	2005	天津、辽宁、上海、福建、云南
1994	福建、云南	2006	天津、辽宁、上海、福建、云南
1995	福建、云南	2007	天津、辽宁、上海、福建、云南
1996	福建、云南	2008	天津、辽宁、上海、福建、云南
1997	福建、云南	2009	天津、辽宁、上海、福建、云南

这种好的发展趋势与国家的大政方针有关，"十五"规划提出合理使用资源，提高资源利用效率，实现永续利用。"十一五"规划进一步提出单位 GDP 能源消耗降低 20% 左右的具体目标。同时，党的十五大报告明确提出实施可持续发展战略；党的十六大以来，在科学发展观的指导下，党中央相继提出走新型工业化发展道路，发展低碳经济、循环经济，建立资源节约型、环境友好型社会的发展理念和战略举措。正是在这些基本大政方针的指引下，全国各级地方政府才有动力与激励采取举措来提高能源效率。

为了进一步证明本章能源生产率测度方法的合理性，下面采用聚类分析，将基于 ISP 指数计算的中国 29 个省份划分为能源高效区、能源中效区及能源低效区，同时采用魏楚和沈满洪（2007b）的能源效率测度方法，重新复制本章数据样本，同样进行聚类分析，并与高振宇和王益（2006）、魏楚和沈满洪（2007b）进行比较分析（表 3-4）。高振宇和王益（2006）与魏楚和沈满洪（2007b）的能源生产率指消耗单位能源所实现的 GDP，实际上是能耗强度的倒数，所以两者的聚类分析完全一致。此处关键是比较魏楚和沈满洪（2007b）根据能源效率（正如本章上面论证，这里所指的能源效率实际是"考虑能源投入的全要素生产率"）与本章根据 ISP 指数测度的能源生产率进行聚类分析的结果。可以看出：①根据 ISP 指数计算分析的结果与魏楚和沈满洪（2007b）有很大差异，主要表现在，以 ISP 指数为基础的聚类分析中，进入能源高效区与能源中效区的省份远远低于魏楚和沈满洪（2007b）的结果。本章认为，这种差异正是因为魏楚和沈满洪（2007b）的能源效率实际上指的是"考虑能源投入的全要素生产率"，因此存在高估问题，而本章的能源生产率只是"考虑能源投入的全要素生产率"的一个分解项，是真正意义上的能源效率指标，正是魏楚和沈满洪（2007b）的计算结果存在高估问题，从而导致进入能源高效区与能源中效区的省份过多的结果。②采用魏楚和沈满洪（2007b）方法分析本章数据样本，则得出与魏楚和沈满洪（2007b）类似的研究结论。

表 3-4　各种能源效率指标的聚类分析比较

分类	本章分析		魏楚和沈满洪（2007b）		高振宇和王益（2006）
	能源生产率（ISP 指数）	能源效率	能源生产率	能源效率	能源生产率
能源高效区	福建、广东、广西、上海、北京	广东、云南、辽宁、上海、福建、天津、海南、北京、浙江、安徽、广西、黑龙江、江苏	浙江、广东、江苏、江西、广西、山东、上海、湖南、海南	辽宁、黑龙江、上海、江苏、福建、江西、湖北、湖南、广东、海南、云南	浙江、广东、江苏、江西、广西、山东、上海、湖南、福建、海南

分类	本章分析		魏楚和沈满洪（2007b）		高振宇和王益（2006）
	能源生产率（ISP 指数）	能源效率	能源生产率	能源效率	能源生产率
能源中效区	河北、江苏、江西、宁夏、辽宁、浙江	河北、内蒙古、湖北、新疆、吉林、四川、青海、宁夏、陕西、山东、河南	河北、吉林、陕西、辽宁、北京、黑龙江、天津、云南、安徽、河南、湖北、四川	北京、天津、吉林、浙江、安徽、山东、河南、广西、四川、陕西、新疆	河北、吉林、陕西、辽宁、北京、黑龙江、天津、云南、安徽、河南、湖北、四川
能源低效区	河南、云南、陕西、内蒙古、甘肃、山东、青海、新疆、海南、贵州、山西、天津、四川、湖北、安徽、湖南、吉林、黑龙江	贵州、甘肃、江西、湖南、山西	宁夏、甘肃、青海、内蒙古、新疆、贵州、山西	河北、山西、内蒙古、贵州、甘肃、青海、宁夏	宁夏、甘肃、青海、内蒙古、新疆、贵州、山西

注：本章分析的能源生产率是基于 ISP 指数计算的，而魏楚和沈满洪（2007b）的能源生产率是能源投入与产出之间的一个比例关系，能源效率是度量在当前固定能源投入下实际产出能力达到最大产出的程度。高振宇和王益（2006）的能源生产率指消耗单位能源所实现的 GDP，与魏楚和沈满洪（2007b）的能源生产率含义一致，实际上是能耗强度的倒数

　　同时分析省份能源效率的静态效率水平与动态生产率变化，可以得出每一个省份在能源生产率方面的优势与不足，判断每一个省份的节能方向。为此，本章以省份静态效率和动态生产率变化指数的均值为界，将其区分为效率指数变化高于均值的 H 组以及效率指数变化低于均值的 L 组，构建能源生产的效率-生产率矩阵，各个省份分别被归入下述四个方阵：处于第一方阵（表示为 H/H 组）的省份其静态效率及动态生产率变化均高于平均水平，表明该省份不仅当前位势较高而且其增长速度也快；处于第二方阵（即 H/L 组）的是静态效率高于平均水平而动态生产率变化低于平均水平的省份，这些省份由于其生产率变化低于平均水平，将面临被其他省份赶超的风险与竞争；处于第三方阵（即 L/L 组）的是静态效率与动态生产率变化均低于平均水平的省份，该类省份的相对位势不仅较低，而且没有增长潜力；最后，处于第四方阵（即 L/H 组）的是静态效率低于平均水平而动态生产率变化高于平均水平的省份，这些省份尽管目前在省份之间的位势较低，但是其未来增长潜力不可小觑。

　　根据上述定义与分类，表 3-5 总结了各个省份在效率变化方面的优势与不足：①北京、天津和上海等 9 个省份的优势不仅体现在静态效率上，而且动态生产率变化也很快，都处于均值水平以上。②浙江、安徽、海南与云南这四个省份，尽管其目前的能源效率水平相对较高，但是由于其生产率变化低于平均水平，将面临被其他省份赶超的风险与竞争。③与之相反，河北、四川、宁夏这三个省份的赶超速度很快，尽管其现在位势较低。④山西、内蒙古、吉林等 13 个省

份则处在效率和生产率双重不利局面，这些省份要么是能源生产大省，要么是中西部落后地区。⑤本章发现，中国29个省份有22个省份位于第一方阵（H/H组）和第三方阵（L/L组），其中最多的还是第三方阵（L/L组），省份在能源生产率方面体现出"马太效应"，根本原因在于省份之间追赶速度过低。⑥中国能源生产率的地区差异非常明显，节能潜力巨大。同时，在制定节能政策与分解节能指标时，必须根据不同组别区别对待，既要认清其优势，又要根据其不足提供切实可行的政策建议。李世祥和成金华（2008）采用 DEA，应用不同目标情景下能源效率测度的几种方法，研究同样发现能源效率地区差异明显，节能潜力巨大。

表 3-5　各省份的优势与不足

省份	方阵	省份	方阵	省份	方阵	省份	方阵	省份	方阵
北京	H/H	吉林	L/L	福建	H/H	广东	H/H	陕西	L/L
天津	H/H	黑龙江	L/L	江西	H/H	广西	H/H	甘肃	L/L
河北	L/H	上海	H/H	山东	L/L	海南	H/L	青海	L/L
山西	L/L	江苏	H/H	河南	L/L	四川	L/H	宁夏	L/H
内蒙古	L/L	浙江	H/L	湖北	L/L	贵州	L/L	新疆	L/L
辽宁	H/H	安徽	H/L	湖南	L/L	云南	H/L		

根据表 3-5，很容易确定每一个省份效率提升的目标与方向。表 3-5 还可以大致看出各个省份的分布情况，为了更清晰地刻画出各省份的分布情况，本章绘制出图 3-5。表 3-5 与图 3-5 共同表明，各个省份在 H/H 组与 L/L 组出现"扎堆"现象，说明中国的省份在能源生产率方面体现出"强者恒强、弱者恒弱"的态势。

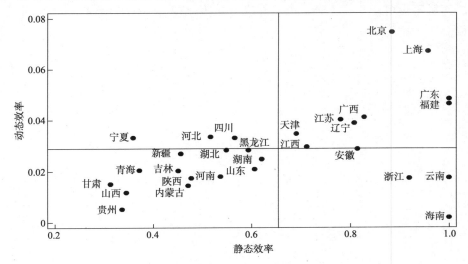

图 3-5　优势与不足的各省份分布图

　　能源效率的提高，关乎中国经济增长的可持续性、中国的能源安全及应对全球气候变化和气候谈判，这就迫切要求首先要对中国能源效率的水平进行科学测度与准确判断。针对现有文献在能源效率测度方法上的缺陷与不足，本章首次使用一种基于 ISP 指数的方法来重新测度和分解中国的能源生产率，该全要素生产率分解的能源生产率是真正意义上的能源效率指标，不同于既有文献中的"考虑能源投入的全要素生产率"及"考虑非合意产出的全要素生产率"；该指数遵循全要素生产率的分解步骤，进一步将能源生产率分解为能源的技术变化与能源的技术效率变化，从而便于发现和挖掘能源生产率变化的驱动力量；该指数结合静态效率指标，还可以刻画出各个省份在能源消费上的优势与不足，从而便于判断每一个省份在节能上的方向。

　　本章得到以下启示：①中国过去40多年的经济高增长，是以能源的极大消耗为代价的，今后中国经济发展必然面临严重的能源安全与能源约束问题，提高能源生产率是必然的选择，当然较低的能源生产率水平也为今后进一步提高能源效率预留了空间。考虑到中国能源需求依然强劲，以煤为主的能源结构短期内难以根本改变，核电、水电等非化石能源快速发展受到多种因素制约，通过能源效率将是中国实现节能目标、建设美丽中国的必然之举。②尽管最佳实践省份越来越多，但是省份之间的年均追赶速度只有 0.36%，表 3-5 和图 3-5 进一步证明中国省份在能源生产率方面的两头"扎堆"的现象，令人担忧。这种两极分化现象，一方面表明处于劣势的省份很难突破现有发展困境，另一方面则提示决策层，应该根据分组，有针对性地制定提高能源效率的政策，节能指标制定与分解不可一刀切，否则不仅可能于事无补，而且会进一步固化现有"强者恒强、弱者恒弱"的局面。

第四章　中国能源效率稳健估计及节能减排潜力分析

能源效率的稳健估计是一项重要的基础性研究工作。本章首先在 CCR 模型的基础上，从投入要素可调整程度、是否考虑坏产出及冗余量可得性三个维度，通过改变约束条件的方式，演化得到七种全要素能源效率估计模型，剖析了不同模型的演进路径和优劣差异；其次，利用 2000~2012 年中国省际数据估计了不同模型下的全要素能源效率；最后，借助最优模型分析了中国的"节能减排"情况。研究发现：SBM+DDF 模型不仅从三个维度对 CCR 模型进行全面改进，而且较好地解决了由于生产前沿面的压缩而导致的识别能力下降和能源效率高估的问题，是估计全要素能源效率的"最佳"选择。基于 SBM+DDF 模型的"节能减排"分析结果表明，中国"节能减排"潜力巨大，重点在中西部省份。本章研究对科学认识能源效率内涵、合理测度能源效率水平以及规范建立"节能减排"绩效评估框架与政策体系具有重要理论价值和指导意义。

一、引　　言

近年来，穹顶之下，雾霾滚滚。提高我国的能源效率，有助于从投入端、供给侧缓解和治理当下紧迫的雾霾压城困局，还大好中华"青山绿水"。纵览能源效率的研究文献，发现能源效率研究主要包括两个方面：能源效率评价与能源效率影响因素研究。能源效率评价是通过采用各种测度能源效率的方法来开展的，而能源效率影响因素的研究则是在能源效率测度基础上，通过计量回归分析进一步揭示影响能源效率高低与变化的主要因素。由此可见，能源效率评价，即如何科学又合理地测度出能源效率水平是能源效率研究的首要问题。

笔者对国内外能源效率的研究文献进行系统梳理后发现，不仅存在能源效率测度方法"五花八门"的现象（常见的方法有能耗强度、全要素能源效率和环境全要素能源效率等），而且存在研究结论迥然各异的问题。对能源效率的准确估计直接关乎政策的正确性及有效性，多样化的研究结论会使得政策制定者莫衷一是，使相关研究的理论价值与现实意义大打折扣。在梳理文献基础上，本章发现现有研究至少还存在三大待改进之处：①没有在统一的分析框架下演绎各种能源效率模型，只是简单介绍了各种方法的含义与求解过程，从而使得读者无法更深刻理解能源效率测度方法的演进历史与路径；②没有用数据实证检验各种方法的差异与优劣，从而使得读者对这些方法的认识仍然停留在理论层面；③没有在实证检验基础上进一步指出相对最优的能源效率测度方法，并且借助该方法来分析中国的能源效率问题。

为此，本章首先从全要素能源效率方法的基础模型 CCR 出发，从投入要素可调整程度、是否考虑坏产出及冗余量可得性三个维度，通过改变约束条件的方式，演化得到七种全要素能源效率估计模型，剖析了不同模型的演进路径。其次，采用中国省际面板数据对不同方法在能源效率估计表现上的差异进行比较分析，在剖析造成不同方法间估计结果巨大差异的基础上，识别出表现较为稳健的估计方法。最后，借助识别出的最佳模型，本章实证分析了我国各个层面的节能减排潜力。

本章最大的特色和贡献在于：①试图在一个统一的框架下，通过不断地施加或放松约束条件的方式，演化得到不同的估计模型。这样做有几点好处：首先，可以直观地看到各种方法在演进过程中的主要差异；其次，可以有效避免由于模型设定的差异而造成的估计结果多样化；最后，统一的分析框架有利于读者理解，不会迷失于纷繁复杂的模型设定之中，而难以抓住问题的本质。②将七种估计全要素能源效率的 DEA 模型置于三维图像中，并从投入要素可调整程度、是否考虑坏产出及冗余量的可得性三个维度考察不同模型的演进方向。③在实证分析中紧扣不同模型在上述三个维度的设定差异对实证结果的影响，进而找出估计省际全要素能源效率的"最佳"模型，并在此基础上利用"最佳"模型对各省份"节能减排"潜力进行分析。

余文结构安排如下：第二部分简要介绍各种能源效率估计方法；第三部分是指标与数据说明；第四部分在上面建立的统一测度能源效率框架下，利用中国省际数据直接测度省际能源效率，从三个维度比较并解释不同方法之间的差异来源及可能带来的问题；第五部分在找到估计全要素能源效率"最佳"模型基础上，讨论各省份的"节能减排"潜力。

二、能源效率估计方法

第二章我们综述了基于 DEA 模型的七种能源效率估计方法（CCR 型全要素

能源效率、Russell 型全要素能源效率、QFI 型全要素能源效率、SBM 型全要素能源效率、DF 型全要素能源效率、DDF 型全要素能源效率、SBM+DDF 型全要素能源效率），实际上，从全要素能源效率方法的基础模型 CCR 出发，从投入要素可调整程度、是否考虑坏产出及冗余量可得性三个维度，通过改变约束条件的方式，可以演化得到七种全要素能源效率估计模型，剖析了不同模型的演进路径，见图 4-1。参考张少华和蒋伟杰（2014）对于是否能得到真正意义上的能源效率的分类，本章采用不同的标记对不同方法进行分类。同时，由于全要素能源效率最初建立在 CCR 模型的基础上，因而本章将 CCR 模型作为起点，将 CCR 模型放置在三维图形的坐标原点。其余各模型的位置均代表相应模型在 CCR 模型基础上的改进方向，各模型之间的差异具体是：①以投入要素可调整程度这一维度为例，先后经历了 CCR→QFI→Russell 的发展，使得投入要素的可调整性更加符合现实情况。从考虑坏产出的维度看，CCR→DF→DDF 的不断调整，使得模型更加接近真实生产过程，也使得技术上对坏产出的处理更加完善。例如，Russell→SBM→SBM+DDF 的演进路径，第一步修正了 Russell 模型无法处理非径向冗余的问题，而第二步进一步将污染物纳入分析框架，最终实现了"节能减排"绩效的综合评估。②还可以发现，就投入要素可调整程度、是否考虑坏产出及冗余量可得性三个维度而言，SBM+DDF 模型综合了其他模型的优势，是在"节能减排"框架下评估全要素能源效率的最佳选择。③从 CCR 模型向 SBM+DDF 模型的演进过程体现了在 DEA 框架下，不断贴近真实生产过程，将理论与生产实践相结合的动态演进路径。理论上看，SBM+DDF 模型的优势十分明显，但考虑到实践中还需要考虑模型的识别性等问题，因此，接下来本章将利用中国 29 个省份 2000~2012 年的面板数据对上述模型进行实证检验，从而找出理论上与实践中均具有出色表现的模型。

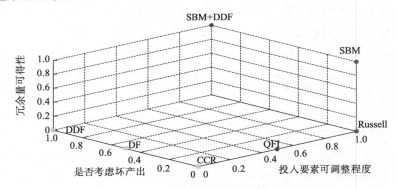

图 4-1　各模型差异示意图

图中圆形标注的方法可以得到真正意义上的全要素能源效率，而正方形标注的方法无法得到真正意义上的全要素能源效率

三、指标与数据

为分析本章第二部分介绍的七种能源效率估计方法的稳健性，本章使用中国 29 个省份 2000~2012 年的面板数据进行分析[①]。投入指标包括资本、劳动及能源，好产出为各省份的地区生产总值，考虑到本章主要目的在于准确估计能源效率，因此，在坏产出的选择方面主要侧重于与能源消费密切相关的二氧化碳及二氧化硫。本章对投入产出指标的选取与现有能源效率测度的相关文献具有较高的一致性，这在很大程度上控制了由于指标选取不同而导致的结果可比性下降问题。下面对各变量的来源及处理方式做简单的说明，如无特殊说明，各名义变量都已经经过价格指数进行平减。

（1）资本存量（K）。估算资本存量最常用的方法是"永续盘存法"，此方法被国内外学者广泛采用。在使用永续盘存法时主要涉及当期投资指标选择、基期资本数量计算、折旧率选择和投资平减四个问题，这里使用单豪杰（2008）方法处理数据。计算过程所使用的数据均来自历年《中国统计年鉴》。

（2）劳动投入（L）。在衡量劳动投入时，劳动时间可能是比劳动力人数更好的度量，但是在中国很难获得这方面数据。本章采用各省份历年就业人员数作为劳动投入量指标。各省份历年就业人员数据，2000~2008 年来自《新中国六十年统计资料汇编》，2009 年以后的根据各省份统计年鉴整理得到。

（3）能源消费（E）。在中国的能源生产和消费总量中，煤炭、石油和电力等是主要的能源品种，为了更加全面准确反映中国的能源消费，本章采用《新中国六十年统计资料汇编》中的能源消费总量（单位是万吨标准煤）数据，但是其对各地区能源消费总量的统计不全，主要是个别省份个别年份的数据缺失，对于缺失的数据，我们根据《中国能源统计年鉴》数据进行补齐。

（4）地区生产总值（GRP）。本章选用中国 29 个省份以 1999 年为基期的实际地区生产总值。2000~2008 年的数据来自《新中国六十年统计资料汇编》，2009~2012 年的数据来自《中国统计年鉴》。

（5）二氧化碳排放（CO_2）的数据来自 Shan 等（2016）根据 Liu 等（2015）提出的"表观排放核算方法方法（apparent emission accounting method）"计算得到，Shan 等（2016）将各省份二氧化碳排放的数据公布于 http://www.ceads.net/。需要说明的是，由于中国并没有公布官方的二氧化碳排放

[①] 本章沿用以往文献的做法，将重庆和四川合并为一个省份。其次，我们剔除了异质性较大的西藏及香港、澳门和台湾地区，为此，本章最终样本包含 29 个省、自治区、直辖市。

数据，学者在以往的研究中通常需要自己计算得到，而本章基于已发表论文的公开结果进行分析，数据的来源及处理方式具有更好的透明度和可信度。

（6）二氧化硫排放（SO_2）的数据来自历年《中国统计年鉴》。

表 4-1 是投入产出变量的描述性统计。从结果来看，中国各个省份之间具有明显的差异。以二氧化碳排放量为例，其最小观测值仅为 81 万吨，而排放量最多的省份达到了 10 亿吨之多，两者差异巨大。相对来说能源消费量及二氧化硫的地区差异要小得多，两者的变异系数分别为 0.74 及 0.67。

表 4-1 投入产出变量描述性统计

变量	单位	均值	标准差	最小值	最大值
GRP	亿元	7 310.46	7 711.85	219.82	49 177.71
K	亿元	1 538.78	1 842.83	45.22	11 250.55
L	万人	2 430.15	1 704.28	247.30	6 909.74
E	万吨	9 908.80	7 289.61	479.95	38 899.25
CO_2	百万吨	221.92	180.78	0.81	1 007.56
SO_2	万吨	73.52	48.93	2.17	214.10

资料来源：见指标说明部分

各地区之间无论在经济发展还是能源消费与环境污染上都体现出巨大的差异，可见，很难采用统一的"节能减排"政策。这使得科学估计各省份能源效率，进而制定更具针对性的措施变得更为迫切和必要。本章实证分析部分将在理论模型的基础上，找到估计全要素能源效率的最适模型，并在此基础上对各个地区的节能减排潜力进行分析，进而为政府下达节能减排指标提供理论依据。

四、稳健估计结果分析

本章在 Hu 和 Wang（2006）提出的分析框架下，通过逐步改变约束条件的方式介绍了七种估计全要素能源效率的方法。接下来本章将采用第二部分的模型设定，利用 GAMS 24.1.3 软件对中国 29 个省份 2000~2012 年的全要素能源效率进行估计。在此基础上，进一步分析不同模型得到的全要素能源效率估计值的相关性、变化趋势及地区差异，并从理论层面剖析造成差异的主要原因，进而找到全要素能源效率的最优估计模型。

（一）相关性检验

从理论上看，七种估计全要素能源效率的模型都是在 CCR 模型的基础上通过调整以使得模型更加贴近真实生产过程演化而来，因而不同模型之间除了差异之外，也有着密切的联系。为考察不同模型估计结果之间的联系与差异，本章首先利用相关系数矩阵对不同估计结果之间的相关系数进行分析。在此基础上，通过对图 4-1 中位于不同坐标轴的模型之间相关性的分析，考察不同模型投入要素可调整程度、是否考虑坏产出及冗余量可得性三个维度差异在实证分析中的相应表现，结果如表 4-2 所示。

表 4-2　不同估计方法下全要素能源效率指数的相关系数

分类	CCR	Russell	QFI	SBM	DF	DDF	SBM+DDF	INTEN
CCR	1.00							
Russell	0.83	1.00						
QFI	0.95	0.86	1.00					
SBM	0.44	0.62	0.63	1.00				
DF	0.50	0.41	0.45	0.25	1.00			
DDF	0.56	0.43	0.46	0.13	0.83	1.00		
SBM+DDF	0.69	0.62	0.73	0.37	0.32	0.34	1.00	
INTEN	−0.69	−0.74	−0.72	−0.63	−0.30	−0.23	−0.39	1.00

注：INTEN 表示单位产出能耗
资料来源：笔者根据投入产出数据计算得到

为分析不同维度差异对实证结果的影响，本章通过分析图 4-1 中位于同一坐标轴上的模型之间的相关性，剖析某一维度上的设定差异对实证结果的影响。由于单要素能源效率与全要素能源效率有着本质的差异，我们首先看不同模型估计结果与单要素能源效率之间的关系。由于单要素能源效率指的是单位产出的能源消耗量，其取值越小表示能源效率越高，因此单要素能源效率与全要素能源效率具有负相关关系，如表 4-2 最后一行所示。值得注意的是，单要素能源效率与不考虑环境因素的全要素能源效率有着较强的相关性，特别是与 Russell 模型及 QFI 模型的相关性分别达到了−0.74 及−0.72，一旦考虑环境约束则单要素能源效率与全要素能源效率的相关性就会立刻出现大幅下降，能耗强度与三类考虑环境约束的全要素能源效率之间的相关系数均不到 0.4。

从投入可调整这一维度看，位于该坐标轴的三类全要素能源效率估计模型（CCR、QFI 及 Russell）具有很强的相关性。如表 4-2 的前三行所示，CCR 模型与 Russell 模型估计结果之间的相关系数达到了 0.83，而 CCR 模型与 QFI 模型估计结果之间的相关系数更是达到了 0.95，QFI 模型与 Russell 模型之间的相关系数也达到了 0.86。该结果表明，单纯地调整投入要素的可变程度并不会对估计结果造成太大影响，改变投入要素可变程度更多考虑模型更加接近真实生产过程，并能够分离出真正意义上的全要素能源效率。

从是否考虑环境约束的维度看，CCR 模型与 DF 及 DDF 模型估计结果的相关性相对较弱，两者之间的相关系数分别为 0.50 及 0.56。这说明将环境约束纳入模型之中不仅会使得理论模型更加接近真实生产过程，而且会对估计结果造成较大的影响。反映在实证分析中，考虑环境约束下的全要素能源效率与不考虑环境约束下得到的全要素能源效率估计值可能存在较大的差异，从而导致不同研究结果之间存在截然相反的结论。同时，从表 4-2 的结果还可以看到，虽然 DF 模型和 DDF 模型通过不同方式将环境因素纳入模型之中，但两者估计结果之间具有较高的相关性，其相关系数达到了 0.83。即便如此，DF 模型处理环境约束时依然会导致模型的凸性被破坏而带来更加严重的后果，因而现有研究中对 DF 模型的使用并不多见。

从冗余量可得性维度来看，冗余量可得性的实现关系到两个方面：①模型直接测度投入产出中存在的冗余量，可以有效避免由于非径向冗余的存在而带来的效率高估问题；②估计得到冗余量可以为"节能减排"工作的实施提供政策目标，即只要各个地区均完成消除自身冗余的目标，就可以实现全国的最优生产。在图 4-1 中，仅在冗余量可得性方面发生改变的是 Russell 模型和 SBM 模型。从表 4-2 的相关系数矩阵可以看到，两个模型估计结果之间的相关系数为 0.62，相关性在所有模型中处于中等水平。造成两者之间差异的主要原因在于非径向冗余的存在，该结果也表明实证分析中确实存在着一定程度的非径向冗余，因而基于 SBM 模型的估计可能是更好的选择。

通过跨坐标轴的比较分析也可以发现，位于不同坐标轴上的全要素能源效率估计模型之间的相关性相对来说比较小，如 SBM 模型与 DDF 模型之间的相关系数仅为 0.13，DF 模型与 SBM 模型之间的相关系数仅为 0.25 等，这一结果再次表明了采用不同能源效率估计方法会得到相去甚远的估计结果。

上述结果表明：①单从各全要素能源效率估计结果的相关性来看，未考虑环境约束的全要素能源效率可能并不像学者想象的那样显著优于单要素能源效率。造成这一结果的原因可能是，能源作为生产活动必不可少的投入，其与资本、劳动等其他投入要素之间的替代性相对较小。因此，忽视能源与其他要素之间的替代关系，并不会带来全要素能源效率估计结果上的很大变化。②不同模型的丛聚效应表明，本章第二部分的小结中三维示意图的维度选取是较为合理的，位于同一坐标轴的方法之间具有较强的相关性，而距离较远的方法之间相对来说相关性也较弱。③除少数模型得到的全要素能源效率估计值具有很高的相关系数之外，多数方法得到的结果具有较大的差异，这也解释了不同学者基于不同模型估计中国省际全要素能源效率为何会得到相去甚远的结果。

（二）单要素能源效率

在分析各模型估计结果之前，本章首先对单要素能源效率估计结果进行分析，以了解中国能源效率的一些典型事实。在此基础上，进一步采用本章介绍的七种方法估计得到的能源效率并作进一步分析。从能耗强度来看，如图 4-2 所示，全国能耗强度在样本期内有十分显著的下降趋势，特别在 2004 年以后，下降十分迅速。从 2004 年的 2.35 万吨/亿元下降到 2012 年的 1.15 万吨/亿元，下降幅度达到了 51.06%。能源消耗强度年平均下降幅度为 6.38%，远高于李克强总理在《政府工作报告》中提到的在 2015 年要使能耗强度下降 3.1%的工作目标。

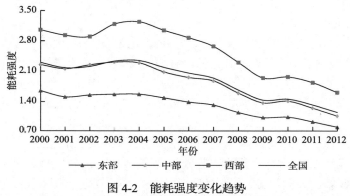

图 4-2   能耗强度变化趋势
资料来源：《中国统计年鉴》《中国能源统计年鉴》

从能耗强度的地区差异看，呈现出三级阶梯式分布，东部地区能耗强度最低，中部地区次之而西部地区能源消耗强度最大。在变化趋势上，东部地区从 2004 年的 1.57 万吨/亿元下降到 2012 年的 0.79 万吨/亿元，下降幅度为 49.68%；中部地区从 2.35 万吨/亿元下降到 1.06 万吨/亿元，下降幅度为 54.89%；西部地区能耗强度从 3.24 万吨/亿元下降到 1.61 万吨/亿元，下降幅度为 50.31%。各地区在能源消耗强度上的变化趋势符合张少华和蒋伟杰（2014）得到的东部地区为"高能效–高增长"而中西部地区为"低能效–高增长"的发展态势。单从能源消耗强度来看，中国未来提高能源效率的重点将在于提升中西部地区的能源利用效率，使其步入"高能效–高增长"的发展道路。

（三）全要素能源效率

在前文的分析中，主要讨论了单要素能源效率与不同方法下全要素能源效率之间的相关性以及单要素能源效率的变化趋势。接下来本章将从时间趋势、空间差异及识别能力三个方面对七种全要素能源效率估计模型在实证分析中的表现做全面而系统的分析。同时，为了更好地识别不同方法在时空差异及识别能力上出现分歧的具体原因，本章在后续分析中继续沿用图 4-1 的框架，从投入要素可调整程度、是否考虑坏产出及冗余量可得性三个维度对不同方法的时空差异进行剖析。

1. 时间趋势

图 4-3 展示了不同方法得到的全要素能源效率在样本期内的变化趋势，整体上看不同方法在趋势性和波动性上都有十分大的差异。本章将重点利用图 4-3 分析不同模型估计结果在时间趋势上的差异，而波动性差异的分析主要利用表 4-3 的相关结果。从图 4-3 的结果可以看到，除 DF 及 DDF 模型估计的全要素能源效率没有显著的变化之外，其他模型得到的全要素能源效率估计结果都呈现出一定幅度的上升趋势，这与采用单要素能源效率得到的结果较为接近，但整个样本期间内的变化幅度存在着较大的差异，这充分说明采用单要素能源效率具有很大的局限性。同时，本章也发现，采用不同模型估计的全要素能源效率在时间趋势上也展现出较大的差异，这也解释了不同学者采用不同的全要素能源效率估计模型分析中国全要素能源效率变化趋势时，为何会得到相去甚远甚至是截然相反的结果（"U 形"变化趋势和"倒 U 形"变化趋势等）。此外，从波动性角度来看，如表 4-3 所示，各方法下的估计结果在不同的年份中存在的差异十分明显。下面将利用图 4-1 中的三个维度，对不同方法的趋势性及波动性差异作详细分析。

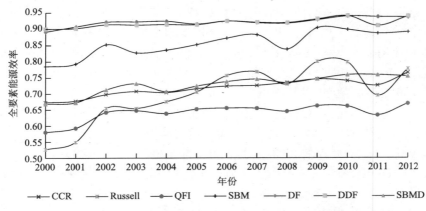

图 4-3　不同估计方法下全要素能源效率的时间趋势

资料来源：笔者根据投入产出数据计算得到

表 4-3　各方法下全要素能源效率变化特征

分类	01	02	03	04	05	06	07	08	09	10	11	12
CCR	↗	↑	↗	←	↗	↗	→	↗	↗	↘	↘	↑
Russell	↑	↑	→	↗	↑	↑	↗	↓	↑	←	↓	↑
QFI	↗	↑	↗	↘	↗	↗	←	↘	↑	←	↓	↑
SBM	↗	↑	↓	↗	↗	↑	↗	↑	↗	↘	↘	↗
DF	↗	↗	↗	←	←	↗	←	←	↗	↗	←	→
DDF	→	↗	←	←	←	←	←	←	←	↗	↓	←
SBM+DDF	↗	↑	↑	↘	↗	↗	↗	↘	↗	↗	→	←

注：将不同方法下得到的全要素能源效率记为 x，$x \leqslant -0.02$ 标记为↓，$-0.02 < x \leqslant -0.005$ 标记为↘，$-0.005 < x \leqslant 0$ 标记为←，$0 < x \leqslant 0.005$ 标记为→，$0.005 < x \leqslant 0.002$ 标记为↗，$x \geqslant 0.02$ 标记为↑。01 表示 2000~2001 年的变化量，02 表示 2001~2002 年的变化量，其他年份可以此类推

从投入要素可调整程度看，CCR 模型的估计结果呈现出缓慢上升的趋势，除 2011 年有明显的下降之外，在其他年份中全要素能源效率几乎是匀速上升的，但上升程度十分有限。QFI 模型估计得到的全要素能源效率在 2000~2002 年有显著的上升趋势，并且同样在 2011 年有一个明显的低谷之外，在其余年份中几乎是水平的。CCR 模型与 QFI 模型估计结果在时间趋势上几乎是平行的，这也在时间维度印证了两类模型估计结果具有很高的相关性（相关系数为 0.95）。同时，两类模型在波动性上也表现出很好的一致性，如表 4-3 所示，两类模型仅在 2003~2004 年和 2007~2008 年出现了两次幅度较小的背离。Russell 模型假定投入要素均可自由调整，使得 Russell 模型估计的全要素能源效率在趋势上与 CCR 模型与 QFI 模型相比存在很大的差异。一种可能的解释是，不同投入要素之间的替代性在同期内（cross-sectional）比较小，而随着时间的变化、技术的进步，不同要素之间的替代关系得到强化，从而使得允许所有投入要素均可变后展现出了不同的时间趋势。本章样本属于"大 N 小 T"型，使得同期内个体间的相关性占主导作用，因而整体上看 Russell 模型估计结果与其他两类模型仍然具有较高的相关性。从波动性角度看，Russell 模型与 CCR 模型及 QFI 模型之间的背离情况也更为严重，同时体现在背离发生的频率及背离幅度两个方面。

从是否考虑坏产出看，无论是 DF 模型还是 DDF 模型，估计结果都与 CCR 模型相去甚远。同时从图 4-3 中也可以发现采用 DF 及 DDF 估计得到的能源效率几乎没有变化，从 2000 年的 0.92 上升到 2012 年的 0.96，上升趋势相对而言十分微弱。此外，DF 模型和 DDF 模型估计结果除 2011 年有明显的背离外，其余年份几乎是一致的。关于这一结果有两点需要说明：①相对于其他全要素能源效率估计方法（除 SBM+DDF 外），DF 及 DDF 模型得到的估计结果要高得多，主要原因在于 DF 及 DDF 模型加入了环境约束，使得生产前沿面被压缩得更为紧凑，从而使得 DF 及 DDF 模型估计的各个省份全要素能源效率远高于其他模型；②也是更为重要的一点，DF 及 DDF 模型估计的全要素能源效率并不是真正意义上的能源

效率，该模型估计的全要素能源效率也可以称为"全要素资本效率"或者"全要素劳动效率"。从波动性的角度来看，两类考虑坏产出的模型估计结果较为接近，仅在 2002~2003 年出现了小幅度的背离，而相对来说上述两类模型与 CCR 模型估计结果之间在波动性上的差异则要大得多。

从冗余量可得性看，与 Russell 模型相比，SBM 模型估计结果整体略高，且除 2011 年两个模型估计结果差异较大之外，其余年份在趋势上也基本一致。需要说明的是，理论上来说由于 SBM 模型相对于 Russell 模型而言考虑了非径向冗余带来的非效率，应该使得其对全要素能源效率的估计值小于 Russell 模型的估计值。但由于之前提到的不同要素之间的替代性会随着技术进步而出现变化，因而最终导致了与理论预测相背离的结果。此外，尽管可得到冗余量的 SBM+DDF 模型也将环境因素加入模型之中，但是相对于 DF 及 DDF 模型来说，由于 SBM+DDF 模型估计的是非径向冗余，故其估计的全要素能源效率结果并没有因为加入约束条件而高于其他模型，而且明显小于 DF 及 DDF 模型估计得到的结果。从波动性的角度来看（表 4-3），SBM 模型与 Russell 模型之间仅在 2002~2003 年出现了一次符号相反的背离，其余年度均只有变化幅度的差异，而相对来说 SBM 模型和 SBM+DDF 模型之间在波动性上的差异要大得多，这说明相对于冗余量可得性而言，是否考虑坏产出对估计结果的影响要大得多。

从上述三个维度的分析结果来看，可以得到以下几点结论：①在既定生产技术下，不同要素与能源投入之间的替代性较差，但随着时间的推移，偏向性技术进步导致不同投入要素之间的替代程度提高，可能会使得 CCR 模型和 QFI 模型背离实际生产过程，进而导致无法真实反映全要素能源效率的变化情况；②考虑环境约束之后，由于生产前沿面被进一步压缩，全要素能源效率的估计结果在趋势性及波动性两个维度都变弱，但全要素能源效率的水平值却相对其他模型出现了大幅度提高；③可分离出冗余量的模型会由于要素之间的替代性而出现与理论预期不一致的结果，并且加入冗余量可得性对于估计结果的影响无论在趋势性还是波动性上都小于考虑坏产出带来的影响。

2. 空间差异

本章在前一部分讨论了不同全要素能源效率估计模型所得结果的时间差异，接下来将分析不同模型在不同省份的表现情况。这里将从能源效率的水平差异进行分析，结果列示于表 4-4 之中。从表 4-4 的结果可以看到，不论采用何种估计方法，上海、福建及云南的全要素能源效率水平都维持在 1，即这三个省市无论在哪种模型下都是"最佳实践"省市。广东除 CCR 模型及 QFI 模型下略低于 1 之外，在其他模型中均实现了最优能源利用效率，而天津和辽宁仅在 Russell 模型下出现了 17.39% 及 17.53% 的能源浪费。从地区差异来看，经济发达省份的能源效率普遍高于欠发达地区，这一结论在不同的模型下具有较好的稳健性，同时本章也发现一些欠发达地区在加入环境约束后能源效率会有显著提升。以变化最为明显的宁夏为例，在不考虑环境约束时，4 种全要素能源效率估计模型得到的宁夏平均全要素能源效率仅为 37.26%，而在加入环境约束的三个模型中，宁夏均实现了 100%的能源效率。接下来本章同样将从投入要素可调整程度、是否考虑坏产出及冗余量可得性三个维度，对不同方法估计结果的空间差异进行分析。

表 4-4　不同估计方法下各省份全要素能源效率均值（2000~2012 年）

省份	CCR	Russell	QFI	SBM	DF	DDF	SBM+DDF
北京	0.982 2	1.000 0	0.967 3	0.982 4	1.000 0	1.000 0	1.000 0
天津	1.000 0	0.826 1	1.000 0	1.000 0	1.000 0	1.000 0	1.000 0
河北	0.556 3	0.471 6	0.396 9	0.632 9	0.772 0	0.775 4	0.426 0
山西	0.566 3	0.435 3	0.267 4	0.651 5	0.937 5	0.956 3	0.301 8
内蒙古	0.496 8	0.389 3	0.301 9	0.723 1	1.000 0	1.000 0	0.368 2
辽宁	1.000 0	0.824 7	1.000 0	1.000 0	1.000 0	1.000 0	1.000 0
吉林	0.691 5	0.590 8	0.503 9	0.690 3	0.918 3	0.923 8	0.549 8
黑龙江	0.813 2	0.628 9	0.574 0	0.669 0	0.986 2	0.990 1	0.599 0
上海	1.000 0	1.000 0	1.000 0	1.000 0	1.000 0	1.000 0	1.000 0
江苏	0.857 4	0.993 5	0.822 0	0.955 0	0.979 3	0.984 1	0.918 4
浙江	0.918 8	1.000 0	0.887 4	0.945 8	0.982 1	0.987 4	0.908 0
安徽	0.936 9	0.773 5	0.883 8	0.883 8	1.000 0	1.000 0	0.891 4
福建	1.000 0	1.000 0	1.000 0	1.000 0	1.000 0	1.000 0	1.000 0
江西	0.700 9	0.760 0	0.699 4	0.997 3	0.965 5	0.965 8	0.734 5
山东	0.717 6	0.698 4	0.603 7	0.788 4	0.952 2	0.950 1	0.623 9
河南	0.590 0	0.644 3	0.553 5	1.000 0	0.826 8	0.811 3	0.590 4
湖北	0.643 0	0.647 3	0.579 0	0.907 8	0.806 3	0.808 1	0.616 9
湖南	0.797 8	0.724 9	0.709 2	0.874 9	0.946 1	0.954 5	0.789 2
广东	0.997 5	1.000 0	0.993 8	1.000 0	1.000 0	1.000 0	1.000 0
广西	0.731 4	0.761 3	0.698 2	0.994 1	0.994 7	0.997 1	0.763 6
海南	0.930 6	0.972 3	0.922 3	1.000 0	1.000 0	1.000 0	1.000 0
四川	0.560 6	0.594 8	0.515 9	0.988 4	0.837 1	0.822 2	0.551 2
贵州	0.356 8	0.327 2	0.271 4	0.810 6	0.924 2	0.941 4	0.354 5
云南	1.000 0	1.000 0	1.000 0	1.000 0	1.000 0	1.000 0	1.000 0
陕西	0.515 4	0.549 7	0.490 9	0.975 8	0.973 7	0.886 1	0.606 6
甘肃	0.353 5	0.400 1	0.328 4	0.985 7	0.850 7	0.759 0	0.379 5
青海	0.400 1	0.340 6	0.253 8	0.630 7	0.709 3	0.782 0	1.000 0
宁夏	0.451 3	0.305 7	0.210 3	0.523 2	1.000 0	1.000 0	1.000 0
新疆	0.566 8	0.483 7	0.351 7	0.668 0	0.938 1	0.900 4	0.426 5
平均	0.728 7	0.694 6	0.647 8	0.871 7	0.941 4	0.937 8	0.737 9

资料来源：笔者根据投入产出数据计算得到

从投入要素可调整程度看，位于同一坐标轴的 CCR 模型估计得到的全要素能源效率平均值最高，Russell 模型估计得到的全要素能源效率次之，而 QFI 模型估计得到的全要素能源效率平均值最低。这一规律不仅在平均值上成立，对于大多数省份而言同样成立。理论上来说，CCR 模型对所有投入采用相同的比例 θCCR 进行放缩。因此，该模型下得到的事实上并不是全要素能源效率，而是本章所采用的三种投入（资本、劳动和能源）中非效率最少的投入要素所对应的效率。在 QFI 模型下，由于假定只有能源投入可以自由调整，因而其他投入中存在的冗余就会部分转嫁到能源投入上，从而造成 QFI 模型下能源效率特别低。以图 2-2 为例，在允许所有投入可自由调整的条件下，决策单元会沿着 AA^{00} 调整到最佳水平，而由于模型假定除能源外其他投入均不可自由调整，决策单元只能沿着 AA^{000} 进行调整，显然两种情况相比而言，后者对能源投入的调整会大于前者，从而导致了能源效率的大幅下降。Russell 模型允许所有投入自由调整，反映了真实的全要素能源效率。从上述分析来看，投入要素可调整程度对全要素能源效率的具体影响，视被评价单元与生产前沿面的相对位置关系而定。在实证研究中，由于各被评价单元生产技术的不断变化，其与生产前沿面之间的关系具有一定的动态性，因而即便采用相同的方法，随着样本时间选取的差异，也会得到截然不同的估计结果。因此，本章认为仅考虑投入要素可调整程度时，采用 Russell 模型十分有必要。若各考察单元之间在其他投入要素的利用效率上相差不大，则假定只有能源效率可以自由调整，即采用 QFI 模型来估计能源效率是较为合理的，否则若采用 QFI 模型就会导致能源效率的大幅低估。

从是否考虑坏产出看，在纳入环境约束之后各个省份的全要素能源效率相对于 CCR 模型都有了大幅提高，除河北和青海全要素能源效率低于 0.8 之外，多数省份都大于 0.9。导致上述结果的原因主要有两点：①在纳入环境约束（本章加入了二氧化碳和二氧化硫排放量）之后，由于生产前沿面出现了大幅压缩，各个地区的全要素能源效率均有很大程度的提高；②无论是 DF 模型还是 DDF 模型，均假定所有要素按相同的比例进行调整，这会导致与 CCR 模型存在相同的问题，上述模型估计得到的事实上并不是全要素能源效率，而是多种要素中非效率最少的要素所对应的效率，由于 DF 及 DDF 模型加入了环境约束，这一问题变得更为严重。不仅可以将全要素能源效率称为"全要素劳动效率"或"全要素资本效率"，在 DDF 模型下甚至可以称为"全要素二氧化碳效率"或"全要素二氧化硫效率"。从省份之间的差异看，除陕西和甘肃之外，两种方法估计的全要素能源效率几乎没有差异。从表 4-2 的结果看，两种方法估计得到的全要素能源效率相关系数为 0.83，其差异主要来自各省份在时间维度的变化。

从冗余量可得性看，理论上来说 SBM 模型是对 Russell 模型的改进，不仅改进了 Russell 模型无法处理非径向冗余的问题，同时也可以直接得到冗余量。但在实际表现中可以发现，SBM 并没有预期的那么出色。从表 4-4 的结果可以看到，SBM 模型估计的全要素能源效率在所有未考虑环境约束的模型中是最高的，原因已经在时间趋势差异分析部分作了详细的讨论，这里不再重复。SBM 模型与 DDF 模型结合既可以得到真正意义上的能源效率也可以同时考虑环境约束。从表 4-4 的结果来看，即便是加入环境约束后前沿面变得更加紧缩，在 SBM+DDF 模型下仍然可以识别出较高的非效率因素，各省份平均全要素能源效率水平为 73.79%，远低于 DF 及 DDF 模型估计的结果，较好地解决了由于生产前沿面的压缩而导致对全要素能源效率高估的问题。

总体上来说，由于中国各个省份之间在劳动力及资本投入使用效率上同样存在巨大的差异，这一点可以从表 4-1 的描述性统计当中看到。为此，能源效率地区差异的分析可以得到以下几点启示：①投入要素可调整程度对全要素能源效率的具体影响，视被评价单元与生产前沿面的相对位置关系而定。在这样的条件下，QFI 模型在中国的适用性可能是值得商榷的，不考虑实际情况而直接使用 QFI 模型可能会严重低估全要素能源效率。②DF 模型及 DDF 模型虽然处理了环境问题，但无法得到真正意义上的全要素能源效率，并且会在很大程度上高估"全要素能源效率"。③综合考虑下，SBM+DDF 模型从上述三个维度对 CCR 模型进行了改进，且实证分析结果也表明 SBM+DDF 模型在上述三个维度都有较好的表现。

3. 识别能力

对不同模型估计结果的时空差异分析，可以大致看出不同模型在相应的经济条件下对省际全要素能源效率的估计结果的变化情况。对于 DEA 模型而言，相对绩效的差异是其评价决策单元的核心。因此，只有当模型具有较好的识别能力时，才能够保证 DEA 模型的有效性。基于上述理由，接下来本章将对不同全要素能源效率估计模型的识别能力进行定量分析，结果如表 4-5 所示。对不同模型估计结果时空差异的分析表明，现有研究可能高估了未考虑环境因素的全要素能源效率相对于单要素能源效率的优势，但本章的分析也表明加入环境约束会通过压缩生产前沿面而使得模型的识别能力大幅下降。为此，本章将通过位于生产前沿面的省份个数来区别模型的识别能力，在相同年份中，位于生产前沿面的省份越多，该模型的识别能力就相对越差。本章依然从投入要素可调整程度、是否考虑坏产出及冗余量可得性三个维度，对不同方法识别能力的差异进行分析。

表 4-5　不同估计方法下"最佳实践"省份数量

年份	CCR	Russell	QFI	SBM	DF	DDF	SBM+DDF
2000	5	3	5	13	17	17	11
2001	6	3	6	13	19	19	10

续表

年份	CCR	Russell	QFI	SBM	DF	DDF	SBM+DDF
2002	6	4	6	16	17	17	10
2003	7	4	7	15	17	17	10
2004	7	3	7	16	19	19	10
2005	7	3	7	16	18	18	11
2006	8	4	8	17	21	21	11
2007	8	4	8	17	19	19	11
2008	8	6	8	16	17	17	11
2009	8	4	8	16	18	18	12
2010	8	4	8	16	20	20	13
2011	8	4	8	15	18	18	15
2012	9	5	9	17	20	20	15

资料来源：笔者根据投入产出数据计算得到

　　从投入要素可调整程度看，QFI 模型与 CCR 模型在识别能力的表现上完全相同，而假定所有投入要素可自由调整的 Russell 模型识别能力相对于 QFI 模型与 CCR 模型有了一定的提升，是七种全要素能源效率测度方法中识别能力最高的。从是否考虑坏产出看，DF 模型和 DDF 模型在加入环境约束之后识别能力出现了大幅度下降，并且两类模型之间的识别能力没有任何差异。从冗余量可得性看，SBM 模型是未考虑环境约束的模型中识别能力最低的，值得庆幸的是采用 SBM 与 DDF 模型相结合的方式可以在一定程度上缓解加入环境约束使得生产前沿面收缩[①]，进而导致模型识别能力下降的问题。但相比于未考虑环境约束的全要素能源效率估计模型来说，其识别能力依然有待进一步提高。针对这一问题，目前研究中较为常用的方法主要有两种，第一种方法是 RAM，而第二种方法为 BAM。两种方法的核心思想较为接近，都是通过修改冗余量对比的标准[②]进而提高模型的识别能力。但由于这两类模型估计得到的全要素能源效率不具有 SBM 那么明确的经济学含义，两者之间的取舍就视识别能力与经济学含义之间的相对重要性而定。

　　综上所述，不论是从理论来看还是从实证结果的表现来看，SBM+DDF 模型在估计全要素能源效率时，均有出色的表现。此外，该模型还可以直接计算得到每个地区的具体"节能减排"目标，为决策者提供切实可行的政策目标，还可以科学评价各个地区"节能减排"工作的完成情况。就目前基于 DEA 的全要素能源

---

　　① Pham 和 Zelenyuk（2016）比较了 SBM+DDF 模型与 DDF 模型、增强的双曲线效率模型以及 Farrell 型技术效率模型在识别能力上的表现，结果表明 SBM+DDF 模型具有很高的识别能力。

　　② RAM 将对比标准设定为相应投入项最大值与最小值的差，而 BAM 将对比标准设定为投入项的观测值与最小值的差。关于两类模型的优缺点及特性的详细介绍可以参见 Cooper 等（2011）的文章。

效率测度模型比较来看，SBM+DDF 模型称得上是最佳选择。为此，在接下来的分析当中，本章将利用 SBM+DDF 模型计算 2000~2012 年中国 29 个省份的"节能减排"潜力，若各地区按照模型计算得到的冗余量进行调整，则可以实现最优生产。

五、节能减排潜力分析

基于理论与实证分析的结果，本章认为 SBM+DDF 模型是估计全要素能源效率的最优选择。为此，本章在 SBM+DDF 模型的框架下，计算了 2000~2012 年中国 29 个省份的全要素能源效率，并估计了每个省份历年的节能减排潜力。在本部分将从时间、区域及省份三个维度出发分析节能减排潜力的时空差异，从而为合理安排节能减排指标提供理论依据，也使得节能减排的效果评价有理可依。

从全国节能减排潜力的变化趋势来看，如表 4-6 所示，无论是节能潜力还是二氧化碳及二氧化硫的减排潜力都随时间的推移而快速上升，并在 2007 年达到顶峰之后开始下降。2000 年，全国能源投入节约潜力为 35 263.64 万吨标准煤，考虑到经济体量最大的广东省 2012 年能源投入量为 29 144.00 万吨标准煤，2000 年全国由于能源使用过程中的非效率而导致了 1.21 倍于广东省 2012 年能源投入总量的浪费。2007 年能源投入的节约潜力更是达到了 83 564.54 万吨标准煤，约为 2000 年的 2.37 倍。由此可见，通过加强管理模式、采用更为先进的生产技术等方式，可以大幅提高能源利用效率，从而起到节能减排的目标。除此之外，从表 4-6 的后两列的结果可以看到，在全国层面，二氧化碳和二氧化硫的减排潜力也十分可观。造成上述结果的主要原因是中国幅员辽阔，各地经济发展阶段及要素禀赋都存在较大的差异，进而导致不同地区的生产技术具有很大的差距。此外，要素价格的扭曲，尤其是能源价格的扭曲也导致了不同地区行业能源效率存在很大的差异，在科学估计和评价能源效率的基础上，进一步分析导致能源效率差异的主要来源，才能在节能减排工作中做到有的放矢，并起到事半功倍的效果。

表 4-6　全国历年节能减排潜力

年度	能源	二氧化碳	二氧化硫
2000	35 263.64	870.37	227.73
2001	53 862.19	1 438.07	422.19
2002	51 152.83	1 644.60	886.45
2003	58 932.36	1 693.71	589.22
2004	61 905.77	1 773.99	808.47

续表

年度	能源	二氧化碳	二氧化硫
2005	51 479.02	1 686.34	564.29
2006	61 839.15	2 198.52	861.96
2007	83 564.54	2 111.64	919.52
2008	66 003.06	1 694.03	896.65
2009	50 621.28	1 758.16	816.11
2010	45 931.15	1 943.81	706.15
2011	27 822.92	1 687.54	489.63
2012	33 019.39	1 976.72	543.74

注：全国节能减排潜力由各个省份的节能减排潜力直接加总得到。能源与二氧化硫的单位均为万吨标准煤，二氧化碳的单位为百万吨标准煤，下同

资料来源：笔者采用 SBM+DDF 模型估计得到

　　表 4-7 列示了三大区域[①]历年的节能减排潜力，从历年的平均值看，东部地区节能潜力明显低于中西部地区，而中部和西部地区的节能潜力较为接近。从绝对数值上看，即便是节能潜力相对较低的东部地区，仍然存在着年均 11 616.63 万吨标准煤的节能空间。中西部地区的年平均节能潜力分别为 20 313.35 万吨标准煤和 20 485.20 万吨标准煤，几乎是东部地区节能空间的两倍。该结果表明经济发展较好的地区往往对能源的利用也较为充分，东部地区呈现出"高能效-高增长"的发展趋势，而中西部地区则展现为"低能效-低增长"的增长路径。为此，未来制定节能政策的目标时，在进一步提升东部地区能源效率的同时，需要重点改善中西部地区以粗放型为主的发展模式，提升中西部地区的全要素能源效率将是未来节能工作的重要抓手。

表 4-7　三大区域历年节能减排潜力

年度	东部地区			中部地区			西部地区		
	能源	二氧化碳	二氧化硫	能源	二氧化碳	二氧化硫	能源	二氧化碳	二氧化硫
2000	4 319.76	120.33	28.52	14 590.22	400.77	94.60	16 353.66	349.28	104.61
2001	12 650.09	466.63	27.88	23 266.30	556.38	209.10	17 945.80	415.06	185.21
2002	15 680.94	529.17	248.54	21 390.25	659.79	324.82	14 081.64	455.64	313.09
2003	17 511.34	610.77	134.56	24 034.38	639.29	187.32	17 386.64	443.65	267.34
2004	9 049.61	422.51	124.80	28 328.43	696.83	246.51	24 527.73	654.66	437.16
2005	7 826.98	548.12	110.72	18 569.83	607.99	181.15	25 082.21	530.22	272.42

---

　　① 其中，东部地区包括北京、天津、河北、辽宁、上海、江苏、浙江、福建、山东、广东、海南；中部地区包括山西、吉林、黑龙江、安徽、江西、河南、湖北、湖南；西部地区包括四川（含重庆）、贵州、云南、陕西、甘肃、宁夏、青海、新疆、广西、内蒙古。

续表

年度	东部地区			中部地区			西部地区		
	能源	二氧化碳	二氧化硫	能源	二氧化碳	二氧化硫	能源	二氧化碳	二氧化硫
2006	16 364.16	882.66	175.91	21 613.93	710.22	286.08	23 861.06	605.64	399.97
2007	27 706.36	673.61	164.56	31 281.72	737.54	300.20	24 576.46	700.50	454.76
2008	20 298.75	642.00	201.89	23 198.07	599.54	352.30	22 506.24	452.49	342.46
2009	5 715.05	479.55	115.65	16 460.20	533.55	220.12	28 446.03	745.06	480.35
2010	5 401.14	391.02	99.34	19 653.62	807.56	213.30	20 876.40	745.23	393.51
2011	5 355.97	373.56	86.24	15 646.36	732.48	184.59	6 820.58	581.51	218.80
2012	3 136.02	398.57	82.31	6 040.27	645.48	156.12	23 843.10	932.67	305.31
平均	11 616.63	502.96	123.15	20 313.35	640.57	227.40	20 485.20	585.51	321.15

资料来源：笔者采用 SBM+DDF 模型估计得到

　　从减排潜力看，三大区域之间的差异与节能潜力相比存在较大的区别。从二氧化碳的减排潜力看，东部地区相对于中西部地区并不是十分明显，其原因主要有以下几点：①东部地区经济体量相对于中西部地区来说要大得多，因而会带来更多的二氧化碳排放，客观上导致了东部地区相对于中西部地区来说二氧化碳的减排潜力差异并不明显。②因受到减排技术的限制，二氧化碳无法像其他污染物那样通过安装设备进行削减，从而大幅降低排放量。反观二氧化硫减排潜力的地区差异，可以明显看出东部地区相对于中西部地区来说其减排潜力要小得多。东部地区二氧化硫减排潜力约为中部地区的一半，为西部地区的四成。其原因是与二氧化碳不同，二氧化硫可以通过安装脱硫设备大幅降低排放量，从而在不影响产出的情况下达到降低排放的目的。

　　表 4-8 列示了各个省份在整个样本期间（2000~2012 年）的平均节能减排潜力，可以看到有 10 个省份在整个样本期内都实现了最优生产，因而这些地区的年均节能减排潜力均为 0。不难发现，这些省份多数位于东部地区，相对来说经济发展水平较高。云南、青海及宁夏三个省份实现最佳生产主要是因为这些地区的生产相对来说比较清洁，在未考虑环境约束的条件下，可能这些省份无法成为"最佳实践"省份，而一旦将环境约束纳入分析框架之中，这些污染相对较少的地区便实现了最优生产。具体来看，节能潜力最大的三个省份分别为山东、山西及四川，年平均节能潜力分别达到了 5 101.31 万吨标准煤、4 948.00 万吨标准煤及 4 657.16 万吨标准煤，而节能潜力最大的山东更是达到了全国平均节能潜力的2.82 倍。从减排潜力的省际差异看，二氧化碳减排潜力最大的三个省份分别为山东、河北及山西，而二氧化硫减排潜力最大的三个省份分别为山西、内蒙古及四川。可以发现，节能减排两者之间具有十分密切的关系，节能潜力较大的省份往往也具有较大的减排潜力，这也充分说明能源消耗是产生二氧化碳及二氧化硫等

污染物的主要来源，因而孤立环境约束讨论能源效率难免会失之偏颇。

表 4-8 各省份年平均节能减排潜力（2000~2012 年）

省份	能源	二氧化碳	二氧化硫	省份	能源	二氧化碳	二氧化硫
北京	0.00	0.00	0.00	河南	3 755.36	119.52	47.74
天津	0.00	0.00	0.00	湖北	3 388.91	70.35	27.29
河北	4 355.76	154.85	49.13	湖南	1 666.95	27.51	24.89
山西	4 948.00	154.47	60.00	广东	0.00	0.00	0.00
内蒙古	3 723.89	151.99	59.97	广西	1 120.64	13.25	48.38
辽宁	0.00	0.00	0.00	海南	0.00	0.00	0.00
吉林	2 081.57	82.48	16.48	四川	4 657.16	91.86	59.36
黑龙江	2 651.78	115.19	14.82	贵州	3 175.46	84.38	45.30
上海	0.00	0.00	0.00	云南	0.00	0.00	0.00
江苏	1 237.98	77.48	19.20	陕西	2 308.91	87.04	43.66
浙江	921.59	58.22	6.74	甘肃	2 501.07	67.11	32.30
安徽	565.82	30.31	4.34	青海	0.00	0.00	0.00
福建	0.00	0.00	0.00	宁夏	0.00	0.00	0.00
江西	1 254.95	40.73	31.84	新疆	2 998.06	89.88	32.20
山东	5 101.31	212.41	48.08	平均	1 807.42	59.62	23.16

注：各省份年平均节能减排潜力由节能减排潜力对年度求平均值得到
资料来源：笔者采用 SBM+DDF 模型估计得到

测度能源效率是一项重要的基础性研究工作。本章在 CCR 模型的基础上，通过不断施加或放松约束条件的方式，演化得到七种全要素能源效率估计模型。并从投入要素可调整程度、是否考虑坏产出及冗余量可得性三个维度，剖析了不同方法的演进方向。利用 2000~2012 年中国 29 个省份的平衡面板数据估计了不同方法下的全要素能源效率，结果表明：

（1）从不同方法估计结果的相关系数来看，未考虑环境约束的全要素能源效率可能并不像学者想象的那样显著优于单要素能源效率。造成这一结果的原因可能是能源作为生产活动必不可少的投入，其与资本、劳动等其他投入要素之间的替代性相对较小。为此，忽视能源与其他要素之间的替代关系，并不会带来全要素能源效率估计结果上的很大变化。但随着时间的推移，偏向性技术进步导致的不同投入要素之间的替代程度提高，可能会使得 CCR 模型和 QFI 模型背离实际生产过程，进而导致无法正确反映全要素能源效率的真实变化情况。全要素能源效率的空间差异表明，投入要素可调整程度对全要素能源效率的具体影响，视被评价单元与生产前沿面的相对位置关系而定。在这样的条件下，QFI 模型在中国的适用性可能是值得商榷的，不考虑实际情况而直接使用 QFI 模型可能会严重低估全要素能源效率。

（2）考虑环境约束之后，由于生产前沿面被压缩，全要素能源效率的估计结果在趋势性及波动性两个维度都变弱，但全要素能源效率的水平值却相对其他模型出现了大幅度提高。DF 模型和 DDF 模型虽然处理了环境问题，但无法得到真正意义上的全要素能源效率，并且会在很大程度上高估"全要素能源效率"。对于不同方法识别能力的分析也表明，DF 模型和 DDF 模型是七种全要素能源效率估计模型中识别能力最差的，原因主要有两点：第一，在纳入环境约束（本章加入了二氧化碳和二氧化硫排放量）之后，生产前沿面出现了大幅压缩，导致各个地区的全要素能源效率均有很大程度的提高；第二，无论是 DF 模型还是 DDF 模型均假定所有要素按相同的比例进行调整，这会导致与 CCR 模型存在相同的问题，事实上上述模型估计得到的并不是全要素能源效率，而是多种要素中非效率最少的要素所对应的效率，由于 DF 模型和 DDF 模型中加入了环境约束，这一问题变得更为严重。不仅可以将全要素能源效率称为"全要素劳动效率"或"全要素资本效率"，在 DDF 模型下甚至可以称为"全要素二氧化碳效率"或"全要素二氧化硫效率"。

（3）可分离出冗余量的模型会由于要素之间的替代性而出现与理论预期不一致的结果，并且考虑冗余量对于估计结果的影响无论在趋势性还是波动性上都小于考虑坏产出带来的影响。综合考虑下，SBM+DDF 模型从投入要素可调整程度、是否考虑坏产出及冗余量可得性三个维度对 CCR 模型进行了改进，且实证分析结果也表明 SBM+DDF 模型在上述三个维度都有较好的表现。此外，该模型还可以直接计算得到每个地区的具体"节能减排"目标，为决策者提供切实可行的政策目标，还可以科学评价各个地区"节能减排"工作的完成情况。就目前基于 DEA 的全要素能源效率测度模型比较来看，SBM+DDF 模型称得上是"最佳"选择。

（4）基于 SBM+DDF 模型的"节能减排"分析结果表明：从全国层面来看，无论是节能潜力还是减排潜力都经历了"倒 U 形"变化趋势，2000~2007 年快速上升并在 2007 年达到顶峰后开始回落。从区域差异来看，经济发展较好的地区往往对能源的利用较为充分，东部地区呈现出"高能效–高增长"的发展趋势，而中西部地区则体现为"低能效–低增长"的增长路径。为此，未来制定节能政策的目标时，在进一步提升东部地区能源效率的同时，需要重点改善中西部地区以粗放型为主的发展模式，提升中西部地区的全要素能源效率将是未来节能工作的重要抓手。同时，各省份在实施"节能减排"计划时，需要根据自身潜力"量力而行"才能实现科学有效的"节能减排"目标。

第五章　中国能源效率的影响
因素研究

在工业化迅速推进、经济快速增长的过程中，能耗强度持续下降，这一现象被称为"中国能源效率提高之谜"。本章指出这个广为流行的判断是基于错误的能源效率测度方法，以及对提高能源效率的途径与机制认识不清所致。本章采用基于 ISP 的指数来重新测度与分解中国的能源生产率，然后建立计量经济模型分析中国能源效率的影响因素。研究表明：能源价格改革是提高能源生产率的关键抓手，能源价格改革产生的"产业结构调整效应"与"技术进步效应"是中国能源生产率进步的两个重要途径。本章对我国节能空间、节能方向及节能措施等方面有诸多启示与建议。

一、引　　言

中国能源消费在过去四十多年里有着突飞猛进的发展。根据美国能源信息署（U.S. Energy Information Administration，EIA）统计数据，2009 年中国一次能源消费达到 22.5 亿吨油当量，超过美国成为全球最大能源消费国。具体到各个能源品种，2007 年开始，中国天然气市场首次出现供需缺口，2010 年中国天然气消费达到 1 090 亿立方米，成为继美国、俄罗斯、伊朗之后世界第四大天然气消费国。2010 年中国煤炭消费达到 2.24 亿吨，历史上首次出现供需缺口，数额超过 2 000 万吨。2012 年 12 月，美国石油净进口量跌至 598 万桶/天，为 1992 年 2 月以来的最低点，而当月中国石油净进口量为 612 万桶/天，中国超过美国成为第一大石油净进口国[①]。快速经济增长与迅速推进的重工业进程，是推动能源消费迅

---

① 资料来源：中国须重视能源困局. http://news.hexun.com/2010/energy/.

猛上升的根本原因。

中国能源消费突飞猛进的背后是能耗强度不断下降。1978 年,中国能耗强度为 1 568 万吨标准煤/亿元,2011 年中国能耗强度下降至 424 万吨标准煤/亿元,数据表明,改革开放以来,中国能耗强度持续下降 3.7 倍。换言之,1978~2011 年,中国 GDP 增长了 22.5 倍,而中国能源消费增长了 6.1 倍,表明中国节能工作取得了突出成绩,能源效率提高很快,以相对较少的能源消费支撑了快速的经济增长。以能耗强度指标表征的能源效率提高现象,引发了一系列经济研究争论。

有关中国能源效率研究的文献主要分为两支:一支主要侧重对中国能源效率进行测度与分解;另外一支则侧重研究中国能源效率提高途径与机制。现有研究在很大程度上深化了我们对中国能源效率是否提高以及如何提高等问题的认识,但是现有研究中所测度的能源效率指标,要么是简单的单要素能源效率指标(如能耗强度),要么是某种特殊形式的全要素生产率指标;同时,由于测度方法、数据样本等方面限制,现有研究在揭示影响中国能源效率因素方面,陷入“公说公有理,婆说婆有理”的困境,难以全面揭示中国能源效率内在决定机制。也因此,既有研究的政策建议乏善可陈,节能目标难以实现。本章尝试从一个全新视角与思路揭示“中国能源效率提高之谜”。

通过对中国能源消费与能耗强度进行统计分析,我们发现一个有趣的问题,即为什么中国提高了能源效率(以能耗强度表示)却没有减少能源消费。能源消费快速上升,在重工业迅速推进背景下是不争事实,那么,问题就出现在能源效率是否提高上面。在对文献进行系统梳理的基础上,本章首先指出文献中对能源效率认识的诸多谬误,接着提出了一个更加科学的能源效率测度方法(一种基于 ISP 的指数),并对中国能源效率进行测度,然后基于更大的数据样本,从国家、区域及省际三个层面分析中国能源效率变化趋势,最后构建计量分析模型,揭示中国能源效率的内在决定机制。

研究表明:①国家层面,中国能源生产率年均提高 2.89%,总体水平并不高,低于其他国内外文献的测度结果。2002 年是中国能源生产率发生变化的关键年份。2002 年之前,技术变化是能源生产率提升的主要驱动力量,2002 年之后,技术效率变化推动了中国能源生产率的稳步上升,表明中国能源生产率开始走上效率提升的轨道。②区域层面,东部能源生产率水平最高,中西部几乎一致,中西部与东部的能源生产率水平差距越来越大,这与既有文献研究有较大差异(既有文献认为能源效率在区域上呈梯次递减趋势)。技术变化是导致东、中、西部之间差距的主要原因。③全部省份的能源生产率均得到提升,最佳实践省份越来越多,但是省份之间的追赶效应只有 0.36%,由此导致中国省份在能源生产率上呈现“强者恒强、弱者恒弱”的发展态势。④能源价格波动引发的“产业结构调整效应”以及诱发的“技术进步效率”,是提高能源效率的关键途径。扭曲的能源价格体系导致的产业调整滞后问题，是中国能源效率低下的根本原因。

本章研究边际贡献体现在：①认识上，澄清了文献中对能源效率指标的诸多谬误，文献中无论是单要素能源效率指标，还是全要素能源效率指标，都存在根本缺陷。单要素能源效率指标没有考虑资本、劳动等投入要素影响，而全要素能源效率指标要么是"考虑能源投入的全要素生产率"，要么是"考虑非合意产出与能源投入的全要素生产率"，仍然没有分解出能源投入的效率贡献，不是真正意义的能源效率。②方法上，提出一种基于 ISP 的指数，该指数优势在于可以在测度全要素生产率基础上，分解出各种投入要素的生产率，而且分解出的能源生产率还可以分解为能源的技术变化与技术效率变化，从而推进了能源效率测度方法的发展。③思路上，基于科学的能源效率测度与分解方法，从国家、区域及省份三个层面分析中国能源效率的变化趋势，构建计量分析模型，揭示决定中国能源效率的内在机制。④发现上，本章发现中国的能源效率并不高，省份之间还呈现"强者恒强、弱者恒弱"的发展态势，能源价格扭曲是导致中国能源效率低下的根本原因。

本章直接的政策含义主要有二：①"十二五"规划提出要在五年内实现万元 GDP 能耗降低 16% 的约束性目标，是不现实的，即使实现，也不是真正节能降耗。②能源效率的提高关键在于纠正扭曲的能源价格体系，加快能源价格改革。只有理顺了能源价格，才可能从根本上抑制高能耗产业的扩张，促进以节能为特征的第三产业，尤其是现代生产性服务业的快速发展，只有提高能源价格，尽快实现能源价格接轨，才能诱发节能型技术变迁，实现能源效率提升。

本章其余部分安排如下：第二部分是主要文献回顾；第三部分是计量模型设定与变量数据处理；第四部分是实证方法与结果分析；第五部分是作用机制分析。

二、现有研究简述

本部分试图从研究方法与研究内容两个方面来综述中国能源效率的研究文献。研究方法主要有单要素能源效率与全要素能源效率，而研究内容则是学者基于不同的能源效率测度方法得出的包括中国能源效率的变动趋势、总体特征、区域差异、省份差异及影响因素等方面的内容。本章试图通过对既有文献进行梳理，澄清谬误，指出缺陷，提出新方法，做出新贡献。

（一）研究方法

能源效率研究首先必须借助具体的能源效率测度方法[①]。国内外学者研究能源效率的方法主要有两种：单要素能源效率指标与全要素能源效率指标。单要素能源效率指标即能耗强度，是指增加单位 GDP 的能源消费，即单位产值能耗，是反映能源效率的重要指标之一。该指标简单易懂，便于使用，易于进行国别比较研究，至今被大量学者采用。但该方法也有不少缺陷：①该指标不能够反映能源利用的基础技术效率。②因为 GDP 能耗指标反映的是社会生产的总体状况，所以使用 GDP 能耗指标也就抹杀了产业间的技术差别和能效差别，不能够表征国民经济体中各个不同产业在能源利用效率上不同的发展变化情况。③GDP 是一个经济体中各种不同生产要素的综合产出，只有能源要素投入无法完成社会生产活动。GDP 能耗指标无法反映劳动力及其他生产要素对能源投入的替代效应。④因为一个经济体中使用的能源种类很难唯一，很多研究都表明种类不同的能源形式在根据现有技术使用时会有不同的利用效率差异，而 GDP 能耗指标只是经济体的总产出的货币表现与总的能源投入之间的比值，因此无法对能源结构不同的经济体之间的能源效率差异作出有效反映。

单要素能源效率指标的诸多缺陷促使学者转向全要素能源效率指标。Hu 和Wang（2006）基于 DEA 开创性地开发出一种全要素能源效率指标[②]。随后，国内外一批学者借鉴该方法，对中国能源效率进行了探讨。但是，这些研究均是将能源作为生产要素的一种投入直接加入 DEA 模型中计算，却没有同劳动和资本两种生产要素进行区分。在这种情况下，测算出的全要素能源效率值并没有凸显出能源的特征，更没有分离出能源作为一种要素投入对产出的单独贡献度，只是在传统的全要素框架下加入了能源投入，从而测度出决策单元综合利用多种要素进行生产以实现产出最大化的能力与程度。国内外文献差异还在于，国外文献基本上还是严格使用"全要素能源效率"的称谓，国内文献则大多数替换为"能源效率"的称谓进行分析，但是全要素能源效率毕竟不是能源效率，只是"考虑能源投入的全要素生产率"，并没有从根本上分离出能源投入对产出的单独贡献效率。

后续研究并没有走在分离能源贡献的方向上，而是考虑到基于 DEA 的全要素能源效率指标存在没有考虑非合意产出（环境污染）的缺陷，学者将非合意产出引入全要素能源效率研究中，建立了"环境全要素能源效率指标"。起初，这些

[①] Patterson（1996）对能源效率定义和各种指标进行了详细的阐述。
[②] 然而，生产过程中仅仅依靠能源的投入是不能带来好的经济效益的。因此，提高能源效率应该考虑其他因素的一起投入（Hu and Wang，2006）。

研究都是建立在谢泼德距离函数基础上，这种距离函数在处理非合意产出时，要么将污染物作为一种投入，要么将污染物通过取其倒数或者乘以"-1"转换成"合意的产出"。然而，把污染物当作投入处理违背了实际的生产过程，数据转换处理法可能会破坏模型的凸性要求。

随着一种新的距离函数——方向性距离函数的出现，国内外很多学者运用它来测度环境全要素能源效率（Weber and Domazlicky，2001；Jeon and Sickles，2004；Arcelus and Arocena，2005；Watanabe and Tanaka，2007；王兵等，2011），这种函数可以把污染物作为对环境的负产出纳入效率的分析框架中，同时考虑了合意产出的提高和非合意产出的减少，更加符合实际的生产过程。例如，Li和Hu（2012）意识到大量文献中的能源效率指数没有考虑诸如二氧化碳、二氧化硫等非合意产出，而采用基于 SBM 的方向性距离函数研究了中国2005~2009 年 30 个省份的环境全要素能源效率指数。但是，这些方法测度处理的能源效率实际上是"考虑非合意产出与能源投入的全要素生产率"，本质上还是一种特殊形式的全要素生产率指标，也非真正意义上的能源效率。

基于对能源效率研究方法相关文献的梳理，本章有几个判断：①相比单要素能源效率指标，全要素能源效率指标由于同时考虑资本、劳动等投入要素，因此更加合理科学，也是未来开发能源效率测度方法的主要方向。但是该效率指标并非严格意义上的能源效率，而是资本、劳动和能源三种投入的全要素生产率指标，文献中将其称为"全要素能源效率"。事实上，按此逻辑推理，也可将其称为"全要素资本效率"或者"全要素劳动效率"。本章认为，基于DEA测度出的"全要素能源效率"应该称为"考虑能源投入的全要素生产率"更加合理。②后来的研究方向从要素投入端转到产出端，在新发展起来的谢泼德距离函数、方向性距离函数基础上考虑了非合意产出的影响，国外文献中将这些方法测度出来的效率指标称为环境全要素能源效率指标，而国内文献仍然误用为能源效率指标。本章认为，利用这两种距离函数测度的效率指标应该称为"考虑非合意产出与能源投入的全要素生产率"更为合适。③据此，本章判定，这些方法测度的能源效率，会存在严重的"高估"问题。单要素能源效率指标是因为没有考虑资本、劳动等其他要素投入所致，而全要素能源效率指标和环境全要素能源效率指标本质上是考虑了能源投入或者非合意产出的全要素生产率指标，并没有单独分解出能源这种要素投入的生产率影响。总之，目前国内外文献中所采用的能源效率指标均存在较大缺陷，不能够真实反映与提取能源投入在产出增长中的单独效率贡献，由此可能会导致对中国能源效率水平过于乐观的判断以及对节能减排政策与方向的误导。

（二）研究内容

这里主要综述已有文献基于不同测度方法得出的能源效率的变动趋势、区域差异及省际差异等方面的结论。

20世纪90年代末期开始，国内外学者开始广泛关注中国能源效率问题。Ho等（1999）最早利用中国投入产出表研究了中国能源消耗系数下降问题。研究表明，在1978~1995年，技术进步是主要因素，而结构变化甚至增加了能源使用。罗斯基（2002）对中国能源效率进行了分析，主要侧重对中国经济增长的真实性质疑，但是由此也将"中国能源效率提高之谜"提高到一个更宽阔的研究舞台。他认为1997~1999年三年中，中国单位能源消耗降低了30%，这似乎是不可能的，因为能源效率提高并不是中国经济的特点。史丹（2002）是国内较早的一篇有影响力的文献，认为改革开放以来，中国能源效率改进是非常显著的，对外开放、产业结构和经济体制是影响能源利用效率的重要因素。Fisher-Vanden等（2004）通过对1997~1999年中国工业能源消费数据进行分析，得出自1996年以来能源消费水平及能源强度下降的结论，究其原因，主要是由于能源价格上涨、研发投入力度加大和工业企业制度改革。史丹等（2008）认为改革开放以来中国各地区能源效率逐渐从"单峰"分布向"双峰"分布变化，三大地带之间的能源效率差异在总差异中的比重不断提高，将成为今后中国能源效率差异的主要原因。林伯强和杜克锐（2013）从VRS和地区技术差距两个方面对PDA作了重要拓展，研究了我国2000~2010年能源生产率及其变动的影响因素，研究表明，我国能源生产率年均增长2.2%，能源生产率增长具有阶段性、区域差异性等特征；从东、中、西三大地区来看，仅东部追赶效应大于1，中西部均小于1。

Hu和Wang（2006）率先使用全要素能源效率指标研究了中国能源效率问题。他们采用DEA模型，选择能源、资本、劳动、农场面积四种要素测算了中国各省份1995~2002年的能源效率，研究结果表明，中国的能源效率随时间而呈"倒U形"，东部地区能源效率最高，中部地区能源效率最低。魏楚和沈满洪（2007a）沿用Hu和Wang（2006）的方法，选择劳动力、资本存量及能源消耗作为投入指标，以GDP作为产出指标，对我国29个省份1999~2004年的全要素能源效率进行测算，结果支持我国整体能源效率变动的"倒U形"特征，转折点出现在1999~2002年。杨红亮和史丹（2008）对各地区单要素能源效率和多要素能源效率进行了对比，却发现我国总体能效水平很低，中西部地区和东部地区的能源效率差异很大。屈小娥（2009）用DEA-Malmquist生产率方法测算了1990~2006年我国30个省份的全要素能源效率、技术进步和技术效率指数，结果显示，东部地区全要素能源效率一直处于效率前沿面上，中西部地区均远离前沿面；上海、广东、新疆、福建、北京的全要素能源效率最高。李国璋和霍宗杰（2009）研究

表明全国能源效率平稳上升，东部最高、中部其次、西部最低。吴琦和武春友
（2010）采用超效率DEA模型对我国能源效率进行测度，研究发现改革开放以来
我国能源效率经历了"下降—上升—下降—上升"的波浪式变化过程。孟昌和陈
玉杰（2012）采用VRS假设下投入型DEA进行测算，结果显示，在1995~2010
年的15年间，全国平均能源效率在波动中总体上呈下降趋势，且表现出了弱的
"类周期性"。变动轨迹仅有局部时间段的"倒U形"特征，而没有在样本数据
的整个阶段表现出明显的整体"倒U形"特征，因此不支持中国能源效率整体呈
"倒U形"特征的判断。从省际结果来看，上海和广东的能效最高，而山西和贵
州的能效最低，新疆、内蒙古、甘肃和河北等省区的能源效率也处于低水平。从
大区域来看，东部沿海发达地区的能源效率最高，其次为东北老工业基地、中部
地区和西部地区。刘佳骏等（2011）发现总体上中国区域能源经济效率呈整体提
高趋势，且在地理分布上能源利用效率提高不断向西北地区推进。朱帮助等
（2013）基于超效率DEA建立了能源效率评价模型，对我国2000~2010年29个
省份的能源效率进行了实证研究。结果显示：东部能源效率最高，中部次之，而西
部能源效率最低；全国能源效率基本上是先升后降，2005年为转折点。

　　汪克亮等（2010）利用中国2000~2007年省际面板数据研究了中国环境全要
素能源效率，结果认为中国能源效率整体水平偏低，各省份、三大地区的能源效
率差异显著，技术进步、经济结构和能源消费结构的优化对提高能源效率有显著
促进作用。王兵等（2011）同样测算了1998~2007年环境约束下的中国省际全要
素能源效率，研究发现我国能源效率在样本期间整体处于持续下滑状态，西部地
区下降幅度最大，全要素能源效率存在显著的地区差距。陈德敏和张瑞（2012）
采用非期望产出DEA模型研究了中国环境全要素能源效率，发现2005年之前我
国能源效率呈波动趋势，2005年之后能源效率呈现下降趋势；从三大区域比较
来看，中部地区最低，东部最高。汪克亮等（2012）则采用CCR-DEA方法研究
了中国环境全要素能源效率，研究表明从全国整体角度来看，中国所有地区的能
效均值为0.745，整体水平依然偏低，节能减排潜力巨大。全国各地区之间全要
素能效存在显著差异，其中广东、福建、云南、海南等地区的全要素能效最高；
上海、安徽、北京等地区考察期内多数年份位于生产前沿面；排在最后五位的地
区分别是宁夏、青海、甘肃、新疆和贵州，这些省区都位于西部地区。樊华和周
德群（2012）运用1995~2008年中国省域面板数据，选择基于DEA-Malmquist指
数模型，测算了不同非合意产出组合的环境全要素能源效率，发现中国
1995~2008年能源效率呈现"U形"演变特征，2004年、2005年为转折点；东部
和中部地区的能源效率高于全国平均水平并且始终大于1，西部地区能源效率最
低且始终小于1。李涛（2012）把环境资源作为一种要素纳入全要素能源效率计
算中，使用DEA，对中国29个省份的能源效率状况进行比较研究。研究结果表

明：中国能源效率的变化趋势符合"先上升、再下降"的特征，转折点一般出现在 2002~2003 年。能源效率最高的为上海、福建和云南，尤其是云南，能源效率最低的为宁夏、贵州、山西和甘肃。范丹和王维国（2013）运用 DEA-SBM 模型测度了碳排放约束下 1999~2010 年中国 30 个省份的环境全要素能源效率，研究结果表明：不考虑碳排放约束的各省份的环境全要素能源效率被高估，能源效率总体均值呈现"U 形"趋势，能源效率的区域格局按照由东向西递减。上海和广东的能源效率均值为 1，说明这两个省市一直处在最优的生产前沿面上；在样本间内，能源效率平均值最低的为宁夏、山西、贵州、青海、内蒙古。朱帮助等（2013）从能源效率平均值角度分析发现，能源效率较高的是上海、广东、福建、辽宁，其中上海最高；能源效率较低的是宁夏、青海、内蒙古、贵州、陕西和山西。王群伟等（2012）从国家层面发现，全要素能源效率在经过了 1993~2000 年的缓慢提高后，出现了一定程度的回落，能源效率"先上升再下降"的特征与史丹（2002）的研究结论是基本一致的；东部是效率最高的地区，中部次之，西部效率最低。孟昌和陈玉杰（2012）认为上海、广东、海南等能源效率最高；能源效率均值最低的省份是山西和贵州。

　　基于上面的综述，本章有几个判断：①中国能源效率的变动趋势呈什么形态，直线上升，直线下降，"U 形"，还是"倒 U 形"，文献中没有取得一致结论。②是否存在转折点，转折发生在哪一年，文献也存在争议；为什么会发生转变，背后的驱动力量是什么，文献中几乎没有涉及。③东、中、西部之间能源效率的排序也存在着争议，背后的决定机制是什么，文献中鲜有讨论。④能源高效省份与能源低效省份也迥然不同；能源效率在省际层面的分布态势缺少研究。

（三）影响因素

　　于立（1992）指出能源价格偏低是我国企业对节能技术需求动力不足的根本原因。史丹（2002）认为我国改革开放以来能源效率得到显著改进，对外开放、产业结构和经济体制成为影响能源效率的重要因素，指出 20 世纪 90 年代中期以后，除产业结构外，这些因素对提高能源利用效率的作用有所增强，而工业能源利用效率的提高又在一定程度上抵消了产业结构变动的反向作用。Fisher-Vanden 等（2004）采用我国 2 500 多家能源密集型大中型工业 1997~1999 年的面板数据发现，能源相对价格的上升是我国能源强度下降的主要动力，这一贡献的比例达 54.4%。杭雷鸣和屠梅曾（2006）运用 1985~2003 年的时间序列数据，对我国制造业、能源价格和能源强度之间的关系作了实证研究。计量检验的结果表明，能源相对价格的上升对降低总能源强度、石油强度、电力强度和煤炭强度具有积极的贡献。提高能源价格是改善能源效率的一个有效政策工具。齐志新和陈文颖

（2006）利用因素分解法分析了 1980~2003 年中国宏观能源强度以及 1993~2003
年工业部门能源强度下降的原因，指出技术进步是我国能源效率提高的决定性因
素，而产业结构变动则影响甚微。吴巧生和成金华（2006）运用Laspeyres指数及
其分解模型，指出中国能源消耗强度下降主要是由于各产业能源使用效率的提
高，相对于效率份额，结构份额对能源消耗强度的影响要小得多，除少数年份
外，产业结构的调整对降低能源消耗强度的作用是负面的。魏楚和沈满洪
（2008）研究了 5 种结构因素（产业结构、工业结构、产权结构、要素结构和能
源结构）对能源效率的影响，发现以"退二进三"为主导的产业结构调整和以
"国退民进"为主要方向的国有产权改革在一定程度上能够改善能源效率，过度
的资本深化可能使得部分地区偏离了资源禀赋路径，同时由于缺乏相应的人力资
本配合等因素而导致能源效率出现恶化。优化能源消费结构可以大幅改善能源效
率。冯蕾（2009）认为技术进步是目前生产效率提高的主要因素。屈小娥
（2009）认为结构调整、技术进步、能源价格提高对全国及三大地区能源效率改
进有积极作用，工业化水平提高对全国及东、西部地区能源效率改进有促进作
用，对中部有抑制作用。袁晓玲等（2009）将环境污染视为非期望产出，利用投
入导向的 CCR-DEA 模型测算了包含环境污染的中国省际能源效率，并考察了全
国整体及三大地区能源效率的敛散性，结果发现产业结构、产权结构、能源消费
结构及资源禀赋等因素与全要素能效关系密切。吴琦和武春友（2010）则发现技
术进步是提高我国能源效率的主要途径之一；第三产业对能源效率的影响与其余
学者的结论不一致，第三产业比重每增加 1%，我国能源效率将降低 1.252%，产
业结构调整因素最终表现为负面影响。傅晓霞和吴利学（2010）基于变系数模型
研究了中国能源效率的影响因素，发现在不同的经济发展阶段，特别是由于经济
发展模式的差别，技术进步、工业化比重、重工业比重和能源价格对能源效率的
影响程度也在不断发生变化。成金华和李世祥（2010）认为经济结构、技术进步
及能源市场化改革是中国工业化进程中的主要影响因素。这三大因素对中国工业
化进程中的能源效率具有重要的影响作用。刘佳骏等（2011）认为产业结构变动
是影响区域能源效率提高的重要因素。孟昌和陈玉杰（2012）认为各区域产业沿
着高耗能的重化工业的方向加速发展，可能是能源效率下降的直接原因，而体制
性的低资源价格可能是诱因。汪克亮等（2012）认为技术进步、经济结构和能源
消费结构的优化对促进各地区节能减排有显著作用，而市场化水平、能源价格对
节能减排的影响尚不明显。Wu 等（2012）采用环境 DEA 技术研究了中国静态能
源效率与动态能源效率指数，发现技术进步是影响中国能源效率的主要因素。Li
和 Hu（2012）采用 SMB-DEA 方法研究了中国 2005~2009 年 30 个省份的环境全
要素能源效率，研究发现中国环境全要素能源效率仍然处在 0.6 的较低水平，如
果不考虑环境的影响，能源效率会高估0.1；地区能源效率极不平衡，东部最优，

中部次之，西部最差。研发支出和国际贸易对能源效率的影响是正的，而第二产业和政府补贴与能源效率的关系是负的。樊茂清等（2012）以中国 1981~2005 年 33 个部门的投入产出表、劳动投入、资本投入序列等数据为基础，采用超越对数成本函数建立了一个包括 33 个部门的联立方程计量模型，研究了能源价格变化、"体现型"的技术进步、"非体现型"的技术进步、ICT 投资和非 ICT 投资对中国 33 个部门能源强度的影响。研究结果表明：能源价格上涨、ICT 资本投入及其体现的技术进步等因素有效地降低了中国大部分部门的能源强度。同时，能源价格变化、技术变化和 ICT 三大因素对能源强度的影响有很大的部门差异性。Song 和 Zheng（2012）采用分解分析和计量分析相结合的方法研究了中国 1995~2009 年能耗强度不断下降的驱动因素，发现经济发展在降低能耗强度方面起着重要作用，而能源价格的作用相对有限。但是也因此反映了放松能源价格管制、建立市场导向型的价格体系的必要性。赵金楼等（2013）在 SFA 框架下，对 1980~2010 年 29 个省份的能源效率进行测算，发现产权结构、能源价格指数、出口依存度等每上升 1%，能源效率将分别提高 0.672%、0.166%、0.518%。林伯强和杜克锐（2013）从 VRS 和地区技术差距两个方面对 PDA 作了重要拓展，研究了我国 2000~2010 年能源生产率及其变动的影响因素，研究表明，我国地区能源生产率提升主要靠资本能源替代和能源结构优化，而技术进步和技术效率贡献非常微弱；劳动能源比和技术效率的下降及地区间技术差距的拉大抑制了我国能源生产率的增长。

本章认为这些研究在很大程度上深化了我们对能源效率影响因素的认识，但是这些研究在选择影响能源效率的因素上差异很大，研究结论也迥然不同，甚至截然相反。更为重要的是，以上研究仍然无法全面揭示影响中国能源效率的内在机制，特别是不同因素之间可能存在的内在逻辑关系。

三、计量模型、变量与数据

从人类能源消费的历程来看，经济发展过程中的能源利用效率也会经历不同的变化阶段。在现代经济发展的早期，产出增长对能源依赖程度不高，能源效率相对较高；随着工业化进程的推进，经济对能源的依赖程度不断提高，能源效率出现下降；当经济基本实现工业化以后，能源效率又会大幅下降，并逐步趋于稳定。从发达国家的现实经验来看，各国的能源效率水平基本上都是由技术水平、产业结构、工业发展模式、资源禀赋等因素决定的，但是不同发展阶段和不同经济条件下这些因素的影响作用差别很大。为了对能源生产率方程进行详细分析，根据既有的理论和实证研究文献，结合中国经济现实，尽可能利用宏观经济数据，尽可能控制与能源生产率可能相关的变量，以期得到稳定的估计结果，本章构建了一个中国省际能源生产率影响因素的计量模型，该模型基本形式设定如下：

$$\text{epch}_{i,t} = \alpha + \beta_1 \text{popu}_{i,t} + \beta_2 \text{pgdp}_{i,t} + \beta_3 \text{pgdp}_{i,t}^2 + \beta_4 \text{indu3}_{i,t} + \beta_5 \text{trade}_{i,t}$$
$$+ \beta_6 \text{fdi}_{i,t} + \beta_7 \text{gov}_{i,t} + \beta_8 \text{market}_{i,t} + \beta_9 \text{eprice}_{i,t} + \beta_{10} \text{coal}_{i,t} \qquad (5\text{-}1)$$
$$+ \beta_{11} \text{human}_{i,t} + \beta_{12} \text{tech}_{i,t} + v_i + v_t + \varepsilon_{i,t}$$

其中，$\text{epch}_{i,t}$ 表示各省份历年的能源生产率（被解释变量），考虑到被解释变量在 0 附近波动，采用 $\ln(1+x)$ 进行转换。$\text{popu}_{i,t}$、$\text{pgdp}_{i,t}$、$\text{pgdp}_{i,t}^2$、$\text{indu3}_{i,t}$、$\text{trade}_{i,t}$、$\text{fdi}_{i,t}$、$\text{gov}_{i,t}$、$\text{market}_{i,t}$、$\text{eprice}_{i,t}$、$\text{coal}_{i,t}$、$\text{human}_{i,t}$ 和 $\text{tech}_{i,t}$ 分别表示能源生产率的影响因素（解释变量），其中，i 表示不同省份，t 表示不同时期，v_i 和 v_t 分别表示地区和年份特定效应，β_i 为被估计参数，$\varepsilon_{i,t}$ 为随机误差项，服从正态分布。

对影响能源生产率各个因素的设定和说明如下：①人口规模（$\text{popu}_{i,t}$），用各省份年末总人口数表示。根据卡亚恒等式（the Kaya identity），能源消费可以分解为三个重要因素：人口规模（population）、单位资本产出（GDP per capita）及经济活动的能耗强度（energy per unit of GDP）。可见，人口规模与能源消费以及能源生产率之间存在紧密关系。②经济发展水平（$\text{pgdp}_{i,t}$），用不变价格人均实际 GDP 表示，具体是以 2000 年为基期的 GDP 平减指数对名义量进行转换，最后对数据取对数。地区经济发展水平在很大程度上反映了一个地区的市场规模，而市场规模的扩大总体上有利于企业创新，采用节能减排的技术，有利于提高本地区的能源生产率，当然中国 29 个省份的经济发展水平存在极大差距，这势必影响它们的能源效率，因此有必要对地区经济发展水平因素进行控制。同时，根据环境库兹涅茨曲线（environmental Kuznets curve，EKC）假说，在一定收入阶段，污染强度随经济增长而上升，到了某个收入水平后转而随增长而降低，呈现"倒 U 形"曲线的关系。之后很多研究将其延伸到能耗领域，假定环境污染强度与能耗强度密切相关，从而得到能耗强度与收入水平也呈"倒 U 形"曲线的关系。史丹等（2008）认为，经济发展水平与能源利用效率高度相关；我们期望地区经济发展水平与能源生产率的关系为正。人均实际 GDP 对数的平方（$\text{pgdp}_{i,t}^2$）也包含在回归方程中，用来考察人均实际 GDP 与能源生产率之间可能存在潜在的二次型关系。③产业结构（$\text{indu3}_{i,t}$），用第三产业增加值占 GDP 比重来表示。由于各产业的生产率水平相差较大，因此，在中国能源生产率建模与分析过程中也必须考虑到产业结构的影响。传统经济发展模式表明，当经济结构重心从低能耗强度的农业转向高能耗强度的工业时，能耗强度会提高，然后随着经济向能耗强度较低的服务行业转型，能耗强度又会降低。史丹（2002）、魏楚和沈满洪（2007a，2008）、袁晓玲等（2009）认为产业结构对能源效率有着重要的影响。经济理论与实证研究也表明，在经济结构重心从第二产业向第三产业转型，尤其是向现代生产性服务业转型的情况下，会提高一国或地区的能源生产率。生产性服务业是把社会中日益专业化的人力资本、知识资本导入商品和服务生产过程的飞轮，它在相当程度上构成了这些资本进入生产过程的通道，因此，它能够提高商品和服务生产过程的运营效率、经营规模以及其他投入要素的生产率。因此，我们期望第三产业发展与能源生产率正相关。④国际贸易（$trade_{i,t}$），用进出口总额占 GDP 比重表示，反映对外贸易对能源生产率的影响。进出口总额原始数据是以美元为单位计价的，用年度中美汇率水平进行转换。开展国际贸易，一方面可以通过引入竞争力量来提高中国的能源生产率，另一方面，开放引致的"逐低竞争"、污染转移效应等会降低中国能源生产率。张少华和陈浪南（2009）则发现经济全球化对改善中国能源利用效率有所帮助。因此，国际贸易对能源生产率的影响不确定。⑤外商直接投资（$fdi_{i,t}$），用外商直接投资额占GDP 比重表示。外商直接投资原始数据同样是以美元计价的，因此用中美人民币汇率进行转换。改革开放以来，为了发展经济，无论从国家层面还是省份层面，中国都鼓励招商引资，外商直接投资在中国经济中发挥了重要的作用。为了检验外商直接投资中是否存在能源资源消耗过大和环境污染过高、降低中国的能源生产率的现象，本章引进外商直接投资作为影响因素加以考虑。本章认为外商直接投资对能源生产率的关系有待实证检验。⑥政府支出行为（$gov_{i,t}$），用政府财政支出占 GDP 比重衡量。在发展中国家的转型与发展过程中，政府往往起着难以估量的作用。一方面，市场的不完善等客观上需要政府提供各种制度基础设施，为企业发展、产业成长保驾护航；另一方面，政府既可能是"帮扶之手"（help hand），也可能是"掠夺之手"（grap hand）。因此，我们在计量模型中有必要控制这个变量，但是政府对能源生产率的影响方向有待实证检验。⑦市场化水平（$market_{i,t}$）。改革开放以来，中国在各个领域推行市场化改革，逐步建立起了统一开放、竞争有序的市场体系，资源配置更加有效，企业生产效率日益提升。因此，我们期望市场化改革提高中国的能源生产率。本章选择樊纲、王小鲁编制的市场化指数，具体是 29 个省份 1997~2009 年的市场化指数数据。⑧能源价格（$eprice_{i,t}$），以原材料、燃料、动力购进价格指数表示，基期换算为 2000 年为100。不合理的能源价格会扭曲企业和消费者的行为，不利于产业结构优化及经济增长方式的转变，通常会降低一国的能源生产率。⑨能源结构（$coal_{i,t}$），用各个省份煤炭在能源终端消费中的占比来表示。各种能源之间的热效率相差较大，能源结构对能源效率有重要影响。由于中国目前仍然是一个以煤炭为主的能源消费结构，因此，本章预期能源结构与能源生产率负相关。⑩人力资本水平（$human_{i,t}$），采用小学以上人口平均受教育年数来衡量。在《新中国六十年统计资料汇编》中有各个省份的"普通高等在校学生数""普通中等在校学生数""小学在校学生数"的统计数据，本章将小学、普通中等、普通高等的受教育年限分别记为 6 年、10 年、12 年，则人力资本水平为 human=6×prime+10×middle+12×university，其中 prime、middle 和 university 分别表示小学、中等、高等程度教育人数占各省份年末总人口的比重。⑪技术进步（$tech_{i,t}$），采用各省份固定资产投资总额占 GDP 比重来表示。技术进步对能源生产率的作用不言而喻，关键是要选取一个合理的代理变量。对于发展中国家，技术进步有两种实现方式，即自己投资进行研究开发，或者向发达国家学习模仿。开发尖端新技术的投入很大而失败的概率很高；相对而言，模仿和购买技术所需的成本低得多。中国与发达工业化国家相比，在技术上存在着很大的差距，因而在选择技术进步的实现方式上可以采用模仿、购买等方式来实现技术进步，文献中将这种形式的技术进步称为"嵌入式技术进步"。正因为中国的技术进步在很大程度上嵌入在投资过程中，本章选择固定资产投资总额占 GDP 比重作为技术进步的代理变量。为了减小各个解释变量存在的异方差，所有变量均取对数。

本章最终构建了 29 个省份（四川与重庆合并）1986~2009 年的非平衡面板数据，除被解释变量和市场化指数之外，其余变量的数据均来自《新中国六十年统计资料汇编》和《中国统计年鉴》。表 5-1 报告了主要变量的描述性统计特征，为了便于理解，我们将这些变量表示为它们的原始值，尽管在实证估计中本章对所有变量使用了其对数值。

表 5-1　各主要变量的描述性特征

变量	观测值	均值	标准差	最小值	最大值
epch	696	0.028 894	0.069 908 2	−0.319 055 1	0.623 010 6
popu	696	4 150.296	2 732.878	407.38	11 388.62
pgdp	696	0.778 352 9	0.621 463 5	0.133 198	4.001 637
indu3	696	0.355 703 2	0.074 504 2	0.178 883 7	0.732 460 7
trade	694	2 478.509	4 139.631	0.464 419 1	37 173.3
im	694	1 267.614	3 142.411	0.265 019	32 594.81
ex	694	1 210.895	1 368.075	0.199 400 1	8 722.931
fdi	693	281.727 3	354.094 5	0	2 415.641
gov	696	0.138 073 4	0.057 583 8	0.045 540 1	0.378 151 3
market	319	5.463 73	2.021 333	1.29	11.71
eprice	696	0.898 193	0.414 696 7	0.007 459	3.095 349
coal	696	66.804 85	18.131 34	11.5	97.249 11

变量	观测值	均值	标准差	最小值	最大值
human	696	0.848 62	0.286 834 5	0.867 88	2.603 817
tech	696	0.367 160	0.121 352 5	0.152 697	0.872 994

注：im 表示进口，ex 表示出口

四、实证方法与结果分析

在对上述计量模型进行分析之前，本章运用 Stata 软件对数据和模型进行了一些基本处理与分析：①本章首先对解释变量进行了多重共线性检验，经检验各解释变量的方差膨胀因子（variance inflation factor，VIF）均小于 10，表明模型不存在多重共线性问题。②面板数据模型常用的估计方法包括固定效应模型（fixed effect model，FE）和随机效应模型（random effect model，RE）。固定效应模型假定个体不可观测的特征与解释变量相关；随机效应模型则假定个体不可观测的特征与解释变量不相关。由于本章样本并非随机抽取，因此本章采用固定效应估计方法对式（5-1）进行估计。同时本章也用常用的 Hausman Test 在二者之间进行筛选，发现支持固定效应模型。随后本章对上述设定的计量模型中的解释变量进行基本回归。③在基本回归基础上，本章对回归结果进行了各种稳健性检验，其中包括对内生性问题的考虑与处理。④本章对分析样本进行分组回归，以检验基本分析结论的适用范围。

（一）基本估计结果

表 5-2 报告了全要素生产率影响因素的基本估计结果。其中，第（1）列是对全样本进行分析，第（2）列是考察进口（$im_{i,t}$）的分析，第（3）列是考察出口（$ex_{i,t}$）的分析，第（4）列则是考察第二产业的分析。下面首先以表 5-2 第（1）列回归模型的结果进行分析。

表 5-2　能源生产率影响因素基本估计结果

变量	（1）全样本	（2）进口	（3）出口	（4）第二产业
popu	−0.193* （0.100）	−0.186* （0.099）	−0.175* （0.099）	−0.202* （0.114）
pgdp	0.023*** （0.007）	0.024*** （0.008）	0.020*** （0.008）	0.023*** （0.007）

续表

变量	（1）全样本	（2）进口	（3）出口	（4）第二产业
pgdp^2	0.016 （0.046）	0.012 （0.044）	0.010 （0.045）	0.007 （0.045）
indu3	0.031 （0.057）	0.033 （0.057）	0.023 （0.057）	
trade	−0.016 （0.017）			−0.019 （0.017）
fdi	0.015*** （0.005）	0.014*** （0.005）	0.014*** （0.005）	0.015*** （0.004）
gov	−0.078** （0.032）	−0.075** （0.031）	−0.081** （0.032）	−0.066** （0.025）
market	−0.001 （0.031）	−0.002 （0.030）	−0.003 （0.030）	0.002 （0.031）
eprice	0.205*** （0.047）	0.196*** （0.040）	0.184*** （0.049）	0.216*** （0.047）
coal	0.028 （0.021）	0.029 （0.020）	0.030 （0.021）	0.031 （0.022）
human	0.123*** （0.039）	0.126*** （0.039）	0.120*** （0.039）	0.128*** （0.039）
tech	0.153*** （0.049）	0.156*** （0.040）	0.150*** （0.045）	0.157*** （0.045）
im		−0.011 （0.011）		
ex			−0.002 （0.012）	
indu2				−0.058 （0.036）
常数项	1.273*** （0.055）	1.184*** （0.097）	1.016*** （0.17）	1.288*** （0.095）
观测值	689	689	689	689
R^2	0.161	0.161	0.158	0.163
Number of pro	29	29	29	29
pro FE	YES	YES	YES	YES
Year FE	NO	NO	NO	NO

***表示 $p<0.01$，**表示 $p<0.05$，*表示 $p<0.1$

注：括号里是稳健性标准误

　　从表 5-2 中可以看出，人口规模的估计系数在 10%的水平上显著为负，说明人口规模过大不利于能源生产率的提高，具体而言，人口规模提高 1%，则我国的能源生产率下降 20%左右。之所以有如此大的影响，本章认为是因为我国的人口规模总量特别大，已经处于对能源效率影响严重为负的阶段，因此只要人口规模稍微增加，就会导致其对能源效率的边际影响迅速上升。经济发展水平的估计系数在 1%的水平上显著为正，说明经济发展水平的提高有利于能源生产率提高，具体而言，经济发展水平提高 1%，能源生产率提高 2%左右。但是，经济发展水平的平方项与全要素生产率之间不存在显著的二次型关系。

第三产业的估计系数不显著，这个结论与本章预期不相符，可能原因是，我国的第三产业发展水平仍然较低，尤其是其中的生产性服务业发展严重滞后，因此其对能源生产率的促进作用还没有显著地显现出来。第（4）列引入第二产业变量的估计发现，第二产业的估计系数是负的，但是不显著。之所以产生这种结果，本章认为可能与我国第二产业中重工业比重较高有关，一方面这种产业结构是违背比较优势的，另一方面我国第二产业中的重工业，很大一部分仍然是自然资源型产业，而这些产业是典型的垄断型产业，不利于能源生产率的提升。如果各个省份逐步降低第二产业比重，同时提升第三产业比重，那么产业结构对能源生产率的提升作用将显现出来。因此，本章实证研究结论实际上支持中央提出的"退二进三"政策。

产业结构与能源生产率之间的计量分析表明，我国工业增长的质量不高，产业结构变动不合理。尽管第三产业在我国经济结构中所占比重在逐年增加，但是耗能低的第三产业比重仍然没有上升到合意水平，不仅远低于发达国家的水平，而且低于同等经济发展阶段的发展中国家水平，第二产业在我国经济中的比重仍然维持在较高水平，工业整体上向着高耗能的重化工业化方向发展。这直接导致了第三产业比重增加所带来的能源效率改进被第二产业尤其是高耗能行业的稳步提升所抵消，产业结构调整因素最终表现为负面影响。特别是始自 2002 年的能源生产率下滑实际上是各地区兴起的工业重型化发展趋势导致，其背后体现了特定经济发展阶段的经济发展模式。近十多年来，地方官员在晋升考核指标的指挥下，倾向优先发展第二产业尤其是重工业，工业化、城镇化的迅速推进成为中国经济发展的显著特点，工业化、城镇化导致了大量钢材、水泥等高耗能产品需求，而高耗能产品的生产却需要消耗大量能源，给能源效率带来了巨大的冲击。本章结果和判断与一些关于产业结构与能源效率关系的研究结论基本吻合。大量研究显示，我国产业结构调整对能源效率的提高有反向作用（史丹，2002；吴巧生和成金华，2006），而董利（2008）研究表明第二产业对能源效率的系数均为负值，第三产业结构变量的系数不稳定且没有通过显著性检验。

国际贸易的估计系数是负的，但是比较微弱。这个研究结论与现有理论与实证文献有较大差异，因为现有研究一般会得出国际贸易提高能源效率的结论。本章认为造成这种研究结论主要原因有二：一是现有文献通常采用的能源效率指标是能耗强度，正如前文分析，能耗强度会高估真实的能源效率，可能正是这种高估导致了文献中国际贸易对能源效率的影响是正的；二是与我国的对外贸易结构有关。改革开放以来，中国对外贸易高速增长的同时，对外贸易结构也发生了显著变化，加工贸易取代一般贸易成为对外贸易主要部分，如加工贸易总额占货物贸易总额的比重由 1981 年的 6.0%上升到 2009 年的 41.2%，有的年份更是超过了

50%，加工贸易已经占据中国对外贸易的"半壁江山"。可能正是这种贸易结构的巨大变化导致了国际贸易对能源效率的影响不显著。我国加工贸易最突出的特征是"两头在外"和"大进大出"，为了证明上述分析，在第（2）列和第（3）分别考察了进口和出口对能源生产率的影响。实证结果同样表明，进口和出口的估计系数也是负的，还是不显著。最根本原因还是因为加工贸易就是为发达国家"打工"，无论是其贸易附加值还是其技术溢出效应，都远低于一般贸易的影响，这一点已经被大量的理论与实证研究所证实。因此，今后我国在大力发展国际贸易的同时，关键是调整国际贸易的结构，争取尽可能多的贸易利得。本章实证研究表明外商直接投资对能源生产率产生显著的正向影响，说明从提高能源生产率的角度而言，外商直接投资的大规模进入是有益的，具体而言，外商直接投资提高1%，能源生产率会上升 1.5%左右。尽管理论界和政策界一直存在外商直接投资降低能源效率、转移污染的争论，但是客观上而言，外商直接投资的进入确实在技术溢出、管理提升、企业竞争等方面有利于提高我国的能源生产率。

　　政府的支出行为对能源生产率的影响在 5%的水平上显著为负，并且这种影响效应比较大，政府支出每增加 1%，会导致能源生产率下降 8%左右。一个合理性的解释是，我国政府的财政具有很强的"生产型财政"特征，政府倾向将大量的支出用于基础设施、固定资产等领域，由此导致各地区的产业同构、产能过剩等后果，而以 GDP 为导向的考核方式，又加剧了地区之间的恶性竞争，这种竞争最终呈现为"逐低竞争"，导致了能源生产率的下降。市场化对能源生产率的影响不显著，这可能说明我国关键领域的市场化改革，尤其是能源领域的市场化改革进程依然缓慢，进而使得市场化对能源生产率的促进作用不大，当然也可能是因为市场化指数的样本期限太短，导致回归效果不理想。

　　能源结构的估计系数不显著。本章认为有三个方面的原因：首先，我国的能源要素禀赋结构以煤炭为主，尽管煤炭在一次能源消费中的比重由 1985 年的 72%下降到 2009 年的 66%，但是我国煤炭产量世界第一，非碳能源资源的选择有限，决定了煤炭成为能源消耗的主体还将长期保持。这种以煤炭为主的能源消费结构不利于能源生产率的提升。其次，我国正处在一个能源消费快速提升的过程，这当然与我国经济发展与结构重型化有关，客观上决定了我国能源生产率提升面临具体压力与挑战。最后，中国在全球产业链条上的分工位势较低，同时国际制造业转移趋势决定了我国仍然处在一个能源高消耗的阶段。这也决定了中国能源生产率不可能进入一个快速的提升通道。

　　与此相对应的是，能源价格的估计系数在 1%的水平上显著为正，并且经济效应很大，能源价格每提高 1%，能源生产率上升 20%左右。能源价格提高无疑会迫使企业开发能源节约型或替代型技术，能源价格可以通过要素替代而使能源投入发生变化，提高能源价格能够改善能源效率。许多关于中国能源效率的研究表明，能源相对价格的提高对改善能源效率有明显的激励作用。

能源结构和能源价格对照表明，我国以煤炭为主的能源结构并不是影响能源生产率的关键因素，而能源价格才是关键。今后能源改革的关键在于理顺能源价格体系。我国的能源价格主要表现为煤炭、电力等价格远低于国际市场价格，并且整个能源价格体系扭曲严重，这会对经济产生一系列的后果：首先，较低的煤炭价格及电力价格将会进一步促进第二产业比例的扩张，更加不利于产业结构优化及经济增长方式的转变，也会限制社会对原油、天然气及可再生能源等清洁能源的使用。其次，较低的能源价格实际上是对企业的一种变相补贴，会使企业即使在生产技术落后的情况下依然有利可图，只有提高能源价格，建立合理的能源价格体系才可能激励企业从事节能型技术投资，从而诱发大规模的技术变迁。再次，低煤炭价格会通过国际分工和国际贸易造成对外国消费者的间接能源补贴。中国外贸的粗放型特征使出口商品中低层次商品比例很高，其中很大一部分属于资源密集型初级产品和低附加值、低技术含量的工业制成品。因此，在煤炭价格相对偏低的情况下，出口增长是以资源消耗和环境污染为代价的。最后，相对较低的成品油价格，也容易误导消费及生产行为，不利于我国节能减排及能源供应安全。国内外很多学者都很重视研究能源价格的调整对能耗强度的影响。因此，中国要提高能源生产率，当务之急是先调控能源的价格结构，尽快实现国内能源价格与国际市场能源价格的顺利接轨。

人力资本的估计系数在 1%的水平上显著为正，对能源生产率的影响很大，具体而言，人力资本水平提高 1%，能源生产率会上升至少 12%。人力资本对能源生产率提升的重要性，至少在三个层面是值得强调的：首先，一个社会的人力资本水平越高，群众节能减排意识越强，对能源生产率提升的愿望越强烈，这会鼓励企业进行有利于能源生产率提高的研发创新；同时，群众的愿望还可以通过民意在政策上面直接体现出来；其次，人力资本是企业创新的根本，是能源生产率提升的技术基础；最后，人力资本较高的社会，政策的有效性及执行力都比较高，客观上保障了提高能源生产率的政策快速出台与有效实施。

技术进步的估计系数在 1%的水平上显著为正，具体而言，技术进步提高1%，能源生产率会上升至少15%。本章结论与大多数研究的结论一致（齐志新和陈文颖，2006；屈小娥，2009；吴琦和武春友，2010；汪克亮等，2012）。

（二）稳健性分析

接下来，本章从以下几个方面展开稳健性检验以进一步巩固和分析上文的基本分析结论：①做混合回归（pooled regression）来检验。②尽管计量经济理论与检验均支持采用固定效应模型，但还是同时报告随机效应模型的估计结果。③在处理面板数据时，如果数据存在序列相关、异方差或自相关等问题，一般会采用广义最小二乘法处理，但其前提是时间跨度大于截面单元数（即"大 T 小 N"型）。在"大 N 小 T"的情况下，可以采用带有 Driscoll-Kraay 标准误的固定效应估计方法（Stata 命令是 XTSCC）。因此，考虑到计量模型的随机扰动项可能存在着序列相关、异方差或自相关等问题，且本章数据结构属于"大 N 小 T"型（29 个省份，24 年），为此，在执行了 Pesaran CD 检验后，拒绝不存在"组间相关"的原假设，因此采用带有 Driscoll-Kraay 标准误的固定效应方法进行稳健性估计。④本章还对现有数据进行了伍德里奇组内自相关检验（Stata 命令是 xtserial）。检验结果强烈拒绝"不存在一阶自相关（H_0：no first-order autocorrelation）"原假设，故本组数据存在组内自相关。本章还对所选数据进行了组间异方差检验（Stata 命令是 xttest3），检验结果显示所选数据存在异方差的可能性较大。由于存在组内自相关和组间异方差等问题，本章采用控制了组间异方差和组内自相关的可行广义最小二乘法（FGLS）方法对模型进行了参数估计。⑤经济发展水平、第三产业发展、国际贸易及外商直接投资可能存在内生性问题，因此接着用这些变量的滞后一期作为工具变量进行面板的工具变量估计。⑥本章还在模型中加入省份虚拟变量（用以控制不随时间变化的因素）和时间虚拟变量（用以控制不随省份变化的因素），来同时捕捉地区固定效应和时间固定效应，即采用双向固定效应模型进行稳健性分析，目的是控制没有进入回归的省份因素和时间变化趋势的影响。检验所有年度虚拟变量的联合显著性，结果强烈拒绝"无时间效应"的原假设。

表 5-3 表明，各种稳健性估计结果与第一列基本估计结果非常一致，人口规模、经济发展水平、外商直接投资、政府支出行为、能源价格、人力资本水平及技术进步对能源生产率均具有显著的影响，而工具变量的估计进一步增加了估计系数的大小，由此可见，变量的内生性使得其他估计低估了这些变量对能源生产率的影响。产业结构、国际贸易、市场化水平及能源结构和能源生产率之间没有显著的关系。

表 5-3　各种稳健性检验估计结果

变量	（1）全样本	（2）混合回归	（3）随机效应	（4）XTSCC	（5）XTGLS	（6）工具变量	（7）双向固定效应
popu	-0.193^{*} （0.100）	-0.006^{*} （0.004）	-0.006^{*} （0.004）	-0.193^{*} （0.110）	-0.006^{*} （0.004）	-0.184^{*} （0.114）	-0.171^{*} （0.110）
pgdp	0.023^{***} （0.007）	0.029^{***} （0.010）	0.029^{***} （0.011）	0.030^{***} （0.008）	0.030^{***} （0.007）	0.026^{***} （0.011）	0.027^{***} （0.008）
$pgdp^2$	0.016 （0.046）	0.006 （0.009）	0.006 （0.011）	0.016 （0.038）	0.014^{*} （0.007）	0.018 （0.061）	0.004 （0.051）

续表

变量	（1）全样本	（2）混合回归	（3）随机效应	（4）XTSCC	（5）XTGLS	（6）工具变量	（7）双向固定效应
indu3	0.031 （0.057）	0.022 （0.029）	0.022 （0.057）	0.031 （0.056）	−0.043** （0.021）	0.045 （0.105）	0.034 （0.063）
trade	−0.016 （0.017）	−0.004 （0.003）	−0.004 （0.002）	−0.016 （0.010）	−0.003* （0.002）	−0.032 （0.030）	−0.011 （0.016）
fdi	0.015*** （0.005）	0.013*** （0.004）	0.013*** （0.002）	0.015** （0.006）	0.012*** （0.002）	0.032** （0.015）	0.018*** （0.005）
gov	−0.078** （0.032）	−0.045*** （0.014）	−0.045*** （0.012）	−0.078** （0.030）	−0.033*** （0.009）	−0.069** （0.031）	−0.056*** （0.016）
market	−0.001 （0.031）	−0.027* （0.015）	−0.027 （0.018）	−0.001 （0.020）	−0.027*** （0.010）	−0.013 （0.030）	0.021 （0.032）
eprice	0.205*** （0.047）	0.075*** （0.021）	0.075** （0.032）	0.205*** （0.045）	0.072*** （0.017）	0.247*** （0.076）	0.164** （0.075）
coal	0.028 （0.021）	0.016 （0.011）	0.016 （0.010）	0.028 （0.017）	0.005 （0.006）	0.021 （0.032）	0.022 （0.021）
human	0.123*** （0.039）	0.012*** （0.002）	0.012*** （0.001）	0.123*** （0.030）	0.122*** （0.016）	0.114** （0.049）	0.102*** （0.036）
tech	0.153*** （0.049）	0.152*** （0.042）	0.141*** （0.041）	0.153*** （0.030）	0.148*** （0.026）	0.144** （0.049）	0.152*** （0.035）
常数项	1.273*** （0.055）	0.230*** （0.057）	0.230*** （0.038）	1.273*** （0.132）	0.130*** （0.042）	1.284*** （0.330）	1.222*** （0.012）
观测值	689	689	689	689	689	689	689
R^2	0.161	0.295					0.252
Number of pro	29		29	29	29	29	29
对应检验			chi2（11）= 50.94 Prob>chi2 =0.000 0	Pesaran's test=3.745, Pr= 0.000 2	chi2（29）= 1 918.90 Prob>chi2 = 0.000 0		F（10, 28） =4.24 Prob > F =0.001 2
pro FE	YES			YES		YES	YES
Year FE	NO			NO		NO	YES

***表示 $p<0.01$，**表示 $p<0.05$，*表示 $p<0.1$

注：括号里是标准误；第（4）列的 XTSCC 回归括号里是 Driscoll-Kraay 标准误。Pesaran CD Test 的零假设：残差是组间横截面不相关的。若 p 值小于 0.05，则应该采用该方法

（三）分组回归

为了更深入探讨全要素生产率的影响因素，接下来本章对样本分组进行估计，一方面可以作为另一种稳健性分析，另一方面可以深入不同样本内部挖掘各个地区影响全要素生产率提升的差异。表 5-4 报告了各种分组回归的估计结果。

表 5-4　分组回归估计结果

变量	（1） 全样本	（2） 去除 直辖市	（3） 东部	（4） 中部	（5） 西部	（6） H/H	（7） L/L
popu	-0.193* （0.100）	-0.133* （0.119）	-0.486* （0.240）	-0.371 （0.729）	-0.177 （0.278）	-0.502*** （0.124）	-0.074 （0.241）
pgdp	0.023*** （0.007）	0.122* （0.083）	0.309*** （0.073）	-0.088 （0.173）	-0.265 （0.247）	0.428*** （0.091）	0.036 （0.178）
pgdp²	0.016 （0.046）	0.033 （0.059）	-0.135 （0.083）	-0.034 （0.187）	-0.198** （0.063）	-0.018 （0.088）	0.017 （0.108）
indu3	0.031 （0.057）	0.039 （0.060）	0.202 （0.121）	0.141 （0.113）	-0.055 （0.096）	0.118 （0.173）	0.047 （0.084）
trade	-0.016 （0.017）	-0.019 （0.017）	-0.068 （0.053）	0.008 （0.055）	-0.005 （0.022）	-0.041 （0.040）	-0.028 （0.021）
fdi	0.015*** （0.005）	0.017*** （0.005）	0.032*** （0.008）	0.021 （0.014）	0.021** （0.007）	0.064*** （0.015）	0.009** （0.003）
gov	-0.078** （0.032）	-0.069** （0.033）	-0.171* （0.104）	-0.140 （0.126）	-0.042 （0.036）	-0.249** （0.109）	-0.095* （0.047）
market	-0.001 （0.031）	-0.029 （0.033）	0.064 （0.067）	0.031 （0.086）	-0.008 （0.040）	0.079 （0.075）	0.024 （0.028）
eprice	0.205*** （0.047）	0.231*** （0.055）	0.286*** （0.073）	0.226** （0.093）	0.228** （0.082）	0.273** （0.087）	0.159** （0.057）
coal	0.028 （0.021）	0.019 （0.023）	0.071 （0.049）	-0.060 （0.068）	0.042 （0.040）	0.045 （0.063）	0.011 （0.033）
human	0.123*** （0.039）	0.124** （0.045）	0.132** （0.051）	0.235*** （0.046）	0.126** （0.057）	0.175** （0.107）	0.169*** （0.033）
tech	0.153*** （0.049）	0.154*** （0.045）	0.152*** （0.041）	0.155*** （0.044）	0.156** （0.047）	0.155** （0.107）	0.159*** （0.033）
常数项	1.273*** （0.055）	1.910* （1.212）	4.992* （2.563）	2.839*** （0.459）	2.944* （1.834）	3.716** （1.458）	2.434* （1.987）
观测值	689	619	260	191	238	214	309
R^2	0.161	0.155	0.166	0.247	0.302	0.173	0.234
Number of pro	29	26	11	8	10	9	13
pro FE	YES	YES	YES	YES	YES	YES	YES
Year FE	NO	NO	NO	NO	NO	NO	NO

***表示 $p<0.01$，**表示 $p<0.05$，*表示 $p<0.1$

注：括号里是稳健性标准误；东部 11 省份：北京、天津、河北、辽宁、上海、江苏、浙江、福建、山东、广东、海南；中部 8 省份：山西、吉林、黑龙江、安徽、江西、河南、湖北、湖南；西部 10 省份：四川（含重庆）、贵州、云南、陕西、甘肃、宁夏、青海、新疆、广西、内蒙古。H/H 包括 9 个省份：北京、天津、辽宁、上海、江苏、福建、江西、广东、广西。L/L 包括 13 个省份：山西、内蒙古、吉林、黑龙江、山东、河南、湖北、湖南、贵州、陕西、甘肃、青海、新疆

　　首先考虑到直辖市在中国地区经济中的特殊性以及区域经济发展中的独特地位，去除直辖市的样本的估计结果与全样本估计非常一致，说明包括直辖市不会对回归结果产生显著影响。

接着遵循实证文献的通常做法，将29个省份分为东、中和西部三个样本进行估计。我国东、中、西部经济发展水平各异、产业结构差异较大、政策采取的经济发展政策也迥异，因而在空间上分析我国各种因素对能源生产率贡献的时空分异规律，为我国未来以能效为标准进行产业结构转移、生产力布局及政策配置等提供决策依据。分析结果表明，东部地区与中西部地区的结果有很大的差异。东部地区的估计结果和整个样本在显著性水平上非常一致，但是关键变量的估计系数远远大于全样本的估计系数，说明在东部地区，这些因素对能源生产率的影响作用更为显著；而中西部地区的能源生产率影响因素中，仅仅有能源价格、技术进步和人力资本水平对能源生产率的影响是显著的。人口规模、经济发展水平及政府支出行为这些变量不显著，最为明显的是中部地区，除了能源价格、技术进步与人力资本水平外，其他因素均不显著，从又一个侧面说明了"中部塌陷"现象。值得进一步说明的是，中西部与东部估计结果差异，实际上反映了中西部地区的深层次问题，中西部地区由于地处内陆，改革开放的优惠政策实行较东部慢，因此经济发展水平较低，在招商引资方面时间滞后、规模较小，外商直接投资对能源生产率的进步作用较弱，这些因素也可能正是中西部地区相对于东部地区落后的重要原因。这种分组估计结果表明，东部地区的重要地位使得其在整个样本估计中起到决定性作用。另外，对于中西部地区而言，大力开展国际贸易，加大招商引资力度，提升经济发展水平，是其当前与今后能源生产率提升的关键。

最后，本章依据前面论述的方法以及分组的结果，按照生产率-效率矩阵（productivity-efficiency matrix），重点估计了 H/H 和 L/L 两组的结果，也是因为进入这两个组的省份达到了22个，因此也没有必要分析 L/H 组和 H/L 组。H/H 组的估计结果与东部地区回归的结果十分类似，关键变量对能源生产率产生了更显著更大的经济影响。L/L 组的估计结果与中西部地区的结果类似，人口规模、经济发展水平的估计系数不显著，因为 L/L 组中的许多省份处于中西部地区，因此这些因素对能源生产率的影响还没有显现出来。

五、作用机制分析

识别了政府补贴对产业结构的平均影响之后，本章将考察微观体制特征对政府补贴产业结构变动效应的影响，实证检验政府补贴的产业结构变动效应与行业特征的关系，为此，在方程（5-2）中引入行业特征变量与政府补贴变量的交互项，设定实证模型如下：

$$gshare_{i,t} = \beta_0 + \beta_1 \ln subsidy_{i,t} + \beta_2 \ln subsidy_{i,t} \times feature_{i,t} + \beta_3 feature_{i,t} + \Theta X_{i,t} + \varepsilon_{i,t}$$

（5-2）

交互项系数 β_2 是我们关注的核心系数，它反映微观产业特征对政府补贴产业结构变动效应的作用方向及程度，此时补贴对结构变动的净影响为 $\beta_1 + \beta_2 feature$。

既有文献在选择能源效率的影响因素时差异较大，得出的研究结论也是迥然不同的，更没有深入分析能源效率的内在决定机制。本章上面的回归分析说明，能源价格、人力资本、技术进步等变量与中国能源生产率密切相关，而文献中通常认为重要的产业结构与能源生产率不相关，这背后是否存在一定的逻辑关系有待进一步研究。在本节中，本章试图分析影响中国能源生产率的作用机制。一般认为，产业结构的变化，尤其是工业、服务业、工业轻重结构的变化以及技术进步等是导致能源效率变化的主要因素，然而本章回归分析表明，能源价格对能源生产率影响最大，技术进步作用次之，产业结构影响则不显著。

改革开放以来，市场机制在资源配置中发挥出越来越大的作用，与产品价格改革的顺利推进形成鲜明对比的是，生产要素价格的市场化改革始终徘徊不前，能源要素市场的价格改革进程尤为缓慢。1978 年经济改革之前，中国的能源价格完全由国家控制。1982 年实行双轨定价机制之后，行政定价才逐渐转向由市场调节定价。1990 年，大约46%的煤炭、80%的原油是通过计划来分配的。自 20 世纪 90 年代起，随着社会主义市场经济体制改革目标的确立，市场化改革步伐加快，主要体现在较大数量的煤炭和石油分配从计划走向了市场。煤炭行业采取了"三年放开煤价，三年抽回补贴"的重大改革措施，决定从 1993 年起放开国有重点煤矿的指令性煤炭价格。1994 年 7 月，国家又取消了统一的煤炭计划价格，除电煤实行政府指导定价外，炼焦用煤、建材用煤和化工用煤等电煤以外的煤炭价格全部放开。1994 年 5 月，国务院决定终止石油行业的产量承包制，合并原油的计划价格和市场价格，取消了"双轨制"。同一时期，电力价格也进行了调整，实现城乡用电同价。可以说，进入 20 世纪 90 年代中期以后，能源市场化改革继续推进。1998 年，与石油行业重组一起，石油价格定价机制改为与国际油价接轨。但是，为了稳定国内市场价格，国家仍对成品油实行较严格的管制。"十五"时期以来，为了促进电力工业的发展和加速电价市场化的步伐，国家有关部门出台了"电价改革方案"。发电、售电价格由市场竞争形成，输电、配电价格由政府制定。"十五"期初，煤炭供需关系紧张，电煤价格过低，国家的电煤指导价格受到煤炭企业的抵制，2002 年政府决定全部放开电煤价格，由供需双方确立合同价，但是政府并没有放开电价，重点合同电煤价格与市场煤炭价格差距仍然非常大。为了解决煤电矛盾，政府于2004年底推出了煤电联动政策。煤电联动是缩小煤电矛盾的一个过渡办法，是一种价格定价机制，却仍然是典型的政府定价方式。2007 年 11 月成品油价格的上调，以及 2008 年 6~7 月汽油、柴油、航空煤油、电的价格上调是中国能源价格改革的又一次推进。目前包括开征燃油税在内的新一轮能源价格改革即将进行，预计将对整个经济系统的能源效率改进以及当前的节能减排起到积极的促进作用。总体上看，虽然中国的能源价格改革滞后于其他经济领域的改革，但自 20 世纪 90 年代以来，国内能源市场化与价格改革不断加速，市场化程度不断提高，价格形成机制逐步完善。能源价格改革对国民经济方方面面产生的影响逐步显现出来。

一方面，逐步市场化的能源价格对我国产业结构调整产生不利影响。根据发达国家经验，产业升级和产业结构变动应该是沿着节约稀缺性资源的方向进行的，而我国的产业则是沿着高耗能方向变化，并没有沿着能源效率提高的方向进行。这是因为，尽管改革开放以来，我国能源价格进行了一系列市场化改革，但是能源价格依然较低，没有同国际市场接轨，各种能源价格之间的关系依然扭曲，能源价格在资源配置中发出了能源资源"不稀缺"的错误信号，较低的煤炭价格及电力价格成为绝大多数中国企业在成本方面的比较优势。能源价格相对国际市场的偏低程度越大，将会进一步促进第二产业比例的扩张，尤其是第二产业中高能耗产业的扩张，在促进第二产业扩张的同时也抑制了第三产业的发展，最终不利于产业结构优化及经济增长方式的转变，也会限制社会对原油、天然气及可再生能源等清洁能源的使用。因此，本章将扭曲的能源价格体系诱发的产业结构失衡发展进而抑制能源生产率的机制称为能源价格的"产业结构调整效应"。

另一方面，逐步市场化的能源价格也对我国技术变迁产生影响。合理的能源价格会充分传递资源稀缺型信号，促使企业采取节能型技术进行生产，从而提高能源生产率。更重要的是，市场化的能源价格会促进企业开发节能型技术，引发大规模技术创新，从根本上提升一个国家的技术能力与技术结构。相反，不合理的能源价格，只会诱发企业采用非节能型技术生产，抑制能源生产率的提高。因此，本章将能源价格改革促进技术进步进而提升能源生产率的机制称为能源价格的"技术进步效应"。

基于上述分析，本章认为改革开放以来，尤其是 20 世纪 90 年代中期以来的能源价格改革，通过两个重要机制对能源生产率产生了重要影响：一是扭曲的能源价格体系抑制了企业开发节能型技术，不利于促进能源生产率；二是由于我国能源价格偏低，扭曲的能源价格体系依然存在，诱发了第二产业尤其是重工业的快速扩张，抑制了具有节能特征的第三产业的正常发展，最终导致产业结构朝着不利于能源生产率提升的方向发展。

为了考察这两个作用机制，需要通过严谨的实证分析来证明。为此，本章在式（5-1）的基础上分别引入能源价格与第三产业的交互项、能源价格与技术进步的交互项、能源价格与第二产业的交互项作为印证同时报告出来。由于我国能源价格改革不彻底，能源价格体系依然扭曲，我们预期交互项的估计系数为负。表 5-5 是具体的回归结果。

表 5-5　决定机制回归

变量	（1）全样本	（2）交互项	（3）交互项	（4）交互项	（5）交互项	（6）交互项	（7）1996~2009 年	（8）1986~1995 年
popu	-0.193^{*} （0.100）	-0.179^{*} （0.096）	-0.167^{*} （0.093）	-0.187^{*} （0.094）	-0.187^{*} （0.098）	-0.173^{*} （0.095）	-0.187^{*} （0.098）	-0.193^{*} （0.109）
pgdp	0.023^{***} （0.007）	0.028^{***} （0.010）	0.028^{***} （0.011）	0.029^{***} （0.008）	0.030^{***} （0.007）	0.026^{***} （0.011）	0.028^{***} （0.008）	0.023^{***} （0.007）
$pgdp^2$	0.016 （0.046）	0.016 （0.047）	-0.000 （0.046）	0.014 （0.046）	0.014 （0.047）	0.008 （0.047）	0.014 （0.047）	0.072 （0.047）
indu3	0.031 （0.057）	0.031 （0.063）		0.027 （0.057）	0.027 （0.065）	0.033 （0.060）	0.027 （0.065）	0.000 （0.146）
trade	-0.016 （0.017）	-0.015 （0.017）	-0.017 （0.017）	-0.016 （0.017）	-0.016 （0.017）	-0.017 （0.017）	-0.016 （0.017）	0.032 （0.024）
fdi	0.015^{***} （0.005）	0.014^{***} （0.004）	0.014^{***} （0.004）	0.014^{***} （0.004）	0.014^{***} （0.004）	0.015^{***} （0.004）	0.014^{***} （0.004）	0.007 （0.011）
gov	-0.078^{**} （0.032）	-0.083^{**} （0.034）	-0.074^{**} （0.027）	-0.080^{**} （0.035）	-0.079^{**} （0.037）	-0.081^{**} （0.036）	-0.079^{**} （0.037）	0.114^{*} （0.056）
market	-0.001 （0.031）	-0.003 （0.031）	-0.002 （0.032）	-0.002 （0.030）	-0.002 （0.031）	-0.003 （0.031）	-0.002 （0.031）	-0.003 （0.031）
eprice	0.205^{***} （0.047）	0.189^{**} （0.085）	0.243^{***} （0.070）	0.166^{***} （0.058）	0.169^{*} （0.084）	0.201^{**} （0.087）	0.169^{**} （0.074）	0.223^{**} （0.105）
coal	0.028 （0.021）	0.025 （0.023）	0.028 （0.023）	0.025 （0.023）	0.025 （0.023）	0.025 （0.023）	0.025 （0.023）	0.017 （0.047）
human	0.123^{***} （0.039）	0.123^{***} （0.040）	0.129^{***} （0.039）	0.127^{***} （0.040）	0.127^{***} （0.040）	0.126^{***} （0.040）	0.127^{***} （0.040）	0.182^{**} （0.085）
tech	0.153^{***} （0.049）	0.154^{***} （0.049）	0.154^{***} （0.041）	0.158^{***} （0.044）	0.156^{**} （0.047）	0.155^{**} （0.107）	0.150^{***} （0.033）	0.153^{***} （0.049）
eprice×indu3		-0.111^{***} （0.032）			-0.144^{***} （0.031）		-0.144^{***} （0.031）	-0.141^{**} （0.063）
indu2			-0.072 （0.047）					
eprice×indu2			-0.138^{**} （0.053）			-0.143^{**} （0.060）		
eprice×tech				-0.238^{***} （0.046）	-0.239^{**} （0.050）	-0.242^{**} （0.046）	-0.239^{***} （0.050）	-0.202^{***} （0.071）
常数项	1.273^{***} （0.055）	1.920^{*} （1.222）	4.922^{*} （2.523）	2.829^{***} （0.452）	2.924^{*} （1.832）	3.726^{**} （1.428）	2.424^{*} （1.927）	1.912^{*} （1.222）
观测值	689	689	689	689	689	689	406	283
R^2	0.161	0.161	0.164	0.162	0.162	0.162	0.162	0.134
Number of pro	29	29	29	29	29	29	29	29
pro FE	YES	YES	YES	YES	YES	YES	YES	YES
Year FE	NO	NO	NO	NO	NO	NO	NO	NO

***表示 $p<0.01$，**表示 $p<0.05$，*表示 $p<0.1$

注：括号里是稳健性标准误

　　表 5-5 中，第（1）列是全样本估计，作为后面估计的对照；第（2）列是引入能源价格与第三产业的交互项；第（3）列是引入能源价格与第二产业的交互项，印证第（2）列；第（4）列是引入能源价格与技术进步的交互项；第（5）列是同时引入能源价格与第三产业的交互项、能源价格与技术进步的交互项；第（6）列是同时引入能源价格与第二产业的交互项、能源价格与技术进步的交互项。为了进一步考察能源价格改革的影响，第（7）列是 1996~2009 年的样本分析，以考察 20 世纪 90 年代中期以来能源价格改革的系列影响；第（8）列是 1986~1995 年的样本分析，作为第（7）列的对照分析。

　　表 5-5 的回归结果表明，以第（5）列为例，能源价格与第三产业交互项的估计系数为负，并且在 1%的水平上显著，说明较低的能源价格确实通过抑制第三产业发展，降低了我国的能源生产率；能源价格与技术进步交互项的估计系数为负，在 5%的水平上显著，说明较低的能源价格不利于节能型技术进步，从而抑制了我国的能源生产率。

　　第（7）列和第（8）列的对比分析进一步表明，20 世纪 90 年代中期以来的能源价格改革，确实通过"产业结构调整效应"与"技术进步效应"对我国能源生产率产生了更加显著的负面影响。国内学者杭雷鸣和屠梅曾（2006）早就指出提高能源价格是改善能源效率的一个有效政策工具，但是价格改革作为一种提高能源效率的有效手段，并不是单独起作用的，技术进步、结构调整对于提高能源效率的贡献同样重大。但是他们指出能源价格改革应当与结构调整和技术进步同步推进，而本章结论关键是指出能源价格改革是促进能源效率提升的根本力量，通过产业结构和技术进步两个渠道发挥作用。柴建等（2012）注意到煤炭价格对节能减排的负面效应自 1996 年开始逐渐增强。主要是因为，煤炭开采和洗选业本身就是高耗能、高污染行业，尽管自 1992 年开始煤炭价格逐步市场化，但是"从量计征"的资源税长期偏低，导致煤炭能源被大量不合理开采，各种能耗及浪费极高、污染极大、安全性较差的小煤窑遍地开花。同时煤电价格联动受到制约，电力价格并不随所消耗煤炭成本的增长而增长，电力价格相对低廉使得高耗能的用电企业有利可图，投资力度不断加大，不断增加未来能耗的"锁定效应"，故煤炭价格的逐渐市场化并没有对节能减排起到应有的积极作用。

　　在第（8）列回归中，我们发现，政府支出行为的作用是正的，可能是因为经济发展初期政府确实起到了正面促进作用；而外商直接投资的作用不显著，这是因为外商直接投资大规模进入中国发生在 20 世纪 90 年代中期以后，从而导致其对能源生产率的作用在经济的早期不显著。

　　总之，本章得到以下启示：①揭示了能源禀赋、能源消费与经济增长之间的关系。自然资源、能源使用效率及经济增长之间并不是简单的线性关系，一些资源相对稀缺的省份，如广东、福建、江苏等，可以通过提高能源效率的方式，实现本地区经济的可持续发展，而一些自然资源相对富裕的省份，如黑龙江、山西、内蒙古、河南等，却同时遭受着资源浪费与经济发展质量低下的双重"诅咒"。说明资源稀缺程度与经济发展水平并不存在必然联系，能源稀缺型地区可以通过提高能源生产率来实现经济的快速发展，而能源丰富的地区同样可能遭受"诅咒"而陷入"高能耗–低增长"的经济发展困境。无论是区域层面还是省际层面的分析均表明，尽管未来几十年中国经济发展对能源消费压力巨大，但采取"高增长–低能耗"的经济发展模式是可能的，经济发展与能源消费之间可以协调互动。②能源价格改革是提高能源生产率的抓手，而产业结构调整与技术进步是能源生产率提高的两个重要推手。只有提高能源价格，才能引导节能技术的大量使用，从而弱化长期以来内化而成的高能耗技术结构，只有提高能源价格，才能抑制高能耗产业的过快扩张，提高具有节能特征的第三产业的发展速度。

第六章　中国工业二氧化碳影子价格的稳健估计与减排政策

　　二氧化碳影子价格的稳健估计是评估边际减排成本、设定环境税框架及评价碳排放权交易体系有效程度的基础性工作。本章在采用自体抽样方法（bootstrap method）的基础上，通过构建二氧化碳影子价格的稳健估计模型，测算了中国 36 个工业行业 1998~2011 年的二氧化碳影子价格。研究结果表明：①在参数线性规划模型下，忽视随机因素对生产前沿的影响，会低估二氧化碳影子价格。稳健估计得到中国工业行业二氧化碳影子价格平均值为 5 480 元/吨，远低于现有研究估计结果。②二氧化碳影子价格在不同行业间存在较大差异并呈扩大趋势，表明行业间存在巨大的碳排放权交易空间，但是 36 个行业中有越来越多的行业已经向"清洁型"生产技术转变。③二氧化碳边际减排成本与碳排放强度之间具有显著的"倒 U 形"关系，行业碳排放强度的临界值为 10.37 吨/万元。行业的碳排放强度控制在临界值以下时，可以实现有效减排和生产技术清洁化。④我国未来二氧化碳减排政策应采取数量机制和价格机制相结合的策略，价格机制控制碳排放程度较高的行业，数量机制实现行业间边际减排成本的趋同。

一、引　　言

　　作为全球最大的二氧化碳排放国之一，中国在未来几年内二氧化碳的减排压力巨大。2009 年 11 月，国务院承诺到 2020 年单位 GDP 二氧化碳排放量（即碳排放强度）比 2005 年下降 40%~45%。2010 年政府"十二五"规划又进一步对这一目标进行细化，提出 2015 年碳排放强度相对 2010 年的水平再下降 17%。在设定减排任务和减排目标的同时，十八届三中全会以来，中国政府开始强调和加强市场在环境资源配置中的地位，逐步强化市场机制在环境资源配置中的决定性作用。这表明我国的环境政策开始从传统行政命令式转变为市场调控式，而这又依赖于市场调控式环境政策体系的建立，其中二氧化碳的影子价格测度是判断当前中国减排压力和减排空间的基础性工作，更可以为未来几年减排路径的设计提供科学方向和科学依据。

目前，发达国家在环境规制实践中，以庇古税和科斯定理为理论基础，发展出两套基于市场机制的环境政策，分别为环境税和污染排放权交易体系，前者属于价格型环境政策，而后者属于数量型环境政策。在各国环境政策的实践中，两种方式各有利弊，如吴力波等（2014）通过构建中国多区域动态一般均衡模型，模拟分析了不确定性条件下数量控制与价格控制政策的有效性差异。研究结果表明，数量政策（如碳交易）更适用于现阶段中国实际，而随着未来减排力度的加强，可以考虑将价格政策（如碳税）引入低碳政策体系中。

但是，本章认为，无论采用何种政策，一个有效的二氧化碳减排方案必须保证各经济体最后一单位减排的边际成本相等。因此，如何科学地揭示参与者二氧化碳减排的真正潜力与成本，是实现从命令式调控向市场式调控转变的关键所在。二氧化碳影子价格可以直观地反映出各经济个体减排的潜在空间和实施成本，已经逐渐成为生态和环境经济学的重要概念，对影子价格进行准确估计非常重要（陈诗一，2010a）。这一指标还可以衡量"金山银山"与"绿水青山"之间的替代关系，在缺乏完善的二氧化碳排放权交易市场的情况下，该指标可以作为政府及相关机构进行环保决策的重要参考依据，从而有效避免经济个体在减排问题上由于缺乏激励及有效的约束机制而产生敷衍态度。总之，一个国家环境政策的有效运作离不开对二氧化碳影子价格的科学估计：第一，二氧化碳影子价格可以为二氧化碳排放权交易市场提供初始交易价格参考基准；第二，可以为政府科学合理地制定碳税提供现实依据。

由于科学估计二氧化碳影子价格具有十分重要的理论价值及现实意义，越来越多的学者开始关注这一问题，并做出了重要贡献。从现有研究来看，估计二氧化碳影子价格的模型主要可以分为三大类：第一类是基于专家型的二氧化碳影子价格估计模型，此估计方法得到的是工程意义上的影子价格，此类方法由于主观性较强而未得到广泛应用；第二类是基于经济-能源模型的二氧化碳影子价格估计模型，通过在局部或者全局均衡模型中纳入二氧化碳的约束，计算二氧化碳影子价格。此类方法具有较强的理论基础，但其缺点在于计算复杂度高，且需要较多的假设；第三类是基于微观供给侧的二氧化碳影子价格估计模型，此类方法通过对包含二氧化碳排放的生产技术建模，进而实现对二氧化碳影子价格的估计。第三类方法将微观生产理论纳入二氧化碳影子价格的估计框架，具有理论假设少、符合现实生产过程等优势，被越来越多的学者所接受并采用。

根据构建生产前沿面时所用方法的差异，第三类方法又可以进一步分为非参数法和参数法。非参数法主要采用 DEA，通过产出距离函数构造生产前沿面并根据对偶理论求解二氧化碳影子价格。Lee 等（2002）在上述方法的基础上，为避免出现观测点位于生产前沿面内部而无法求得影子价格的问题，进一步将非效率因子纳入线性规划模型中，以求得污染物影子价格。涂正革（2010）运用方向性距离函数对包含污染物的生产技术进行联合建模，并通过污染物对生产前沿面上产出的变化来定义污染物的影子价格。Choi 等（2012）采用非径向方向性距离函数，将非零冗余带来的非效率因素纳入模型之中，以估计二氧化碳影子价格。从上述文献的演进历程可以发现，采用非参数方法估计二氧化碳影子价格的研究通过对距离函数的修正使其更加接近现实生产过程。即便如此，非参数方法在估计二氧化碳影子价格时依然存在两大问题：第一，由于 DEA 本质上并非完全不假定任何函数形式，而是通过分段线性函数来刻画生产前沿面，因此会导致不可求导的问题，从而使基于非参数模型的影子价格具有"非唯一性"。第二，DEA 模型属于确定性模型，从而忽略随机冲击（扰动因素）对生产前沿面的影响，并且存在不能对估计结果展开有效的统计检验等问题。

鉴于非参数方法的重大局限，参数方法在文献中得到更为广泛的应用。参数法通过超越对数函数（translog form）或者二次型函数（quadratic from）将方向性距离函数进行参数化，然后引入收益函数刻画经济个体追求利润最大化的行为，在最优解处采用包络定理得到二氧化碳影子价格。根据估计参数模型方法的差异，可以将参数模型区分为确定性模型和随机性模型两类，前者通过参数线性规划的方式求解参数，后者通过修正最小二乘（corrected ordinary least squares，COLS）或者极大似然估计的方法对模型进行估计。两类估计方法各有优劣，对于确定性模型来说，通过参数线性规划求解模型，可以得到经济个体层面的二氧化碳影子价格。但确定性模型无法处理随机冲击对生产前沿面的影响，并且存在不能对估计结果展开有效的统计检验等问题；而随机性模型的估计结果只能得到一个平均影子价格（涂正革，2010），此外，采用回归的方式获得生产函数不可避免地遭遇内生性问题，但优点是随机性模型可以同时考虑随机冲击和技术非效率因素对二氧化碳影子价格的影响。

基于上述讨论，学者在估计二氧化碳影子价格时更多地采用了参数模型，并采用参数线性规划的方式求解模型。袁鹏和程施（2011）采用二次型方向性距离函数对中国 2003~2008 年 284 个地级及以上城市的废水、二氧化硫和烟尘等三种污染物的影子价格进行了估计。结果发现，在研究样本期间内，废水、二氧化硫、烟尘的影子价格分别为 0.017 8 万元/吨、5.158 万元/吨和 4.597 万元/

吨。同时，该研究还发现污染物的影子价格在不同城市具有较大差异。陈诗一（2010a）同时采用参数化和非参数化方法，利用方向性产出距离函数对中国 38 个两位数工业行业的二氧化碳影子价格进行估计。结果表明在 1980~2008 年，中国工业行业二氧化碳影子价格平均值为 3.27 万元/吨。对于不同类型行业的分析指出，轻工业行业二氧化碳影子价格绝对值要高于重工业行业，且轻重工业和工业全行业的二氧化碳影子价格绝对值都呈现出递增趋势。陈诗一（2011）借鉴 Chung 等（1997）的方法，通过不同的方向向量分析中国工业行业的节能减排行为，进而估计各行业时变的二氧化碳边际减排成本。结果表明中国工业行业二氧化碳边际减排成本具有上升趋势，且不同行业边际减排成本差异很大。

魏楚（2014）基于参数化的方向性距离函数模型估计了中国 104 个地级市 2001~2008 年的城市二氧化碳边际减排成本。研究结果表明样本城市的边际减排成本为 967 元/吨。从时间上来看，二氧化碳边际减排成本一直攀升，城市间的差异化日趋明显。城市边际减排成本与单位 GDP 排放水平之间呈"U 形"曲线关系。正如作者文末指出的那样，样本上仅仅包括 104 个代表性城市，从而导致研究结果可能会存在一定的偏差。在研究方法上，采用线性规划方法具有可以自由施加约束的优点，但对求解参数无法获得其统计量，从而无法实施统计检验。Du 等（2015）采用参数线性规划方法估计了中国省际二氧化碳边际减排成本，并在此基础上通过四种函数形式，拟合边际减排成本曲线（marginal abatement costs curve，MACC）。基于边际减排成本曲线的模拟分析表明，在 2020 年要达到碳排放强度下降 40%~45% 的目标，将会导致二氧化碳边际减排成本相对于 2005 年上升 599~623 元/吨。Zhou 等（2015）采用参数线性规划方法研究上海市引入碳排放交易体系后，各行业二氧化碳影子价格的变化趋势。结果表明现阶段二氧化碳排放权交易价格远低于模型估计得到的二氧化碳影子价格，且回归分析表明二氧化碳影子价格与碳排放强度之间具有显著的负向关系。

综上，非参数方法虽然弥补了专家型方法具有很强的主观性以及经济-能源模型具有较强假设的缺点，但本身也面临着不可求导等问题。为此，学者通过参数化方法得到连续可导的生产前沿面，在现有研究中得到广泛应用。但同时由于参数线性规划方法无法处理随机干扰对二氧化碳影子价格的影响，同时也无法对得到的估计参数进行假设检验，从而受到了学者的批评。针对这些问题，本章拟通过自体抽样方法来克服确定性模型无法处理随机干扰和无法进行假设检验的问题。

为此，本章试图建立科学估计中国工业行业二氧化碳影子价格的稳健方法。首先，本章引入方向性距离函数与生产技术，对包含污染物的生产技术进行建模；其次，通过构建收益函数来刻画经济个体追求利润最大化的行为，并通过包络定理得到二氧化碳影子价格的估计公式；再次，通过参数近似的方法表示生产技术，并采用参数线性规划求解模型参数；最后，针对参数线性规划模型无法修正样本中存在的抽样误差以及无法获得模型参数的标准误等问题，采用自体抽样方法获得估计参数的抽样分布，并在此基础上对参数进行偏差修正，进而得到二氧化碳影子价格的稳健估计值。在此基础上，利用本章估计结果对我国工业行业的减排政策进行讨论。

在本章的估计框架下，研究发现忽略随机因素对生产技术的干扰将会使二氧化碳影子价格的估计结果出现向下的偏误，在排除随机因素的干扰后，本章估计得到中国工业行业各部门平均二氧化碳影子价格为 5 480 元/吨，且在整个样本期内呈现出三个变化周期。行业间二氧化碳影子价格存在着较大的差异并呈扩大趋势。最高行业是最低行业的 8.2 倍之多，表明行业间减排空间巨大；36 个工业行业中多达 20 个行业的二氧化碳影子价格变化呈上升趋势，说明这些行业已经向"清洁型"生产技术转变。二氧化碳边际减排成本曲线估计结果表明，二氧化碳影子价格与碳排放强度之间具有显著的"倒 U 形"关系，且临界值为 10.37 吨/万元。当碳排放强度小于临界值时，随着碳排放强度的上升，二氧化碳影子价格也会提高，同时意味着生产技术将变得更加"清洁"；当碳排放强度超过临界值后，随着碳排放强度的进一步上升，二氧化碳影子价格会出现下降趋势，从而使得生产技术变得更加"肮脏"。

本章其余部分安排如下：第二部分是提出估计二氧化碳影子价格的理论模型及估计方法；第三部分是变量选择以及数据处理相关介绍；第四部分是实证结果分析；第五部分是减排政策分析。

二、二氧化碳影子价格稳健估计框架

本部分将介绍坏产出影子价格估计模型的理论框架，并在此基础上构建影子价格的稳健估计方法。首先，介绍方向性距离函数与生产技术，本章需要对包含污染物的生产技术进行建模，并采用产出可能性集合（output possibility set）作为生产技术的代表。实际应用中，采用方向性产出距离函数来代表包含污染物的生产可能性集合，从而实现对包含污染物的生产技术进行建模。其次，介绍收益函数与影子价格，通过引入收益函数构建追求利润最大化的决策单元，在包含污染物的生产技术约束下的最优化问题，在此基础上通过包络定理得到污染物影子价格的计算公式。再次，介绍参数近似与模型估计，由于传统方向性距离函数估计方法得到的生产前沿面是分段线性函数，存在不可求导问题，从而使基于线性规划的影子价格具有"非唯一性"。为此，需要先将方向性距离函数进行参数化，参考现有文献的做法，选择二次型函数作为真实生产技术的参数近似，然后采用参数线性规划的方式求解参数模型。最后，针对传统参数线性规划模型属于确定性模型，存在无法修正样本中存在的抽样误差并且无法获得模型参数的标准误等问题，本章采用自体抽样的方法获得估计参数的抽样分布，并在此基础上对参数进行偏差修正并同时获得模型参数的标准误。

（一）方向性距离函数与生产技术

沿用之前文献的设定，本章将投入向量记为 $\boldsymbol{x} = (\boldsymbol{x}_1, \boldsymbol{x}_2, \cdots, \boldsymbol{x}_N) \in R_+^N$，同理也可以将好产出向量写为 $\boldsymbol{y} = (\boldsymbol{y}_1, \boldsymbol{y}_2, \cdots, \boldsymbol{y}_M) \in R_+^M$，坏产出向量写为 $\boldsymbol{b} = (\boldsymbol{b}_1, \boldsymbol{b}_2, \cdots, \boldsymbol{b}_J) \in R_+^J$。接着，在上述设定下，采用如下产出集合 $P(\boldsymbol{x})$，$\boldsymbol{x} \in R_+^N$ 来代表生产技术：

$$P(\boldsymbol{x}) = \{(\boldsymbol{y}, \boldsymbol{b}) : \boldsymbol{x} \text{ can produce}(\boldsymbol{y}, \boldsymbol{b})\} \qquad (6\text{-}1)$$

其中，$P(\boldsymbol{x})$ 描述了所有投入–产出向量之间的关系，因此，$P(\boldsymbol{x})$ 需要是凸的有界闭集[①]，以保证任何可行生产计划的线性组合依然可行，且 $P(0) = \{0, 0\}$[②]。

本章进一步采用方向性距离函数代表生产技术，令 $\boldsymbol{g} = (\boldsymbol{g}_y, \boldsymbol{g}_b)$ 为方向向量，并假定 $\boldsymbol{g} \neq 0$。方向性距离函数可以定义为

$$\vec{D}_o(\boldsymbol{x}, \boldsymbol{y}, \boldsymbol{b}; \boldsymbol{g}_y, \boldsymbol{g}_b) = \max\{\beta : (\boldsymbol{y} + \beta \boldsymbol{g}_y, \boldsymbol{b} - \beta \boldsymbol{g}_b) \in P(\boldsymbol{x})\} \qquad (6\text{-}2)$$

方向性距离函数可以在既定的生产技术 $P(\boldsymbol{x})$ 下，沿着设定的方向向量同时将好产出扩张到最大的可能水平以及将坏产出收缩到最小水平。该过程如图 6-1 所示，仍然假定方向向量选为 $\boldsymbol{g} = (\boldsymbol{g}_y, \boldsymbol{g}_b)$，沿着该方向好产出扩张 $(\beta^* \boldsymbol{g}_y)$ 坏产出收缩 $(\beta^* \boldsymbol{g}_b)$，最终到达生产前沿面，而这里的 $\beta^* = \vec{D}_o(\boldsymbol{x}, \boldsymbol{y}, \boldsymbol{b}; \boldsymbol{g})$，即方向性产出距离函数。在好产出可自由处置的假设下，方向向量也可以自由处置。因此，产出集合与方向性产出距离函数之间具有如下等价关系：

$$(\boldsymbol{y}, \boldsymbol{b}) \in P(\boldsymbol{x}) \Leftrightarrow \vec{D}_o(\boldsymbol{x}, \boldsymbol{y}, \boldsymbol{b}; \boldsymbol{g}) \geqslant 0 \qquad (6\text{-}3)$$

---

① 该假设表明经济资源具有稀缺性，在生产前沿面上无法同时增加所有产出，若要增加某种产出就需要减少另一种产出，生产前沿面上点的斜率即两种产出的边际转换率。达到均衡时，各项产出间的边际转换率（MRT）等于其相对应的价格（抑或是影子价格）之比。

② 关于生产技术性质的更多介绍可以参见 Färe 等（2006）。

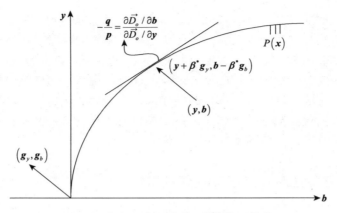

图 6-1　方向性产出距离函数与影子价格

　　至此，可以使用方向性产出距离函数来代表生产技术，从方向性距离函数的定义可以发现，该函数具有传递性：

$$\vec{D}_o\left(x, y + \alpha g_y, b - \alpha g_b; g\right) = \vec{D}_o\left(x, y, b; g\right) - \alpha \qquad (6\text{-}4)$$

　　传递性表明如果观测对象产出增加 αg_y，则相应的方向性产出距离函数值会下降相同比例 α。尽管方向性产出距离函数不包含任何价格信息，但是当观测对象通过方向性产出距离函数调整达到生产前沿面时，可以利用方向性产出距离函数与收益函数的对偶关系计算坏产出的影子价格。为此，本章假定坏产出的存在会降低收益，从而建立收益函数。

（二）收益函数与影子价格

　　为构建收益函数，本章将好产出价格向量定义为 $p = \left(p_1, p_2, \cdots, p_M\right) \in R_+^M$，并将坏产出的价格向量定义为 $q = \left(q_1, q_2, \cdots, q_J\right) \in R_+^J$。通过假定坏产出会导致负收益，可以将收益函数定义为

$$R\left(x, p, q\right) = \max\left\{py - qb : (y, b) \in P(x)\right\} \qquad (6\text{-}5)$$

　　利用式（6-3）的关系，可以将最大化收益函数写为

$$R\left(x, p, q\right) = \max\left\{py - qb : \vec{D}_o\left(x, y, b, g\right) \geqslant 0\right\} \qquad (6\text{-}6)$$

　　简单整理后，方向性距离函数可以通过收益函数表示为

$$\vec{D}_o\left(x, y, b; g\right) = \min\left\{\frac{R\left(x, p, q\right) - \left(py - qb\right)}{pg_y + qg_b}\right\} \qquad (6\text{-}7)$$

　　从而由包络定理可以得到影子价格的估计模型

$$q_j = -p_m\left(\frac{\partial \vec{D}_o(\boldsymbol{x},\boldsymbol{y},\boldsymbol{b};\boldsymbol{g})/\partial \boldsymbol{b}_j}{\partial \vec{D}_o(\boldsymbol{x},\boldsymbol{y},\boldsymbol{b};\boldsymbol{g})/\partial \boldsymbol{y}_m}\right) \qquad (6\text{-}8)$$

在观测对象通过方向性距离函数调整达到生产前沿面时，两种产出的边际转换率等于其相对价格之比。式（6-8）括号中的部分表示的是好产出与坏产出在生产前沿面的边际转换率，即减少一单位坏产出需要同时减少的好产出的水平，再乘以好产出价格，即减少一单位坏产出的机会成本，可以将其视为边际减排成本（marginal abatement cost，MAC）[1]的一种近似。

（三）参数近似与模型估计

由于二次型函数满足传递性且具有估计边际效应需要的二阶参数[2]，本章同样采用二次型函数将方向性产出距离函数参数化（Chambers et al.，1998），并将方向向量选为 $\boldsymbol{g}=(\boldsymbol{g}_y,\boldsymbol{g}_b)$。假定经济体中有 $k=1,2,\cdots,K$ 个决策单元，在时期 $t=1,2,\cdots,T$ 中从事经济活动，追求收益最大化，则对于决策单元 k 在时期 t 的二次型方向性产出距离函数可以近似表达生产技术：

$$\vec{D}_o\left(\boldsymbol{x}_k^t,\boldsymbol{y}_k^t,\boldsymbol{b}_k^t;\boldsymbol{g}\right)=\alpha+\sum_{n=1}^N \alpha_n x_{nk}^t+\sum_{m=1}^M \beta_m y_{mk}^t+\sum_{l=1}^L \gamma_l b_{lk}^t$$
$$+\frac{1}{2}\sum_{n=1}^N\sum_{n'=1}^N \alpha_{nn'} x_{nk}^t x_{n'k}^t+\frac{1}{2}\sum_{m=1}^M\sum_{m'=1}^M \beta_{mm'} y_{mk}^t y_{m'k}^t+\frac{1}{2}\sum_{l=1}^L\sum_{l'=1}^L \gamma_{ll'} b_{lk}^t b_{l'k}^t \quad (6\text{-}9)$$
$$+\sum_{n=1}^N\sum_{m=1}^M \delta_{nm} x_{nk}^t x_{mk}^t+\sum_{n=1}^N\sum_{l=1}^L \eta_{nl} x_{nk}^t b_{lk}^t+\sum_{m=1}^M\sum_{l=1}^L \mu_{ml} y_{mk}^t b_{lk}^t$$

为了控制时间及个体差异，本章在模型中加入时间及个体虚拟变量，其具体形式如下：

$$\alpha=\alpha_0+\sum_{k=1}^K D_{Id_k} Id_k+\sum_{t=1}^T D_{t_t}\text{Time}_t \qquad (6\text{-}10)$$

在上述设定下，为了使参数方向性距离函数具有距离函数的性质，需要进一步对参数模型的参数施加约束条件式（6-11）~式（6-19）：

（1）代表性（representation）：

$$\vec{D}_o^t\left(\boldsymbol{x}_k^t,\boldsymbol{y}_k^t,\boldsymbol{b}_k^t;\boldsymbol{g}_y,\boldsymbol{g}_b\right)\geqslant 0 \qquad (6\text{-}11)$$

---

① 本章用二氧化碳影子价格作为二氧化碳边际减排成本的近似，下文分析中，这两个概念将会交替使用。

② Aigner 和 Chu（1968）最早采用二次型函数将生产前沿面参数化，Färe 等（2008）指出只有二次型函数同时拥有计算边际效应的一阶及二阶参数。Färe 等（2010）用蒙特卡罗方法分析了二次型函数与超越对数函数在不同技术设定下的表现，结果发现无论生产技术如何设定，二次型的表现都优于超越对数函数的表现。

（2）对称性（symmetry）：

$$\alpha_{nn'} = \alpha_{n'n}, \quad \forall n \neq n'; \quad \beta_{mm'} = \beta_{m'm}, \quad \forall m \neq m'; \quad \gamma_{ll'} = \gamma_{l'l}, \quad \forall l \neq l' \quad （6\text{-}12）$$

（3）单调性（monotonicity）：

$$\frac{\partial \vec{D}_o^t}{\partial \boldsymbol{y}_m^t} = \beta_m + \sum_{m'=1}^{M} \beta_{mm'} \boldsymbol{y}_{m'k}^t + \sum_{n=1}^{N} \delta_{nm} \boldsymbol{x}_{nk}^t + \sum_{l=1}^{L} \mu_{ml} \boldsymbol{b}_{lk}^t \leqslant 0 \quad \forall m = 1, 2, \cdots, M \quad （6\text{-}13）$$

$$\frac{\partial \vec{D}_o^t}{\partial \boldsymbol{b}_l^t} = \gamma_l + \sum_{l'=1}^{L} \gamma_{ll'} \boldsymbol{b}_{l'k}^t + \sum_{n=1}^{N} \eta_{nl} \boldsymbol{x}_{nk}^t + \sum_{m=1}^{M} \mu_{ml} \boldsymbol{y}_{mk}^t \geqslant 0 \quad \forall l = 1, 2, \cdots, L \quad （6\text{-}14）$$

$$\frac{\partial \vec{D}_o^t}{\partial \boldsymbol{x}_n^t} = \alpha_n + \sum_{n'=1}^{N} \alpha_{nn'} \boldsymbol{x}_{n'k}^t + \sum_{m=1}^{M} \delta_{nm} \boldsymbol{y}_{mk}^t + \sum_{l=1}^{L} \eta_{nl} \boldsymbol{b}_{lk}^t \geqslant 0 \quad \forall n = 1, 2, \cdots, N \quad （6\text{-}15）$$

（4）传递性（translation）：

$$\sum_{m=1}^{M} \beta_m \boldsymbol{g}_{ym} - \sum_{l=1}^{L} \gamma_l \boldsymbol{g}_{bl} = -1 \quad （6\text{-}16）$$

$$\sum_{m'=1}^{M} \beta_{mm'} \boldsymbol{g}_{ym'} - \sum_{l=1}^{L} \mu_{ml} \boldsymbol{g}_{bl} = 0 \quad \forall m = 1, 2, \cdots, M \quad （6\text{-}17）$$

$$\sum_{l'=1}^{L} \gamma_{ll'} \boldsymbol{g}_{bl'} - \sum_{m=1}^{M} \mu_{ml} \boldsymbol{g}_{ym} = 0 \quad \forall l = 1, 2, \cdots, L \quad （6\text{-}18）$$

$$\sum_{m=1}^{M} \delta_{nm} \boldsymbol{g}_{ym} - \sum_{l=1}^{L} \eta_{nl} \boldsymbol{g}_{bl} = 0 \quad \forall n = 1, 2, \cdots, N \quad （6\text{-}19）$$

代表性约束要求观测到的每一个决策单元的产出向量 $(\boldsymbol{x}, \boldsymbol{y}, \boldsymbol{b}) \in P(\boldsymbol{x})$ 可行，即位于生产前沿面上或者在其内部；对称性约束指的是要求投入和产出的交叉效应具有对称性；单调性意味着，好产出的增加或者是坏产出的下降，都可以使观测对象与前沿面的距离减少，而这一关系是单调的，不会出现逆转情况；传递性的性质已经在前文进行说明，这里不再重复。在上述约束条件下，可以通过选择参数使下列目标函数即式（6-20）最小化，从而得到用于求解坏产出影子价格的模型（Aigner and Chu，1968）：

$$\min \sum_{t=1}^{T} \sum_{k=1}^{K} \left[\vec{D}_o^t \left(\boldsymbol{x}_k^t, \boldsymbol{y}_k^t, \boldsymbol{b}_k^t; \boldsymbol{g}_y, \boldsymbol{g}_b \right) - 0 \right] \quad （6\text{-}20）$$

（四）自体抽样与偏差修正

利用上述方法估计得到模型参数，进而计算相应的距离函数及影子价格，是基于对不可观测产出前沿面的正确估计。对生产前沿面的估计完全取决于样本而非任何关于生产前沿面的先验知识，因此，抽样的变化不仅会影响前沿面估计，也会导致各决策单元绩效变化。本章借助自体抽样（bootstrap method）方法，通过重复抽样对抽样变化带来的偏差进行修正，从而得到影子价格的稳健估计。该方法主要思想是通过对原始样本的重复抽样，并利用得到的新样本估计式（6-20），进而得到估计参数以及影子价格的分布，下面将结合模型对该计算过程做简单说明。

本章将模型（6-20）估计得到的参数向量记为 $\hat{\boldsymbol{\theta}}$，利用估计参数及原始数据 $(\boldsymbol{x},\boldsymbol{y},\boldsymbol{b})$ 可以得到影子价格估计值 $\hat{q}_j$。这里假设原始数据 $(\boldsymbol{x},\boldsymbol{y},\boldsymbol{b})$ 由一个未知过程 F（真实的数据产生过程 DGP）通过随机抽样得到，由于该过程是未知的，需要通过基于经验分布产生自体抽样样本 $(\boldsymbol{x}_s^*,\boldsymbol{y}_s^*,\boldsymbol{b}_s^*)$，$s=1,2,\cdots,S$ 来估计真实数据产生过程 $\hat{F}$。对于每一次迭代，从原始样本中（有放回抽样）抽到每个观测点的概率为 $\frac{1}{\kappa}$。采用新样本 $(\boldsymbol{x}_s^*,\boldsymbol{y}_s^*,\boldsymbol{b}_s^*)$ 估计模型（6-20），可以得到估计参数的向量 $\hat{\boldsymbol{\theta}}_s^*$。通过自体抽样得到的参数 $\hat{\boldsymbol{\theta}}_s^*$ 结合原始数据 $(\boldsymbol{x},\boldsymbol{y},\boldsymbol{b})$，就可以计算出自体抽样的影子价格：

$$q_{j_s}^* = -p_{m_s}^* \left(\frac{\gamma_{l_s}^* + \sum_{l'=1}^{L}\gamma_{ll_s}^*\boldsymbol{b}_{l'k}^t + \sum_{n=1}^{N}n_{nl_s}^*\boldsymbol{x}_{nk}^t + \sum_{m=1}^{M}\mu_{ml_s}^*\boldsymbol{y}_{mk}^t}{\beta_{m_s}^* + \sum_{m'=1}^{M}\beta_{mm_s'}^*\boldsymbol{y}_{m'k}^t + \sum_{n=1}^{N}\delta_{nm_s}^*\boldsymbol{x}_{nk}^t + \sum_{l=1}^{L}\mu_{ml_s}^*\boldsymbol{b}_{lk}^t} \right) \qquad (6\text{-}21)$$

只要经验分布充分接近于真实数据产生过程，则通过自体抽样得到的参数估计值的分布会接近未知的参数的真实分布，即

$$\left(\hat{\boldsymbol{\theta}}^* - \hat{\boldsymbol{\theta}}\right)\bigg|\hat{F} \sim \left(\hat{\boldsymbol{\theta}} - \boldsymbol{\theta}\right)\bigg|F \qquad (6\text{-}22)$$

接下来，可以利用自体抽样得到影子价格的分布来估计原始样本下影子价格的偏差与标准误。对于任意观测对象其原始影子价格的估计偏差为

$$\text{bias}_{F,k} = E_F\left(\widehat{q_k}\right) - q_k \qquad (6\text{-}23)$$

由于式（6-23）中 F 及 q_k 都是未知的，可以利用自体抽样方法对式（6-24）进行估计：

$$\text{bias}_{\hat{F},k} = E_{\hat{F}}\left(q_k^*\right) - \widehat{q_k} \qquad (6\text{-}24)$$

式（6-24）可以通过近似计算得到

$$\widehat{\text{bias}}_{\hat{F},k} = \frac{1}{S}\sum_{s=1}^{S}q_{k_s}^* - \widehat{q_k} = \overline{q_{k_s}^*} - \widehat{q_k} \qquad (6\text{-}25)$$

至此，经过偏差修正的影子价格 $\left(\widetilde{q_k}\right)$ 以及影子价格估计值的标准误 $\left(\widehat{\text{se}_{q_k}}\right)$ 分别可以定义为

$$\widetilde{q_k} = \widehat{q_k} - \widehat{\text{bias}}_{\hat{F},k} = 2\widehat{q_k} - \overline{q_k^*} \qquad (6\text{-}26)$$

$$\widehat{se}_{\widehat{q_k}} = \left[\frac{1}{S} \sum_{s=1}^{S} \left(q_{k_s}^* - \overline{q_k^*} \right)^2 \right]^{\frac{1}{2}} \tag{6-27}$$

类似地，其他估计参数的偏差修正值以及参数估计值的标准误也可以使用上述方法计算得到，这里不再讨论针对每一个参数的计算过程。

三、变量与数据

本章旨在测度中国工业行业二氧化碳的影子价格，通过构建包含中国 36 个行业 1998~2011 年的面板数据[①]，对上述参数方向性距离函数进行估计。参考 Li 和 Lin（2015）的做法，将数据值较小的"其他采矿业"以及数据范围仅涵盖 2003~2011 年的"工艺品及其他制造业"和"废弃资源和废旧材料回收加工业"排除在样本之外。本章采用三项投入指标包括资本（K）、劳动（L）及能源（E），好产出指标为各工业行业的工业总产值（Y）。本章只选择二氧化碳作为污染物，主要有以下两点考虑：第一，在环境规制情况下，一般较为关注二氧化碳排放，排放权交易体系也是基于二氧化碳设计的；第二，二氧化碳减排技术的限制，使其更加符合零结合条件，而其他污染物如二氧化硫等可以通过安装削减污染设备大幅降低污染排放，使其不满足方向性距离函数零结合性要求。基于上述理由，本章在坏产出选择方面仅考虑二氧化碳排放。

下面对各变量来源及处理方式做简单说明。

（1）资本存量（K）。估算资本存量最常用方法是"永续盘存法"，此方法被国内外学者广泛采用。参考陈诗一（2011）做法，具体处理过程为：首先，计算分行业可变折旧率。由于《中国工业经济统计年鉴》和历年《中国统计年鉴》中具有 1998~2011 年各行业完整的固定资产原价和固定资产净值数据，故可以利用这些变量之间的关系计算出隐含折旧率。具体计算公式为式（6-28）~式（6-30）：

$$累计折旧_t = 固定资产原值_t - 固定资产净值_t \tag{6-28}$$

$$本年折旧_t = 累计折旧_t - 累计折旧_{t-1} \tag{6-29}$$

$$折旧率_t = \frac{本年折旧_t}{固定资产原值_{t-1}} \tag{6-30}$$

采用式（6-29）计算本年折旧时，部分行业在个别年份出现了负值。针对这

[①] 由于 2011 年以后国家统计局不再报告分行业的工业总产值，故本章样本期只能更新至 2011 年。此外，2011 年以后，《中国能源统计年鉴》对部分行业分类进行了调整，如将橡胶与塑料制品归为一个行业等，为保持数据口径的一致性，本章最终将样本期更新到 2011 年。

一问题，我们在采用式（6-30）计算完当期折旧率之后，采用相邻两年折旧率的均值代替出现负值年份的折旧率。

其次，计算每年新增实际投资额（I_{it}）。对固定资产原值序列取一阶差分，然后对差分的结果采用以 2000 年为基期的投资价格指数进行平减，得到每年新增实际投资额序列，计算公式如式（6-31）和式（6-32）所示：

$$本年新增投资_t = 固定资产原价_t - 固定资产原价_{t-1} \tag{6-31}$$

$$本年新增实际投资_t = \frac{本年新增投资_t}{投资价格指数_t} \tag{6-32}$$

对于部分年份出现投资为负的情况，参考 Li 和 Lin（2015）的做法将新增投资视为 0。

最后，计算历年实际资本存量（K_{it}）。本章将经过投资价格指数平减的 1998 年固定资产净值年平均余额作为初始资本存量，采用永续盘存法得到各行业历年实际资本存量数据，计算公式如式（6-33）所示：

$$K_{it} = I_{it} + (1 - \delta_{it}) \times K_{i,t-1} \tag{6-33}$$

（2）劳动投入（L）。在衡量劳动力投入时，劳动时间可能是比劳动力人数更好的度量指标，但是在中国很难获得这方面的数据。本章采用各个工业行业历年就业人员数作为劳动投入量指标，数据来自历年《中国统计年鉴》。

（3）能源消费（E）。在中国的能源生产和消费总量中，煤炭、石油和电力等是主要的能源品种，为了更加全面准确地反映各工业行业的能源消费，本章采用万吨标准煤作为能源投入指标，数据来源于历年《中国能源统计年鉴》。

（4）工业总产值（Y）。本章选用各工业行业的工业总产值作为好产出，由于时间跨度较长，本章以 2000 年为基期的价格水平进行平减，数据来自历年《中国统计年鉴》。

（5）二氧化碳排放量（CO_2）。本章采用二氧化碳排放作为坏产出，利用能源消耗中各种能源的使用量，采用 Li 和 Lin（2015）的计算方法得到各个行业历年二氧化碳排放数据，各能源消耗量的数据来自《中国能源统计年鉴》。

最终本章构建了 36 个工业行业 1998~2011 年包含 5 个投入产出指标的平衡面板数据，利用这一数据结合本章第二部分介绍的理论模型，估计中国各工业行业的二氧化碳影子价格及其变化趋势。

表 6-1 是 36 个工业行业投入产出变量的描述性统计。从结果来看，中国各工业行业之间存在较大差异。以二氧化碳排放量为例，其最小观测值仅为 75 万吨，而排放量最多的行业达到了 33.8 亿吨之多，两者差异巨大。从产出的差异来看，工业总产值最高的行业达到了 10 万亿元，而最小的行业仅为 102 亿元。上述结果表明不同行业之间存在较大差异，由于生产规模及技术差异而造成不同行业有不

同的边际减排价格。同时，该差异也可能来自不同的能源使用效率，为此本章将能源消费纳入模型，以得到二氧化碳影子价格更为准确的估计。

表 6-1　投入产出变量描述性统计

变量	单位	均值	标准差	最小值	最大值
Y	亿元	7 730.77	11 526.94	102.10	100 082.50
CO_2	百万吨	158.47	434.24	0.75	3 379.17
L	万人	192.56	161.50	14.54	819.48
K	亿元	3 008.98	5 199.81	97.74	49 803.35
E	万吨	4 453.76	8 352.91	83.07	58 896.58

资料来源：见指标说明部分

四、实证结果分析

本章使用工业总产值作为好产出，因此 $M=1$，坏产出仅有二氧化碳，故 $L=1$，投入项分别有劳动投入、资本投入和能源消费，故 $N=3$。在方向向量的选择上，沿用之前研究的设定，将方向向量设定为 $g=(1,1)$。在自体抽样次数的选择方面，Davidson 和 MacKinnon（2000）给出了指导性原则，本章参考这一原则将自体抽样次数设定为 1 000 次，即 $S=1$ 000。同时，沿用现有文献的设定方法，本章在计算坏产出影子价格时，同样将好产出即工业总产值的价格 (p_m) 设定为 1 元（陈诗一，2011；魏楚，2014）。在参数模型常数项设定上，本章加入了时间虚拟变量，同时由于加入行业虚拟变量时会导致自体抽样样本在求解时出现奇异矩阵而无法得到估计结果，为此本章并未在模型中控制行业虚拟变量。在上述设定下，利用 MATLAB R2009A 软件的优化工具箱对参数线性规划问题进行求解，估计得到参数线性规划模型的参数估计结果如表 6-2 所示。与现有文献不同，本章在采用原始样本进行估计的同时，采用自体抽样方法对估计结果进行偏差修正。

表 6-2　二次型方向性产出距离函数参数估计结果

系数	变量	原值	标准误	修正值	系数	变量	原值	标准误	修正值
α_0	常数	0.018	0.021	0.027	α_3	E	0.000	0.000	0.000
α_1	L	0.808	0.254	0.775	β_1	Y	−0.319	0.068	−0.258
α_2	K	0.000	0.048	−0.032	γ_1	CO_2	0.681	0.068	0.742

续表

系数	变量	原值	标准误	修正值	系数	变量	原值	标准误	修正值
α_{11}	L^2	−0.977	0.900	−0.257	μ_{11}	YCO_2	−0.026	0.010	−0.024
α_{21}	LK	0.000	0.199	−0.137	d_{1999}	1999	−0.001	0.024	−0.007
α_{22}	K^2	0.000	0.015	−0.010	d_{2000}	2000	0.002	0.030	−0.019
α_{31}	LE	0.000	0.000	0.000	d_{2001}	2001	0.038	0.045	0.025
α_{32}	KE	0.000	0.000	0.000	d_{2002}	2002	0.081	0.066	0.075
α_{33}	E^2	0.000	0.000	0.000	d_{2003}	2003	0.155	0.100	0.158
β_{11}	Y^2	−0.026	0.010	−0.024	d_{2004}	2004	0.144	0.092	0.134
γ_{11}	CO_2^2	−0.026	0.010	−0.024	d_{2005}	2005	0.130	0.084	0.110
δ_{11}	LY	0.574	0.127	0.455	d_{2006}	2006	0.104	0.068	0.051
δ_{21}	KY	0.000	0.025	0.017	d_{2007}	2007	0.091	0.054	0.037
δ_{31}	EY	0.000	0.000	0.000	d_{2008}	2008	0.092	0.043	0.061
η_{11}	LCO_2	0.574	0.127	0.455	d_{2009}	2009	0.137	0.059	0.085
η_{21}	KCO_2	0.000	0.025	0.017	d_{2010}	2010	0.140	0.059	0.085
η_{31}	ECO_2	0.000	0.000	0.000	d_{2011}	2011	0.190	0.071	0.118

资料来源：笔者利用 1998~2011 年 36 个行业投入产出数据计算得到

注：原值是使用真实样本估计得到的参数值，标准误是根据式（6-27）计算得到的各个系数的自体抽样标准误，修正值是根据式（6-26）计算得到的结果。d_i 为第 i 年的时间虚拟变量，在估计时为避免完全共线性，将 1998 年的虚拟变量从模型中删去

通过自体抽样方式获得估计参数的标准误，并在此基础上对原估计值进行偏差修正，从而得到各项参数的稳健估计。从各个参数的估计值来看，原值与修正值之间存在显著差异，如果不考虑随机因素对生产前沿面的影响，可能会得到有偏的估计参数。参数估计的偏差会导致生产前沿面估计不准确，从而使得二氧化碳影子价格的估计值存在偏误。基于上述理由，本章采用经标准误差修正的参数值构建生产前沿面，从而求解得到二氧化碳影子价格的稳健估计值，为展示原值与修正值下得到的二氧化碳影子价格的差异，本章在后续分析中将同时报告基于原值参数和修正值参数得到的二氧化碳影子价格。

在此基础上，再利用参数的稳健估计值结合原始数据计算得到污染物影子价格的稳健估计值。再次强调，现有文献在使用参数线性规划模型估计坏产出影子价格时，并没有采用自体抽样对样本偏差进行修正（陈诗一，2010a）。这样做可能会带来两个问题：第一，无法克服抽样偏差对污染物影子价格的影响由此导

致污染物影子价格的有偏估计；第二，DEA 模型无法进行统计检验，从而使结果的可信度大大降低。

（一）二氧化碳影子价格变化趋势

由于二氧化碳影子价格可以作为其边际减排成本的近似，换句话说二氧化碳影子价格衡量了减少一单位二氧化碳排放而同时减少好产出所产生的收益函数的下降程度，是一种机会成本。这一指标可以衡量"金山银山"与"绿水青山"之间的替代关系，在缺乏完善的二氧化碳排放权交易市场的情况下，该指标可以作为政府及相关机构进行环保决策的重要参考依据。

图 6-2 展示了中国工业行业各部门平均二氧化碳影子价格的变化趋势，其中原值指采用原始样本估计得到的二氧化碳影子价格，而修正值指采用自体抽样方法得到的二氧化碳影子价格的稳健估计值，同时本章加入二氧化碳影子价格标准差的变化趋势，以考察行业间潜在排放权交易空间。可以看到，未经过自体抽样修正的参数线性规划模型倾向低估影子价格的真实水平，经过抽样偏差调整后的影子价格显著高于原始样本得到的结果。整体来看，样本期间内中国工业行业各部门平均二氧化碳影子价格为 5 480 元/吨。这表明从中国工业行业平均水平来看，在当前技术水平下，降低 1 吨二氧化碳排放需要同时放弃 5 480 元行业生产总值，反映了追求"金山银山"与"绿水青山"之间的替代关系。本章对中国行业二氧化碳影子价格的估计值远低于陈诗一（2010a）估计得到的 32 700 元/吨的结果，造成估计结果差异的原因可能有以下几个方面：第一，陈诗一（2010a）在估计参数模型时采用的是超越对数模型，而本章采用了二次型函数作为参数模型，采用二次型函数估计较为可取的理由主要有三个方面：首先，从函数性质上来说，超越对数函数倾向得到凸性的产出集合前沿，而对于凹性的约束很难刻画，并且当刻画的产出集合前沿具有丰富的曲率时，超越对数函数的参数化结果会快速恶化；而二次型函数可以很好地刻画产出集合前沿的凹性或者凸性。其次，从两种函数的使用环境来说，超越对数函数更加适合刻画凸性的成本函数或者是投入集合；而二次型函数可以更好地刻画产出集合前沿。最后，两种函数估计值的大小要视具体的生产技术而定，但无论生产技术如何，二次型函数对于生产技术的近似表现都优于超越对数函数，这一点已经得到了一些文献的支持（Färe et al.，2008；Färe et al.，2010）。第二，陈诗一（2010a）并没有对抽样偏差进行修正，而这会影响到参数估计值的大小。

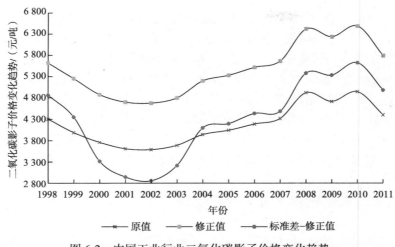

图 6-2　中国工业行业二氧化碳影子价格变化趋势

需要进一步说明的是，现有文献分别采用基于谢泼德距离函数的超越对数函数以及基于方向性距离函数的二次型函数估计了二氧化碳影子价格，结果发现不管以区域为研究对象（Zhang et al.，2014）还是以行业为研究对象（Zhou et al.，2015），基于方向性距离函数的二次型函数估计得到的二氧化碳影子价格都大于基于谢泼德距离函数的超越对数函数的估计结果。Zhou 等（2014）对坏产出影子价格的文献进行综述后发现，函数形式的选择通常与距离函数相联系，超越对数函数通常与谢泼德距离函数一起使用，而二次型函数则与方向性距离函数一起使用。陈诗一（2010a）与现有文献的做法不同，将超越对数函数与方向性距离函数搭配使用，可能在一定程度上导致了上述差异。因此，从现有文献的研究结果来看，无论生产技术如何，二次型函数对于生产技术的近似表现都优于超越对数函数。

从二氧化碳影子价格变化趋势看，大致经历了三段时期，第一个时期为1998~2002 年，其间二氧化碳影子价格稳步下降，从 1998 年的 5 630 元/吨下降到2002 年的 4 680 元/吨，降低了 16.87%；第二个时期为 2003~2008 年，在这一期间二氧化碳影子价格一路攀升，从低点 4 680 元/吨上升到 2008 年的 6 440 元/吨，上升幅度达到了 37.61%。在第一阶段二氧化碳影子价格出现下降趋势，主要是由于20 世纪初，中国再次出现重化工业化倾向，有数据表明 2004 年碳强度一度升高到 12.1 吨/万元，从而使得生产技术更为"肮脏"。伴随着民众与政府环保意识的加强，国家 2004 年颁布了《节能中长期专项规划》、2005 年制定《中华人民共和国可再生能源法》等一系列措施，使得碳排放强度出现了下降趋势。此外，由于中国加入世界贸易组织以及出口导向性的经济发展模式，这一时期发展了大量以出口为导向的轻工业行业，如纺织业等，从而使得整个经济体的生产技术更加

"清洁"，并使二氧化碳影子价格在这一时期出现上升趋势；最后一个时期是2009~2011年，在这一期内工业行业平均二氧化碳影子价格呈现稳中有降的态势。

从二氧化碳影子价格的行业差异来看，自2002年以来各个行业间二氧化碳影子价格的标准差出现大幅上升趋势，表明中国工业行业间存在巨大的二氧化碳排放权交易空间，可以通过建立二氧化碳排放权交易市场，在既定排放量目标下，通过排放权在不同行业之间交易，达到降低减排成本的目的。同时，依靠市场机制而非行政手段来实现节能减排目标，不仅有利于减少资源配置过程中的扭曲程度，也可以通过市场竞争机制实现淘汰落后产能、优化产业结构的目的。

（二）二氧化碳影子价格行业差异

估计各行业二氧化碳的影子价格具有多重意义：一是可以直接反映各个行业边际减排难易程度，进而根据各个行业减排的机会成本确定和识别具体的减排部门。从表6-3可以看到，二氧化碳影子价格最高的行业为纺织业，样本期内平均影子价格为23 881元/吨，另外比较高的行业有煤炭开采和洗选业以及非金属矿物制品业，相应的二氧化碳影子价格分别为16 640元/吨及11 082元/吨，这些行业的减排难度较大。本章也发现二氧化碳影子价格较低的行业有石油加工、炼焦及核燃料加工业、烟草制品业以及燃气生产和供应业，相应的二氧化碳影子价格分别为2 909元/吨、2 944元/吨及2 972元/吨，因此减排方向就应该首先选择这些机会成本较低的部门。本章估计结果与Zhou等（2015）采用上海工业部门数据对二氧化碳影子价格进行估计得到的结果较为接近，但与陈诗一（2010a）以及刘春梅和高阳（2016）的估计结果相比，不同行业二氧化碳影子价格排序上存在一定差异。陈诗一（2010a）估计结果表明二氧化碳影子价格最高的三个行业分别是计算机、电子与通信设备制造业，仪器仪表制造业以及文教体育用品制造业；而刘春梅和高阳（2016）的估计结果显示，计算机、电子与通信设备制造业，家具制造业以及仪器仪表制造业二氧化碳的影子价格相对较高。从二氧化碳影子价格较低的行业来看，陈诗一（2010a）的估计结果表明电力、热力的生产和供应业，石油加工、炼焦及核燃料加工业以及燃气生产和供应业相对最低；而刘春梅和高阳（2016）的估计结果显示，其他采矿业，电力、热力的生产和供应业以及石油加工、炼焦及核燃料加工业相对最低。

表6-3　各行业二氧化碳影子价格估计值　　　　单位：元/吨

行业	原值	修正值	行业	原值	修正值
煤炭开采和洗选	12 420	16 640	化学原料及化学制品制造	5 436	7 210
石油和天然气开采	2 587	3 599	医药制造	2 845	3 765
黑色金属矿采选	2 354	3 155	化学纤维制造	2 306	3 104

续表

行业	原值	修正值	行业	原值	修正值
有色金属矿采选	2 403	3 213	橡胶制品	2 573	3 422
非金属矿采选	2 416	3 225	塑料制品	3 407	4 440
农副食品加工	3 827	4 952	非金属矿物制品	8 681	11 082
食品制造	2 854	3 768	黑色金属冶炼及压延加工	3 621	4 872
饮料制造	2 697	3 585	有色金属冶炼及压延加工	2 820	3 763
烟草制品	2 181	2 944	金属制品	3 931	5 058
纺织	17 731	23 881	通用设备制造	6 247	7 812
纺织服装、鞋、帽制造	6 606	8 114	专用设备制造	4 021	5 175
皮革、毛皮、羽毛（绒）及其制品	3 750	4 811	交通运输设备制造	5 304	6 743
木材加工及木、竹、藤、棕、草制品	2 615	3 466	电气机械及器材制造	6 511	7 970
家具制造	2 503	3 326	通信、计算机及其他电子设备制造	5 569	6 594
造纸及纸制品	2 880	3 826	仪器仪表及文化、办公用机械制造	2 598	3 438
印刷业和记录媒介的复制	2 504	3 338	电力、热力的生产和供应	2 766	4 334
文教体育用品制造	2 746	3 620	燃气生产和供应	2 202	2 972
石油加工、炼焦及核燃料加工	2 142	2 909	水的生产和供应	2 387	3 232

资料来源：笔者利用 1998~2011 年 36 个工业行业投入产出数据计算得到

对比不同研究结果可以发现，各工业行业中二氧化碳影子价格较高的行业在不同研究中差异较大，而影子价格较低的行业在不同研究中的结果较为接近，从不同研究所采用的方法和数据来看，造成差异的原因可能有以下几点：①样本选择的差异。陈诗一（2010a）选择了 38 个工业行业进行估算，刘春梅和高阳（2016）则选取了 39 个工业行业，而本章考虑到数据的缺失等问题，最终选择了36 个工业行业。样本选择的差异导致不同研究的生产前沿面可能有所不同，因而使得基于相对生产技术估计的二氧化碳影子价格有所差异。②投入产出指标选择的差异。陈诗一（2010a）在资本存量数据核算方面与本章采用了相同的方法，但在投入指标的选择上比本章多了工业中间投入，而刘春梅和高阳（2016）直接将平减后的固定资产净值年平均余额作为资本存量的代理变量。③估计方法上的差异。陈诗一（2010a）采用基于方向性距离函数的超越对数函数对生产技术进行参数化，刘春梅和高阳（2016）采用非参数的方法估计生产前沿面，本章则采用基于方向性距离函数的二次型函数对生产技术进行参数化，并通过自体抽样方法对参数估计结果进行误差修正。

二是可以根据行业机会成本的大小和差异，为政府和企业合理决策提供事实依据。从表 6-3 估计结果发现，二氧化碳影子价格最高的纺织业，其影子价格是最低的石油加工、炼焦及核燃料加工业影子价格的 8.2 倍之多。该结果表明，中国工业行业之间存在巨大的潜在减排空间，这为引入全国性二氧化碳排放交易市场提供了科学依据，由于中国目前尚未建立全国性二氧化碳排放权交易市场，影子价格也可以作为企业在碳排放交易体系下从事经济活动的重要依据。对企业而言，应考虑是跟原先一样从事生产活动，还是通过引进先进设备降低二氧化碳排放量，抑或是通过调整能源结构从而降低二氧化碳排放量。同时，影子价格也可以为企业提供在既定碳排放权价格下，应该买入、卖出抑或是持有排放权的决策信息。对政府而言，可以采用二氧化碳影子价格作为配置初始排放权的依据，也可以指导合理碳排放交易价格的形成，还可以通过二氧化碳影子价格提供的信息采用差别化税收方案。通过价格机制，使减排任务从边际减排成本较高的企业转移到减排成本较低的企业，进而提高整个经济体的减排效率。利用引入交易市场后各部门之间影子价格差异，可以在一定程度上衡量碳排放交易市场的有效性。Zhou 等（2015）对上海引入碳排放交易市场后，各工业行业二氧化碳影子价格进行估计，结果发现碳排放权市场交易价格远低于模型估计得到的二氧化碳影子价格，并认为上海碳排放交易市场的价值在现阶段存在低估问题。

三是行业影子价格之间的差异可以间接反映行业之间资源错配程度。纺织业的二氧化碳影子价格是最低的石油加工、炼焦及核燃料加工业影子价格的 8.2 倍之多，这清楚表明，这些行业之间不仅存在巨大的潜在减排空间，而且由于存在较高的外部性，生产在各个工业部门之间的错配现象十分严重。当不存在二氧化碳排放权交易市场时，估计各行业二氧化碳影子价格差异可以得到资源错配程度，如果市场上不存在外部性，则价格机制可以有效分配生产资源，从而可以看到不同行业间二氧化碳影子价格不会有较大差异。反之，如果外部性的存在导致价格机制失去作用，企业生产成本会低于社会成本，从而导致企业更多地生产而造成实际二氧化碳排放量高于社会最优水平。这样的前提下，若估计得到二氧化碳影子价格在不同部门之间存在较大差异，则可以作为引入碳排放交易市场的有利证据。通过引入碳排放交易市场，可以使价格机制充分发挥作用，使得二氧化碳减排措施更有效率（Färe and Grosskopf，1993；Zhou et al.，2014）。

可见，无论是否存在污染物的交易市场，科学估计污染物影子价格都具有重要的理论价值与现实意义。在无交易市场的情况下，科学估计污染物影子价格有利于政府科学决策，如制定合理的排污税等。若影子价格估计值等于真实值，则污染税不仅可以完全消除外部性，同时也可以避免政府失灵带来的扭曲；在有交易市场时，估计影子价格也并非毫无意义，由于市场有时难以避免地会存在摩擦，从而导致价格机制无法发挥完全作用。在这样的情况下，扭曲的价格就无法对资源进行最为有效的配置，因而在一定程度上说资源错配是一种常态。因此，即便存在交易市场，仍然可以采用影子价格对资源错配程度（也可以衡量市场配置资源的有效性）进行分析。当然，这一切的前提条件是对影子价格的正确估计，在不存在市场交易价格的时候，基于错误估计的二氧化碳影子价格而实施环境政策所导致的扭曲，可能比市场失灵本身导致的扭曲更为严重。

（三）二氧化碳影子价格行业变化趋势

进一步考察不同行业二氧化碳影子价格随时间的变化趋势，结果如图 6-3 所示。从中可以发现，不同行业二氧化碳影子价格的时间趋势呈现出很大差异，36个行业中有 20 个行业的二氧化碳影子价格变化趋势为正，有 7 个行业的变化趋势为负，而有 9 个行业大体保持不变。其中，燃气生产和供应业、水的生产和供应业这两个行业二氧化碳影子价格基本上保持不变，而煤炭开采和洗选业，农副食品加工业，纺织服装、鞋、帽制造业，塑料制品业，通用设备制造业，电气机械及器材制造业，通信、计算机及其他电子设备制造业二氧化碳影子价格在整个样本期间具有十分明显的上升趋势。本章结果与吴英姿和闻岳春（2013）的估计结果较为接近，他们依据排放强度将 36 个工业行业分为高排放强度和低排放强度两类，结果表明低排放强度工业行业的二氧化碳影子价格在 1995~2009 年呈现出波动上升趋势，而高排放强度行业二氧化碳影子价格相对较低且变化趋势不明显。

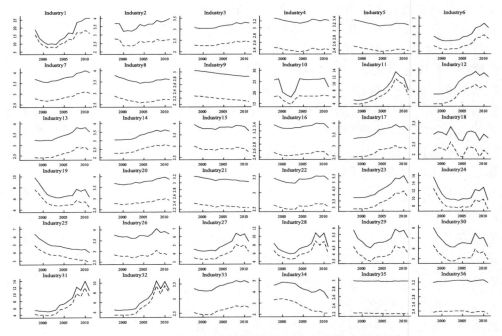

图 6-3　各工业行业二氧化碳影子价格变化趋势（千元/吨）
实线为二氧化碳影子价格修正值，虚线为二氧化碳影子价格原值

同时，从图 6-3 中也可以看到化学原料及化学制品制造业，黑色金属冶炼及压延加工业，电力、热力的生产和供应业二氧化碳影子价格具有显著的下降趋势。Xiao 等（2017）的研究表明，化学原料及化学制品制造业二氧化碳影子价格在 2005~2011 年基本保持稳定，黑色金属冶炼及压延加工业二氧化碳影子价格出现了明显的上升趋势，而电力、热力的生产和供应业二氧化碳影子价格也有小幅上升。与上述研究结果类似，Du 和 Mao（2015）基于微观火电厂的研究表明，二氧化碳影子价格从 2004 年的 955 元每吨上升到 2008 年的 1 142 元每吨。Yuan 等（2012）基于 24 个工业行业的研究表明，电力行业二氧化碳影子价格由 2004 年的 12.03 万元每吨下降到 2008 年的 9.66 万元每吨。考虑到近年来对于火力发电等行业的环境规制日益加强，该行业二氧化碳影子价格随时间下降的结果似乎令人意外。造成上述结果的原因可能有以下几点：①火电行业在 36 个行业中的相对生产技术变化趋势与火电行业中不同企业的生产技术变化趋势不同，环境规制的加强可能使火电行业中各企业的二氧化碳影子价格有所上升，但这并不能保证该行业整体技术进步快于其他行业；②火电行业作为高污染行业，虽然近些年遭遇严格的环境规制，但仍然存在生产技术进步不如其他行业快的可能，并且环境规制多数基于硫化物、氮氧化物，基于二氧化碳的规制相对较弱。

本章是从机会成本角度定义二氧化碳影子价格的，即由于好产出（工业总产值）与坏产出（二氧化碳排放）是联合生产的，所以本章将二氧化碳影子价格定义为减少 1 单位二氧化碳导致好产出减少的价值，反映了二氧化碳边际减排的机会成本。在上述定义下，如果观察到二氧化碳影子价格呈现下降趋势，则意味着在其他条件不变的情况下，同样减少 1 单位二氧化碳排放所导致好产出价值下降的幅度变小。由于本章已经对好产出工业生产总值进行了平减，可以排除价格波动对二氧化碳影子价格变动的影响。在这样的条件下，二氧化碳影子价格的下降可以近似地视为生产技术变得更为"肮脏"。反之，二氧化碳影子价格的上升意味着生产技术变得更为清洁。例如，当生产技术决定好产出与坏产出之间的边际转化率为 $MRT_{CO_2,y} = 10:1$ 时，降低 1 单位二氧化碳排放需要减少 10 单位好产出，而当生产技术决定好产出与坏产出之间的边际转换率变为 $MRT_{CO_2,y} = 8:1$ 时，降低 1 单位二氧化碳的排放只需要减少 8 单位好产出。在上述分析的基础上，本章进一步定义边际碳排放强度 $d_{CO_2/dy} = 1/MRT_{CO_2,y}$，该指标可以清晰地定义整个行业的生产技术是否"清洁"。实际中通常采用平均碳排放强度 CO_2/y 来衡量生产技术的"清洁"程度，但平均碳排放强度无法抓住行业间存在的结构化差异。相比之下，基于生产理论得到的边际碳排放强度同时考虑了投入要素间的替代关系，可以更好地刻画生产技术在不同行业间存在的结构化差异。此外，有效的减排路径设计应该使得各个部门在"交易"或者税收的调解下，具有相同的边际减排成本而非具有相同的平均碳排放强度。因此，相对于传统的平均碳排放强度来说，边际碳排放强度是衡量生产技术"清洁"程度更好的选择。基于本章估计，中国的工业行业有一半多已经向"清洁型"生产技术转变。

（四）碳排放强度与二氧化碳影子价格

在本章的框架下，当生产达到 Pareto 均衡时，边际碳排放强度将等于二氧化碳影子价格的倒数[①]。为此，本章将进一步探索二氧化碳影子价格与平均碳排放强度之间的关系。现有研究表明，二氧化碳影子价格与碳排放强度之间具有"U形"关系，并可以利用这一关系估计边际减排成本曲线，进而利用边际减排成本曲线进行政策模拟分析。本章参考（Du et al.，2015）的做法，采用回归方法估计二氧化碳边际减排成本曲线。需要说明的是，Du 等（2015）所采用的数据为中国省级数据，为此他们加入能源消费结构、重工业比例及私家车保有量等作为控制变量。此外，为控制技术进步可能对二氧化碳边际减排成本的影响，他们在回归模型中加入对数型时间趋势。由于本章估计对象为各个工业行业二氧化碳边际减排成本曲线，为此本章控制了能源消费结构（煤炭消费占能源总消费的比例）以及行业类型（以资本劳动比衡量）。同样，为控制随时间变化可能存在的技术进步，本章加入时间虚拟变量而非对数型时间变量进行控制，以防止出现不同形式的时间趋势。考虑到各行业之间差异较大，二氧化碳边际减排成本可能出现异方差即序列相关问题，本章采用广义最小二乘法进行估计，结果如表 6-4 所示。需要特别指出的是，在本章的分析框架下得到的二氧化碳边际减排成本曲线不仅可以为行业提供减排措施所需的信息，更重要的是可以比较边际碳排放强度与平均碳排放强度之间的差异。

表 6-4　边际减排成本曲线估计结果

控制变量	原值			修正值		
	Model 1	Model 2	Model 3	Model 4	Model 5	Model 6
intensity	0.196[**]	0.280[***]	0.408[***]	0.292[***]	0.367[***]	0.533[***]
	（0.084 8）	（0.087 0）	（0.085 8）	（0.112）	（0.116）	（0.114）
intensity^2	−0.009 81[**]	−0.015 4[***]	−0.019 0[***]	−0.013 9[*]	−0.021 0[***]	−0.025 7[***]
	（0.004 31）	（0.004 19）	（0.004 06）	（0.005 70）	（0.005 58）	（0.005 42）
ratio_coal		0.845[***]	0.995[***]		1.248[***]	1.441[***]
		（0.233）	（0.226）		（0.311）	（0.301）

[①] 当生产达到 Pareto 最优时，产出边际转化率等于产品相对价格之比。由于本章假定好产出的价格为 $p_m = 1$，则边际碳排放强度可以表示为 $\dfrac{dCO_2}{dy} = \dfrac{1}{MRT_{CO_2,y}} = \dfrac{py}{pCO_2} = \dfrac{1}{pCO_2}$，即在均衡条件下边际碳排放强度等于二氧化碳影子价格的倒数。

续表

控制变量	原值			修正值		
	Model 1	Model 2	Model 3	Model 4	Model 5	Model 6
ratio_kl		$-0.060\,0^{***}$ （0.008 69）	$-0.083\,1^{***}$ （0.009 13）		$-0.075\,4^{***}$ （0.011 6）	-0.105^{***} （0.012 2）
常数项	3.980^{***} （0.178）	4.397^{***} （0.189）	3.680^{***} （0.520）	5.168^{***} （0.236）	5.633^{***} （0.251）	4.713^{***} （0.693）
时间趋势	NO	NO	YES	NO	NO	YES
观测值	504	504	504	504	504	504
工业行业	36	36	36	36	36	36

***代表 1%的显著性水平，**表示 5%的显著性水平

注：括号中是估计系数的标准误差。在模型3及模型6中，我们加入时间虚拟变量，以控制时间趋势对二氧化碳边际减排成本的影响，并将 1998 年作为基准年，由于版面限制，并未报告时间虚拟变量的估计系数。原值是指采用原始样本估计得到的二氧化碳边际减排成本作为被解释变量，修正值指采用自体抽样得到的经偏差修正后的二氧化碳边际减排成本作为被解释变量

从表 6-4 的回归结果来看，在不同模型设定及被解释变量下，碳排放强度与二氧化碳影子价格之间的二次函数关系十分稳健。并且在控制能源消费结构以及行业类型之后，碳排放强度的一次项及二次项估计系数并没有发生显著变化。为排除技术进步对二氧化碳边际减排成本的影响，本章在模型 3 与模型 6 中加入时间虚拟变量，结果表明即便控制了时间趋势，碳排放强度与二氧化碳边际减排成本之间的二次函数关系依然成立。在原始样本下，本章估计得到的边际减排成本曲线临界值为 10.74 吨/万元，平均来说当行业碳排放强度低于该临界值时，随着碳排放强度的上升，二氧化碳边际减排成本呈现上升趋势。当碳排放强度高于临界值时，随着碳排放强度进一步提高，二氧化碳边际减排成本才会出现下降。采用自体抽样对估计值进行偏差修正后，估计得到的 MACC 临界值下降为 10.37 吨/万元（两类模型估计得到的 MACC 如图 6-4 所示），说明只有碳排放强度低于10.37 吨/万元，即使碳排放强度上升，生产技术也会变得更加清洁。因此，将行业的碳排放强度控制在 10.37 吨/万元是关键。

事实上，中国各个工业行业碳排放强度均值仅为 2.33 吨/万元，远远低于本章模型估计得到的临界值 10.37 吨/万元，表明在目前技术水平下，绝大多数工业行业随着碳排放强度的上升，其对应的二氧化碳边际减排成本也会跟着上升，更表明各个行业存在巨大减排空间，生产技术能够变得更加清洁。本章对于 MACC 模型的估计结果与 Du 等（2015）基于省级数据估计得到的结论刚好相反，出现这一差异的原因主要有以下几点：第一，本章是基于行业维度进行分析的，与省级数据相比碳排放强度异质性将会更强。此外，省级二氧化碳排放量中会包含非生产性二氧化碳排放（如交通运输、住宅等带来的二氧化碳排放），从而对环境敏感性生产技术造成较大影响，进而影响二氧化碳边际减排成本曲线的估计结果。

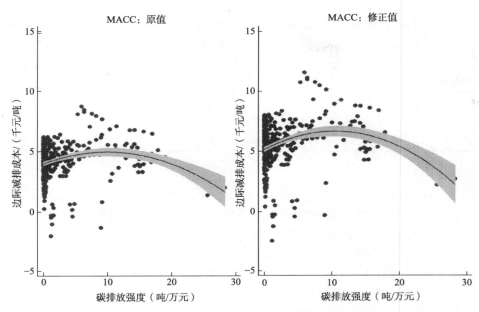

图 6-4　中国工业行业边际减排成本曲线

第二，Du 等（2015）在估计模型参数时并没有对抽样误差进行修正，从而降低了估计结果的可信度。从控制变量系数的估计结果来看，能源结构对二氧化碳边际减排成本具有显著影响，能源消费中煤炭的使用比重越高，二氧化碳边际减排成本就会越高，这一关系在经济意义与统计意义上都十分显著。此外，从资本劳动比率的估计系数表明，资本密集度越高的行业其二氧化碳边际减排成本会越低，从经济意义上看这一关系弱于能源消费结构对于二氧化碳边际减排成本的影响，但统计意义上仍然十分显著。

　　边际减排成本曲线的稳健估计，有助于科学评估引入碳排放权交易市场对提高减排效率的作用，具有重要的理论价值及现实意义。理论上说，在既定的碳排放目标下，达到市场均衡时经排放量加权的二氧化碳边际排放成本应该等于碳排放权交易价格，为此可以采用两者间的价格差异来衡量碳排放交易市场在提高减排效率方面的有效性。此外，还可以利用二氧化碳边际减排成本曲线考察边际碳排放强度与平均碳排放强度之间的关系。从估计结果来看，当平均碳排放强度低于 10.37 吨/万元时，随着平均碳排放强度的提高，生产技术将变得更加"清洁"，而当平均碳排放强度高于 10.37 吨/万元时，随着平均碳排放强度的进一步提高，生产技术将会变得更加"肮脏"。因此，当生产单位的碳排放强度高于临界值时，采用平均碳排放强度作为生产技术的衡量指标会导致错误判断，因为在该条件下进一步追求较高的平均碳排放强度反而会造成更为严重的污染。在其他条件不变的情况下，应该控制平均碳排放强度，使其维持在 10.37 吨/万元以下。从图 6-4 的结果可以发现，在 36 个工业行业中石油加工、炼焦及核燃料加工业以及电力、热力的生产和供应业两个行业的平均碳排放强度已经超过了临界值，为此需要通过差别化碳税的方式来纠正生产在行业间的错配现象，真正实现绿色发展。

五、减排政策分析

基于本章研究设计与研究结论，本章认为我国未来几年的二氧化碳减排政策应该是数量机制和价格机制相结合，具体的政策设计和减排路径如下。

首先，应该采用价格机制将行业的碳排放强度控制在 10.37 吨/万元这个临界值以下。根据本章计算，在 36 个工业行业中只有石油加工、炼焦及核燃料加工业以及电力、热力的生产和供应业两个行业的平均碳排放强度超过了临界值，因此可以采用差别化碳税政策来降低高排放行业的二氧化碳排放，进而实现减排目的。可以让位于临界值右边的行业更多地承担二氧化碳减排任务，并对这些行业进行补贴。同时，允许碳排放强度低于临界值的行业少减排甚至是增排，并对其排放征收碳税。只要碳税低于这些行业的二氧化碳影子价格，同样可以达到降低减排成本的目的，从而在实现效率的同时兼顾公平。此外，引入碳税也可以有效应对将来发达国家可能对中国出口商品征收"碳关税"的风险，做到主动出击从而扭转被动局面，并将"碳关税"留在国内。此外，上述途径都可以在客观上"倒逼"各个行业进行转型升级，采用更加清洁的生产技术，从而在有二氧化碳排放权交易体系或者是包含碳税的市场竞争中，获得竞争优势。从长期来看，环境规制可以通过"波特效应"有效地促进各个产业转型升级，并使整个经济体的产业结构得到优化。

其次，一旦实现所有行业平均碳排放强度低于 10.37 吨/万元这个临界值，就可以根据各个行业的平均碳排放强度和边际碳排放强度进行比较，对于平均碳排放强度低于边际碳排放强度的行业，可以通过数量机制进一步实现减排目的；而对于平均碳排放强度高于边际碳排放强度的行业来说，增加排放量会使平均碳排放强度进一步下降，导致生产技术的清洁度下降。为此，可以对此类行业采用差别化碳税，使其承担更多减排任务，进而实现更为清洁的生产技术。同样，出于公平考虑，应该对承担较多减排任务的行业进行补贴。图 6-5 展现了各工业行业平均碳排放强度与边际碳排放强度的变化趋势，从中可以看到除平均碳排放强度高于临界值的两个行业之外，在 2011 年仍然有 10 个行业的平均碳排放强度高于边际碳排放强度，需要承担更多减排任务，并给予补贴。

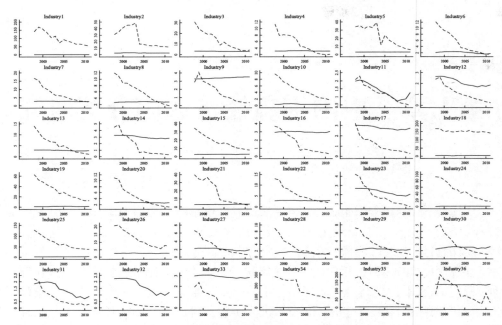

图 6-5　各工业行业平均、边际碳排放强度变化趋势（吨/万元）

注：实线为边际碳排放强度，虚线为平均碳排放强度

　　最后，考虑到行业之间二氧化碳影子价格的巨大差异，在上述减排措施的基础上，可以进一步借助数量机制来实现减排目的。在经过价格机制调整后，只需要设定全国二氧化碳排放总量目标。例如，2009 年国务院常务会议决定，到 2020 年中国单位 GDP 二氧化碳排放将比 2005 年下降 40%~45%。在该目标下，可以计算出全国目标二氧化碳排放量，并根据"公平原则"将排放量分配到各个行业。根据科斯定理，只要交易成本为零或者足够低，无论初始排放权如何分配，市场交易的结果都可以达到 Pareto 均衡，即最终实现减排目的和绿色发展。

第七章　中国雾霾经济成因分解研究

穹顶之下的雾霾给国民生产和生活造成严重影响。为探究中国雾霾频发的原因和寻求治理之道，本章利用 Kaya 恒等式对 IPAT 方法进行扩展，将雾霾污染的经济成因分解为人口规模、生活水平、产业结构、能耗强度及排放强度五个因素，并利用 2001~2010 年中国 30 个省份的平衡面板数据进行实证分析。研究发现：①生活水平的提高是造成雾霾污染的长期和根本因素，每个人都是污染源。因此，治理雾霾，人人有责。②技术进步（包括排放强度和能耗强度）是治理雾霾的有效手段，降低排放强度对于治理雾霾可以取得"立竿见影"的效果；而且，两个五年计划的收官前一年的自然实验表明，排放强度的降低并不会影响居民生活水平，可以实现"非减速治霾"。③多达 16 个省份仍然面临着经济发展和环境保护的双重挑战，借助技术进步优化产业结构和提高能源效率，辅之以城市化为目标的人口转移，将是未来实现这些省份双赢发展的有效举措。本章研究对于科学认识雾霾污染的形成原因以及合理规划雾霾污染防治工作具有重要的理论价值和现实意义。

一、引　言

2011 年，一场全国大范围的、持续时间很长的雾霾天气突如其来，首次冲击了社会各界的神经。近年来，随着雾霾天气不断的大规模压境，雾霾问题已经成为时下中国最受关注的话题之一。如果说由二氧化碳大量排放而引起的全球气候变暖问题因为影响十分缓慢而容易被人忽视，那么雾霾对于公众健康的影响可谓"立竿见影"。根据全球疾病负担研究（Global Burden of Disease Study）的估算，2010 年有超过三百万人因暴露于细微颗粒物（$PM_{2.5}$）而导致过早死亡。美国癌症协会研究发现，空气中细颗粒物每升高 0.01 毫克/米^3，总死亡率、肺心病死亡率、癌症死亡率的危险性将会分别增加 4%、6% 及 8%。《美国国家科学院院刊》研究更是表明中国的空气污染会让中国北方 5 亿人口的预期寿命总共降低 25 亿年（Chen et al., 2013）。事实上，雾霾不仅直接威胁到公众身体健康，而且会对社会经济的正常运转带来巨大威胁。为此，国务院于 2013 年印发的《大气污染防治行动计划》明确要求，2017 年中国地级以上城市可吸入颗粒物浓度要比 2012 年下降 10%。

污染防治首先要识别造成污染的根源，那么，中国巨量雾霾的成因究竟是什么，基于成因的判断可以采取哪些有效措施来治理日益严重的雾霾？该问题的详细探讨不仅对实现中国可持续发展，而且对于切实改善国民生活质量至关重要。

现有文献在研究中国雾霾污染问题时，主要沿着两个方向进行展开：第一支文献重在从各个视角探讨雾霾污染的形成原因及相应的治理对策，另一支文献则侧重分析雾霾污染造成的经济及社会后果。显然，相对于雾霾污染的经济社会后果来说，剖析雾霾污染的形成原因是一项更为基础性的工作，也是科学治理雾霾所要解决的首要问题。

同时，由于大规模雾霾污染近几年才开始频繁爆发，我国关于雾霾污染的统计数据相对匮乏，客观上限制了实证研究的开展。中国环保部自 2013 年 1 月开始正式对全国 74 个城市的 $PM_{2.5}$ 污染状态进行实时播报。从 2015 年 1 月，实时播报范围扩大到 338 个城市。美国驻华大使馆从 2008 年开始发布北京的 $PM_{2.5}$ 污染数据，并分别于 2011 年 11 月、12 月，2012 年 6 月和 2013 年 4 月，开始发布其在广州、上海、成都和沈阳的美领馆所在地的 $PM_{2.5}$ 数据。这两方发布的数据，是目前公众判断空气污染程度最常用的两大数据源。北京大学统计科学中心的陈松蹊课题组分别采用这两套数据研究了北京和五大城市的空气污染状况。但是这两套数据是基于城市站点采集的数据，没有涵盖中国的大部分雾霾污染地区，在今天雾霾已经危及中国越来越多地区的背景下，采用更加全面尤其是全国层面的数据开展中国雾霾污染的研究就显得尤为迫切和重要。

巴特尔研究所及哥伦比亚大学国际地球科学信息网络中心通过卫星搭载设备对气溶胶光学厚度进行测定，得到全球 $PM_{2.5}$ 浓度的遥感数据，为学者进行实证分析提供了宝贵的数据资料。借助该数据，马丽梅和张晓（2014）分析了中国 31 个省份雾霾污染的空间溢出效应，发现不同地区间溢出效应十分显著，并认为改变能源消费结构以及优化产业结构是雾霾治理的关键所在。东童童等（2015）以及东童童（2016）分别分析了雾霾污染与工业聚集之间的关系，发现劳动、资本要素的聚集会加重雾霾污染，而产出的聚集会降低雾霾污染程度。冷艳丽和杜思正（2016）从能源要素价格扭曲的视角对雾霾污染进行研究，结果表明能源价格扭曲加重了雾霾污染，并且该作用具有显著的地区差异，对于东部地区的影响大于中西部地区。

这些学者从不同视角出发，对我国雾霾的经济成因做出了大量探索性研究，归纳起来影响雾霾污染的经济因素主要有以下几个方面：①人口因素，主要强调人口规模的影响，也包括人口的聚集及分布等；②生活水平，生活水平的提高会引致更多的能源消费和污染排放；③产业结构，产业结构的动态演化及聚集程度的差异都显著影响了雾霾污染的形成；④能源结构和使用效率，能源的使用效率、能源的消费结构及生产技术都直接影响着雾霾的排放量，进而对地区雾霾形成具有重要作用。综述这些文献，本章发现：①这些文献在处理这些影响因素时，多数是基于某一个视角的回归分析，该做法在分析雾霾污染经济成因时会造成"遗漏变量偏差"问题，不仅导致估计结果可信度降低，有"盲人摸象"之嫌，而且导致不同研究结论之间无法进行比较，难以更科学地为治理雾霾提供系统性政策建议；②由于没有将这些影响因素放入统一框架下进行分析，也导致无法对不同影响因素的重要性进行排序比较，直接导致治理雾霾的政策建议针对性和有效性大打折扣，既可能产生"顾此失彼"的情形，也可能造成"捡了芝麻丢了西瓜"的困局。

为此，本章拟对 IPAT 分解方法进行扩展，并将上述讨论的影响雾霾污染的主要因素纳入实证分析框架之中，将地区雾霾浓度拆分为人口规模、生活水平、产业结构、能耗强度及排放强度五个部分。结果表明：①生活水平的提高是造成雾霾污染的长期和根本因素，因此，每个人既是雾霾污染的受害者也是参与者。技术进步（包括排放强度和能耗强度）是治理雾霾的有效手段，降低排放强度对于治理雾霾可以取得"立竿见影"的效果。生活水平和技术进步对雾霾的影响，无论是在国家、区域还是省份层面均成立，而且不受政府供暖政策的影响。②雾霾浓度的变化在"十五"期间和"十一五"期间表现迥异，30 个省份的雾霾浓度从"十五"期间的"北轻南重"转变为"十一五"期间的"北重南轻"。两个五年计划的收官前一年的准自然实验表明，排放强度和生活水平对雾霾污染的影响是相互独立的，说明可以在不影响生活水平的情况下通过降低排放强度而有效治理雾霾。③多达半数的省份依然面临着经济发展和环境保护的双重挑战，长期来讲，进一步优化产业结构、提高能源利用效率、改进更加清洁的生产技术以及城市化等将是未来雾霾治理工作的重要抓手。

本章研究发现有几点值得强调：①采用 Kaya 恒等式对 IPAT 方法进行扩展，借助该分解方法从经济意义上系统识别了我国大范围持续雾霾的经济成因和治理方向。②本章分解发现雾霾的"罪魁祸首"就是我们自身，生活水平的大幅度提高是这几年雾霾集中爆发的主要原因，这有利于从根本上澄清社会上一些没有科学根据的雾霾成因分析和治理策略。③技术进步才是治理我国雾霾的根本力量，依靠技术进步不仅可以实现经济增长，而且可以通过实现"节能减排"和产业结构优化来避免经济发展过程中产生的大量雾霾污染。当然，地方政府必要的时候可以采取降低排放强度这种"简单粗暴"的手段来达到"立竿见影"的"治霾"

效果。

　　本章余文结构安排如下，第二部分是分解方法及数据说明；第三部分从全国层面、区域层面及省份层面对实证结果进行分析；第四部分进一步分析了治理雾霾的具体措施和可能挑战。

二、分解方法及数据说明

（一）分解方法

　　本章实证部分主要通过Kaya恒等式（Kaya，1989）对传统的IPAT（impact，population，affluence，technology）分解方法进行扩展。将 IPAT 恒等式与指数分解的方法相结合，可以识别出环境污染与各项驱动因素之间的关系，因而被广泛应用于能源消费及二氧化碳排放等领域的研究。传统 IPAT 恒等式将环境影响（impact，I）分解为人口规模（population，P）、生活水平（affluence，A）及技术水平（technology，T）三项驱动因素：

$$I_{it} = P_{it} \times A_{it} \times T_{it} \qquad (7\text{-}1)$$

　　为了将雾霾浓度的分解与现有研究结论相结合，本章将从以下两个方面对IPAT 恒等式进行扩展：①考虑到产业结构对雾霾浓度的影响，本章将产业结构纳入 IPAT 恒等式的分解框架中；②本章进一步将技术进步分解为能耗强度与排放强度两个子项，以更为深入地分析雾霾浓度变化的驱动因素。由此，基于文献综述部分的讨论，就可以将雾霾浓度拆分为人口规模（以地区人口总数表示，Pop）、生活水平（以人均 GDP 表示）、产业结构（以第二产业增加值 Sec 占GDP 的比重表示）、能耗强度（以 1 单位第二产业增加值所需要的能源消费量 E 表示）以及排放强度（以 1 单位能源消费量所产生的雾霾浓度 Smog 表示）五个部分：

$$\text{Smog}_{it} = \text{Pop}_{it} \times \frac{\text{GDP}_{it}}{\text{Pop}_{it}} \times \frac{\text{Sec}_{it}}{\text{GDP}_{it}} \times \frac{E_{it}}{\text{Sec}_{it}} \times \frac{\text{Smog}_{it}}{E_{it}} \qquad (7\text{-}2)$$

　　对式（7-2）两边取自然对数，可以得到当期和前一期的雾霾浓度及其分解项之间的关系式：

$$\ln(\text{Smog}_{it}) = \ln(\text{Pop}_{it}) + \ln\left(\frac{\text{GDP}_{it}}{\text{Pop}_{it}}\right) + \ln\left(\frac{\text{Sec}_{it}}{\text{GDP}_{it}}\right) + \ln\left(\frac{E_{it}}{\text{Sec}_{it}}\right) + \ln\left(\frac{\text{Smog}_{it}}{E_{it}}\right)$$

$$(7\text{-}3)$$

$$\ln\left(\mathrm{Smog}_{it+1}\right) = \ln\left(\mathrm{Pop}_{it+1}\right) + \ln\left(\frac{\mathrm{GDP}_{it+1}}{\mathrm{Pop}_{it+1}}\right) + \ln\left(\frac{\mathrm{Sec}_{it+1}}{\mathrm{GDP}_{it+1}}\right) + \ln\left(\frac{E_{it+1}}{\mathrm{Sec}_{it+1}}\right) + \ln\left(\frac{\mathrm{Smog}_{it+1}}{E_{it+1}}\right)$$

（7-4）

从式（7-4）中减去式（7-3），可以得到雾霾浓度变动的分解公式（7-5）：

$$\underbrace{\Delta\ln\left(\mathrm{Smog}_{it+1}\right)}_{I_{it+1}} = \underbrace{\ln\left(\frac{\mathrm{Pop}_{it+1}}{\mathrm{Pop}_{it}}\right)}_{P_{it+1}} + \underbrace{\ln\left(\frac{\dfrac{\mathrm{GDP}_{it+1}}{\mathrm{Pop}_{it+1}}}{\dfrac{\mathrm{GDP}_{it}}{\mathrm{Pop}_{it}}}\right)}_{A_{it+1}}$$

$$+ \underbrace{\ln\left(\frac{\dfrac{\mathrm{Sec}_{it+1}}{\mathrm{GDP}_{it+1}}}{\dfrac{\mathrm{Sec}_{it}}{\mathrm{GDP}_{it}}}\right)}_{Structure_{it+1}} + \underbrace{\ln\left(\frac{\dfrac{E_{it+1}}{\mathrm{Sec}_{it+1}}}{\dfrac{E_{it}}{\mathrm{Sec}_{it}}}\right)}_{T1_{it+1}} + \underbrace{\ln\left(\frac{\dfrac{\mathrm{Smog}_{it+1}}{\mathrm{Energy}_{it+1}}}{\dfrac{\mathrm{Smog}_{it}}{\mathrm{Energy}_{it}}}\right)}_{T2_{it+1}}$$

（7-5）

通过式（7-5），可以将每个地区的雾霾浓度变化拆解成五个部分，等号右边第一项指的是人口规模的变化对雾霾浓度变化的影响；第二项是生活水平的变化对雾霾浓度变化的影响；第三项是产业结构的演进对雾霾浓度变化的影响；最后两项则是技术变化对雾霾浓度变化影响，具体又可以拆分为能耗强度（第四项）的变化对雾霾浓度变化的影响以及排放强度（第五项）的变化对雾霾浓度变化的影响。

（二）数据说明

雾霾天气其实在我国早有发生，但在 2011 年前影响不大，被社会公众所忽视。直到 2011 年发生了一场全国大范围的、持续时间很长的雾霾天气，才引起了全社会的广泛关注。尽管近几年国人对雾霾的感受和认知越来越深刻，雾霾的恶劣影响也越来越严重，可是对于学术界而言，研究雾霾首先面临的就是数据问题。由于雾霾污染近几年才开始在中国出现大规模持续性爆发的情况，因而统计数据相对来说起步较晚。直到 2013 年 1 月 1 日，环保部开始正式将 $PM_{2.5}$ 列入空气监测指标中。2008 年 4 月，位于建国门外的美国驻华大使馆开始在其楼顶上测量 $PM_{2.5}$ 每小时浓度数据，并在之后不久开始对外公布。这两方发布的数据，是目前公众判断空气污染程度最常用的两大数据源。但是这两套数据是基于城市站点采集的数据，作为研究样本存在一定的局限，因此本章参考马丽梅和张晓（2014）、冷艳丽等（2015）及康雨（2016）等学者的相关研究，采用巴特尔研究所及哥伦比亚大学国际地球科学信息网络中心通过卫星搭载设备对气溶胶光学厚度进行测定得到的 2001~2010 年全球 $PM_{2.5}$ 浓度的遥感数据。该数据与环保部发布的《关于实施环境空气质量标准的通知》对中国雾霾污染基本形势的判断大体一致，具有较高的可信度。由于该数据格式为图片，本章进一步利用 ArcGIS 10.4.1 软件对卫星遥感数据进行处理，从而得到中国 30 个省份 2001~2010 年 $PM_{2.5}$ 浓度的数据。除 $PM_{2.5}$ 数据之外，本章分析中所使用的其他数据均来自国家统计局网站和《中国统计年鉴》，核心变量 $PM_{2.5}$ 以及各变量的描述性统计结果如表 7-1 所示。

表 7-1　各变量描述性统计

变量	单位	观测值	均值	标准差	最小值	最大值
$PM_{2.5}$	微克/米³	300	26.68	12.35	5.90	57.61
Pop	万人	300	4 314	2 611	523	10 441
GDP	亿元	300	2 079	1 966	80.59	11 280
Sec	亿元	300	1 016	1 052	33.62	5 894
E	万吨	300	9 067	6 395	520	34 808

资料来源：$PM_{2.5}$ 数据来自国际地球科学信息网（Consortium for International Earth Science Information Network，CIESIN），其余数据均来自国家统计局网站和《中国统计年鉴》

从表 7-1 结果可以发现，$PM_{2.5}$ 浓度最低的省份仅为 5.90 微克/米³，远低于世界卫生组织暂定的标准值 35 微克/米³。$PM_{2.5}$ 浓度最高的省份在部分年度达到了 57.61 微克/米³ 的水平，本章数据是 $PM_{2.5}$ 的年度平均值，表明中国部分地区长期暴露在高浓度 $PM_{2.5}$ 污染之下，这将会对公众的健康以及地区经济发展造成巨大伤害。从地区生产总值、第二产业增加值以及能源消费量的结果来看，各个地区之间的差异十分显著。以能源消费量为例，消费最少的省份仅为 520 万吨标准煤，而最多的省份达到了 34 808 万吨标准煤，是最少省份的 67 倍之多。上述结果表明我国各个省份在经济发展、能源消费、产业结构及生产技术等多个方面均存在较大的差异，具体而言，由发展方式导致的产业结构以及由资源禀赋导致的能源生产、利用效率都存在较大异质性。因此，分析这些差异对各地区雾霾浓度的影响，进而为雾霾治理工作提供理论依据就显得尤为迫切和重要。

三、分解结果分析：国家、地区及省份

接下来，本章将借助表 7-1 中列示的相关数据，并结合式（7-5）对我国各省份雾霾浓度的诱发因素进行分解。为全方位考察雾霾浓度变化的诱发因素，本章将从全国层面、区域层面①及省份层面三个维度对雾霾浓度变化的诱发因素进行剖析。在此基础上，考察各项诱发因素对于地区雾霾形成的相对重要性，进而提出更加具有针对性的雾霾治理措施。

（一）全国层面分析

表 7-2 列示了 2001~2010 年全国平均雾霾浓度变化及其分解情况。由于本章采用了对数型 IPAT 恒等式模型，因而各变量的变化均表示为增长率。从雾霾浓度的变化情况来看，在大多数年份均出现了不同程度的上升趋势。值得注意的是，2003~2004 年以及 2008~2009 年均出现了雾霾浓度大幅度下降的情况，在上述两个时期内全国平均雾霾浓度分别降低了 14.48% 及 12.45%，几乎抵消了之前年度的所有增长量。有趣的是，出现两次大幅下降的时期分别是"十五"及"十一五"的收官前一年。同时，从雾霾浓度变化的分解项看，导致雾霾浓度两次大幅度下降的主要原因都是排放强度的大幅度降低，即单位能源消耗产生的雾霾浓度分别下降了 28.69% 及 18.30%。两次出现在重要时期节点的空气质量大幅度改善，可能从另一个侧面印证了我国环境治理中"政治性蓝天"现象的存在（石庆玲等，2016）。

表 7-2　全国平均雾霾浓度变化及其分解（2001~2010 年）

年度	雾霾浓度	人口规模	生活水平	产业结构	能耗强度	排放强度	技术变化
2001~2002	0.029 3	0.007 3	0.093 4	0.001 7	0.007 7	-0.080 7	-0.073 0
2002~2003	0.073 4	0.007 7	0.104 2	0.037 1	-0.020 9	-0.054 7	-0.075 6
2003~2004	**-0.144 8**	0.008 0	0.115 2	0.025 7	-0.006 8	**-0.286 9**	-0.293 7
2004~2005	0.057 2	0.001 2	0.117 9	0.028 1	-0.023 4	-0.066 5	-0.089 9
2005~2006	0.063 7	0.009 2	0.113 3	0.031 2	-0.056 4	-0.033 5	-0.089 9
2006~2007	0.028 5	0.009 3	0.126 4	0.001 0	-0.042 9	-0.065 4	-0.108 3
2007~2008	-0.010 9	0.010 3	0.105 9	0.009 7	-0.064 5	-0.072 3	-0.136 8
2008~2009	**-0.124 5**	0.009 3	0.103 0	-0.020 4	-0.033 3	**-0.183 0**	-0.216 3
2009~2010	0.003 6	0.009 9	0.117 2	0.034 1	-0.072 3	-0.085 3	-0.157 6
2001~2010	-0.002 7	0.008 0	0.110 7	0.016 5	-0.034 7	-0.103 1	-0.137 8

---

① 根据国家统计局的划分标准，本章实证分析样本所涵盖的 30 个省份可以划分为三大区域，东部地区包括北京、天津、上海、山东、河北、辽宁、江苏、浙江、福建、广东和海南；中部地区包括山西、吉林、黑龙江、安徽、江西、河南、湖北和湖南；西部地区包括内蒙古、广西、重庆、四川、贵州、云南、陕西、甘肃、青海、宁夏和新疆。

续表

年度	雾霾浓度	人口规模	生活水平	产业结构	能耗强度	排放强度	技术变化
2001~2005	0.003 8	0.006 0	0.107 7	0.023 1	−0.010 8	−0.122 2	−0.133 0
2006~2010	−0.007 9	0.009 6	0.113 2	0.011 1	−0.053 9	−0.087 9	−0.141 8

注：每年的数据由 30 个省份的数据取算术平均值得到，其中技术变化=能耗强度+排放强度

从雾霾形成的各分解项的横向比较来看，平均而言，造成雾霾污染的主要因素影响顺序为技术变化（包括能耗强度和排放强度）、生活水平、产业结构及人口规模。其中人口规模、生活水平及产业结构对雾霾的形成具有正向作用，而技术变化（能耗强度和排放强度）则成为抑制雾霾污染形成的根本力量。

在雾霾污染的驱动力量中，生活水平的提高是导致雾霾污染最主要的原因。这也说明若环境库兹涅茨曲线存在的话，中国目前正处于环境库兹涅茨曲线转折点的左侧，这一判断与许广月和宋德勇（2010）基于二氧化碳排放估计的环境库兹涅茨曲线结论较为吻合。同时，上述结果也与京津冀、长三角及珠三角等经济相对较为发达地区雾霾污染程度高于全国平均水平（马丽梅和张晓，2014）这一事实相符。此外，马丽梅和张晓（2014）基于空间计量方法估计结果也表明，雾霾污染与经济发展的"倒 U 形"关系并未出现，随着人均 GDP 上升，雾霾污染水平单调上升。

本章认为，生活水平是造成雾霾严重的长期和主要因素的可能解释有：第一，生活水平的极大提高是建立在快速工业化基础上的。众所周知，经过短短 40 多年的改革开放，中国经济总量目前已经位居世界第二，成为次贷危机以来世界经济增长的新引擎，人均收入水平也进入世界银行界定的上中等收入水平阶段，正在全力跨越"中等收入陷阱"，向高收入国家迈进。快速的经济增长和生活水平的大幅度提高是建立在工业化基础上的，目前我国已经先后经历了轻工业、重工业及重化工业三个阶段。工业化在实现中国国强民富的同时也创造了国民难以回避的"副产品"——越来越严重的雾霾。雾霾的典型代表 $PM_{2.5}$ 来源除了自然产生（包括火山爆发、森林火灾、土壤和岩石的风化等）就是人为污染了，而人为污染就是指人类生产和生活活动形成的污染，包括工业污染、农业污染、交通运输污染、生活污染等。学者对各地 $PM_{2.5}$ 来源解析结果也进一步表明，目前 $PM_{2.5}$ 的主要来源是燃煤燃料排放、工业发展、机动车排放、城市餐饮排放、交通拥堵和油品不佳导致的排放、快速城市化以及房地产泡沫导致的排放等。总之，40 年的改革开放过程在经济方面的主要表现就是迅速的工业化，工业化在改变我国居民生产和生活方式的同时，最直接的负效应渠道就是工业排放，而工业排放是雾霾的直接来源，这一点在雾霾非常严重的京津冀地区表现得尤为明显，正是河北地区大量钢厂和水泥厂的直接排放导致了最近几年京津冀地区严重的雾

霾污染。

第二，生活水平的提高主要体现在居民消费结构的升级上。改革开放以来，中国居民消费结构已经大致经历了三个阶段的升级过程：具体分为 20 世纪 80 年代开始的温饱型消费，这次消费升级带动了轻工业发展；而 20 世纪 90 年代以家电为主的发展型消费则带动了重工业发展；进入 21 世纪以来的以汽车和住房为主的消费升级则带动了重化工业发展。每一次的消费升级，带来了工业化深化和重化导致的污染物排放程度的不断上升。卢风和廖志军（2014）就认为各种严重污染正源自我国目前"大量生产、大量消费、大量排放"的生产–生活方式，它带给国人空前物质享受的同时，也留给国人空前的环境污染。以最新一轮的消费热点汽车和住房为例，随着私家车数量的暴增，其尾气污染对空气已经产生了不可估量的影响。据我国学术界和环保部门的分散研究，其尾气污染对 $PM_{2.5}$ 的贡献，大致在 30%~50%。住房及其上下游的生产建设活动造成的污染更是惊人，姑且不论住房建设带给城市的大规模扬尘，住房建设的基本原材料钢铁水泥就是典型的高污染产业，造成了大量的排放污染。

考虑到目前汽车和住房已经成为我国居民城市化和现代化过程中的刚性需求，就知道治理雾霾的难度巨大。辩证地看，治理雾霾的难度还在于我国目前汽车和住房的存量太大，这么巨大的汽车保有量和住房完工量决定了需要在一个很高的排放水平上来降低雾霾排放。而且存量大决定了流量也会上升，一个拥有了大排量轿车的人，再注意节约每一滴油也是毫无意义的。住在别墅或大平层的家庭，奢谈节约每一度电也同样没有价值。私人汽车肯定比公交耗能，大住宅通常比小住宅更耗能。实践中，节能减排只注重流量而忽视存量，但后者往往是更重要的。

第三，为满足消费结构的不断升级，对资源和环境进行大规模的开发、利用甚至滥用。公众每天都在追求更高质量的生活，要知道人类的生活质量每提高一分，对大自然的伤害力度就会多一分。举个生活中的小例子：20 世纪 80 年代，国民习惯随身携带手帕，用于饭后卫生和个人清洁，而现在无论到哪里都有餐巾纸。但根据资料显示，每生产一吨餐巾纸要 17 棵大树，而我国年人均消费纸巾1.74 千克，这就意味着 1 000 万立方米的森林被砍掉。类似的例子不胜枚举，公众用一次性塑料袋替代了买菜的竹篮子；城市写字楼里面的上班一族用一次性筷子和餐盒替代了传统的自带饭盒；等等。可见，在现有的制度环境和技术条件下，公众的生活水平越高，消费的资源就越多，造成的污染和排放就越多。

总之，每个人不仅仅是雾霾的受害者，也是制造雾霾的参与者。雾霾的来源，表面上看是工业和生活燃料的燃烧、城市建筑扬尘、汽车尾气、餐饮油烟排放等造成的，因此公众更多是从政府的监管不力、不依法办事，或者是企业的良知丧失，罔顾其他人的安危，只顾着赚钱等方面去责难，但是实际上今天笼罩中国大地的雾霾并不是如此简单的因果关系，今天的"十面霾伏"本质上反映的是一个"一穷二白"的国家的国民对经济利益的长期追求，对幸福美好生活向往而付出的代价。治理雾霾的难点也最终会体现为社会各界如何权衡经济发展和环境保护之间的关系，如何有效处理那些仍然生存在社会底层的人在雾霾和吃饭之间的选择，如何有效处理在不影响经济进一步发展和赶超的前提下实现更少的能源消费和污染排放，等等。

本章的分解结果表明，技术才是治理雾霾的第一力量。这十年间，正是技术进步，才导致我国的雾霾浓度平均而言下降了 0.27%。技术进步治理雾霾的作用在两次五年计划期间表现得最为明显，正是因为排放强度和能耗强度的提高导致了收官前一年雾霾浓度的大幅度下降。

在抑制雾霾污染的因素当中，排放强度的变化起了主导性作用。样本期内全国平均每单位能源消费产生的雾霾浓度年均降幅为 10.31%，在很大程度上抵消了由于生活水平的快速上升而带来的严重雾霾污染。从排放强度的变化趋势来看，不同年份之间的差异较为显著，除前文中提到的两个特殊时期之外，其余年份的下降速度相对较小。这也充分说明排放强度可以在短时间内实现快速下降，或将成为雾霾治理的重要抓手。整体来看，排放强度在样本期内快速降低主要得益于以下三个方面：①政府对环保问题的逐渐重视，客观上抑制了污染排放。例如，对于机动车的环保要求逐年提高，加大排污企业的惩罚力度等，有效控制了污染源头。②生产技术的进步使得能源的使用更加"清洁化"，如采用"煤蒸馏"的方式对煤炭进行除杂，以实现对煤炭更为清洁的利用。③风能、核能及太阳能等新能源的出现，在一定程度上替代高排放和高污染的传统能源，同样起到降低污染排放的作用。例如，2001~2006 年太阳能热水器在我国快速发展，并逐步成为建筑物供热的重要方式。

技术变化中的排放强度在抑制雾霾污染中的主导性作用，还有助于帮助澄清一些误解，最典型的就是依靠刮风来治理雾霾。本章研究表明，依靠刮风来治理雾霾无异于"刻舟求剑"，也没有坚实的科学依据。中国气象科学研究院徐祥德院士基于国内外的相关研究指出，发展风电对局地风速虽有一定影响，但影响的范围非常有限。丹麦科技大学和清华大学的研究进一步表明，风电场对下游几千米到几十千米范围的地面风速有明显影响，但超过 100 千米之外，影响可忽略不计。同样以近几年雾霾最为严重的京津冀地区为例，现在整个京津冀地区一年的燃煤总量是 3.43 亿吨，如果加上山东的 3.81 亿吨就是 7.24 亿吨，占全国煤炭消耗总量的 20%以上，与长三角地区的 6.02 亿吨相当。京津冀生产的钢铁总量也是全世界第一，橡胶轮胎和平板玻璃亦是如此，生产的药品、其他化工用品也在世界名列前茅。与京津冀地区巨大燃煤量同样重要的是机动车的尾气问题，以及两者产生的复合污染，所以京津冀地区雾霾污染的 70%是人为排放造成的，这两大污染源仍是最主要的原因。总之，京津冀地区重污染频发，最主要的原因是本地与周边区域污染物排放状况，是为了改善生活水平而造成的，是不可能通过"等风来"而治理的。

技术变化的能耗强度下降对于雾霾浓度的抑制作用相对较弱，样本期内全国平均能耗强度年均下降幅度为 3.47%，约为排放强度平均下降速度的三分之一。从能耗强度的变动趋势来看，除 2001~2002 年有小幅上升之外，其余年份都有不同程度的降低，且随着时间的推移，排放强度的下降幅度有明显的上升趋势。能耗强度的降低可能有以下几方面原因：①能源需求的不断增加推高了能源价格，如 2001 年加入世界贸易组织以来，随着生产的大规模扩张，煤炭价格一度出现快速攀升的趋势。客观上逼迫企业提高能源利用效率，以降低生产成本。②随着能源在经济增长中的"瓶颈效应"日益凸显，政府逐步将"节能"作为一项重要的工作来抓。例如，"十五"规划提出"合理使用资源，提高资源利用效率，实现永续利用"，而"十一五"规划进一步明确提出单位 GDP 能耗降低 20%左右的目标。③生产技术的进步也在很大程度上提高了能源的利用效率，从而使得单位产出的能源消耗得以大幅降低。

与上述因素相比，产业结构及人口规模对雾霾浓度的影响相对较小。样本期内，全国平均产业结构上升幅度为 1.65%，对雾霾浓度的影响约为能耗强度的一半，仅为排放强度的六分之一。从时间趋势看，除 2008~2009 年受到金融危机的影响，使得产业结构对雾霾污染具有抑制作用之外，其他年份中产业结构均不同程度地提高了雾霾污染水平。这与前文论证工业化的影响是一致的。虽然经过 30 多年的快速发展，中国经济整体水平有了较大幅度的提高，但仍然面临着地区及产业发展不平衡等结构性问题。虽然经济发展水平相对较高的东部地区第二产业比重已趋于稳定，但中西部地区仍然需要进一步提高工业化水平，即便是发展水平较高的东部地区也面临着进一步优化产业结构的挑战。基于上述原因，虽然伴随着工业化程度的提高，雾霾浓度出现了一定程度的上升，但从时间趋势来看，第二产业比重上升的幅度具有显著的下降趋势。上述结果表明，以产业结构升级转型来降低雾霾污染的潜力巨大，在中国经济新常态的大背景下，结构转型也将成为提升经济增长质量与实现经济可持续发展的重要途径。需要强调的是，产业结构对雾霾的影响并没有预期的那么大，原因可能是：①产业结构是生产端，对雾霾的影响已经体现在本章分解项中的生活水平中；②反映生活污染的第三产业无法在本章的产业结构指标中体现出来。

人口规模变化对于雾霾污染的加剧作用相对来说较为有限，样本期内全国平均人口规模年均增长 0.8%，且随着时间的变化，人口规模对雾霾浓度的影响也未出现较大的波动。由于"计划生育"国策的作用，人口规模得到十分有效的控制，导致样本期内人口的增速较为缓慢，再加上生活水平的快速提高，在一定程度上也对生育意愿起到了抑制作用，从而导致人口规模对雾霾污染的影响较小。

　　为了更加细致地考察不同诱发因素相对作用大小，在表 7-2 的最后两行分别列示了"十五"期间及"十一五"期间雾霾浓度变化及其分解项。由于前文中提到的在每个时期收尾前一年都出现了雾霾浓度大幅度下降的情况，故在两个时期内年均雾霾浓度变化都十分微弱。在"十五"期间，雾霾浓度年均上升 0.38%，而在"十一五"期间，雾霾浓度平均每年降低了 0.79%。从雾霾形成的各分解项来看，"十五"期间，造成雾霾污染的主要因素影响顺序为排放强度、生活水平、产业结构、能耗强度及人口规模，而"十一五"期间各分解项对雾霾浓度影响大小的排序为生活水平、排放强度、能耗强度、产业结构及人口规模。与"十五"期间相比，"十一五"期间最为显著的两大变化是：①生活水平代替排放强度成为最重要的影响因素；②能耗强度对雾霾污染的抑制作用快速上升，并取代产业结构成为雾霾形成的第三大影响因素，而人口规模对雾霾污染的影响在两个时期内都相对较小，影响力排名也未发生任何变化。

　　造成上述变化的原因可能是，虽然"十一五"期间生活水平提高的速度较"十五"期间有所提高，但使生活水平成为第一大雾霾浓度影响因素的主要原因还是排放强度的大幅下降，一种可能的解释是排放强度的降低源于生产技术水平的提高，而这种技术进步与通常的技术进步一样具有凹性，即随着技术水平的提高，进一步提升技术需要的边际成本递增。能耗强度代替产业结构成为影响雾霾浓度的第三大因素，主要原因有两个方面：第一，随着经济发展水平的不断提高，第二产业占 GDP 的份额逐渐趋于稳定，进一步提高的空间十分有限，从数据中也可以看到产业结构的提升幅度从"十五"期间的 2.31%下降到"十一五"期间的 1.11%。这也从一个侧面说明我国工业化达到一定程度之后，需要通过结构优化以释放提高经济质量并实现可持续发展的"双重红利"。第二，也是更为重要的原因，"十一五"期间能耗强度出现快速下降，该发展趋势与国家大政方针密不可分，"十五"规划提出"合理使用资源，提高资源利用效率，实现永续利用"，而"十一五"规划进一步明确提出单位 GDP 能耗降低 20%左右的目标。随着"节能减排"工作在政府工作目标中的地位被不断提高，能耗强度的降低对于雾霾污染的抑制作用将进一步得到加强。

（二）区域层面分析

　　由于我国东、中、西三大经济区域在经济发展上展现了很大的异质性，不同区域在经济增长与能源利用上展现出不同的发展模式，东部地区为"高能效-高增长"，而中西部地区为"低能效-高增长"的发展模式（张少华和蒋伟杰，

2014）。为此，本章将在三大区域层面对雾霾浓度变化及其分解进行剖析，以厘清不同地区在雾霾污染形成上的差异。图7-1~图7-3描绘了我国东、中、西三大区域雾霾浓度及其分解项的变化趋势，结合三张图的结果可以得到以下一些启示：首先，从各地区雾霾浓度的变化情况来看，东部地区雾霾浓度在样本期的前几年基本保持着年均5%~6%的增长幅度，但2007年以后下降的趋势十分明显。相对于东部地区来说，中部地区早期的雾霾浓度变化更加强烈，而近几年来则变得较为稳定。除2008~2009年之外，2006年以后基本上保持年均3%左右的增长水平。西部地区是三个地区中雾霾浓度变化相对最小的地区，除早期有小幅波动之外，2006年以后几乎没有变化，仅在2008~2009年出现了9.81%的大幅下降。

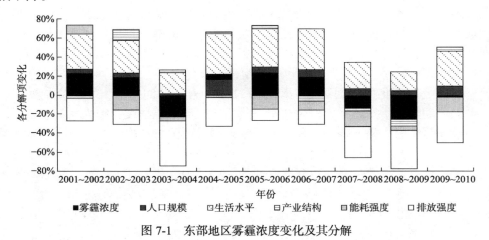

图 7-1　东部地区雾霾浓度变化及其分解

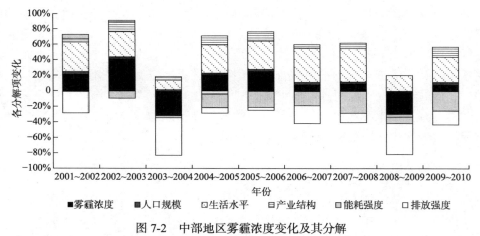

图 7-2　中部地区雾霾浓度变化及其分解

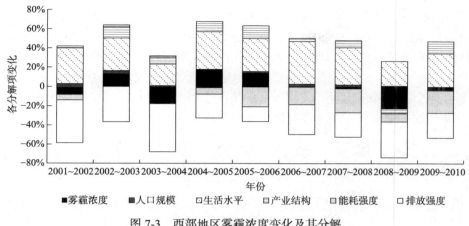

图 7-3 西部地区雾霾浓度变化及其分解

其次，在三大区域中，生活水平提高都是引发雾霾污染的主要因素。但生活水平的影响变化在不同区域间展现出较大的差异，就东部地区而言，近几年来生活水平对雾霾污染的作用具有十分显著的下降趋势，就中部地区而言，除 2003~2004 年以及 2008~2009 年出现两次暂时的下降之外，其余年份都保持了较高的水平，西部地区情况与中部地区较为接近，不同的是，在中部地区出现两次较大幅度下降的时候，西部地区生活水平对雾霾污染的影响仍然维持了较高的水平。从产业结构的影响来看，虽然第二产业占比的提高确实加剧了雾霾污染，但该效应在东部地区十分有限，而在中西部地区有 2%~3% 的年平均增长率。由于数据限制，本章未能将产业结构进一步细化到第二产业的内部结构，何小钢（2015）研究认为，东部地区及中部地区第二产业的"重工业化"是导致雾霾污染的重要诱因。

最后，从抑制雾霾污染的主要动力来看，排放强度的下降在三大区域中表现都十分抢眼。以东部地区为例，除在两个特殊年份中排放强度下降十分明显之外，另一个显著的特征是近几年来排放强度对于雾霾污染的抑制作用正在逐步加强；而中部地区相对来说排放强度的抑制作用就没有那么显著，除两个特殊年份中排放强度作用十分显著之外，其余年度相对于东部及西部地区来说并不出色；从西部地区排放强度的作用来看，除个别年份（2005~2006 年）中排放强度对于雾霾污染的抑制作用不是十分显著之外，在大部分时期中排放强度的表现都较为出色，对于抑制西部地区的雾霾污染起着至关重要的作用。

表 7-3 列示了三大区域在"十五"和"十一五"期间的雾霾浓度变化及其分解项，从中可以看到，东部地区在"十五"期间雾霾浓度年均上升 1.01%，而在"十一五"期间年平均下降了 0.83%，在三个区域中属于"大起大落"的变化模式；中部地区在"十五"期间雾霾浓度年均上升了 0.23%，而在"十一五"期间

出现了年均 0.16%的下降，在三个区域中属于"小起小落"的变化模式；而西部地区雾霾浓度在两个时期内均出现了下降的情况，"十五"期间年均下降了 0.15%，而"十一五"期间年均下降幅度更是达到了 1.21%，属于从"小落到大落"的发展模式。从不同区域来看，与全国层面的变化趋势十分接近，三大区域也是在两个关键年份出现了大幅下降的情况（图 7-1~图 7-3），从而导致在"十五"期间及"十一五"期间雾霾浓度变化都不是很大。

表 7-3　三大区域平均雾霾浓度及其分解（2001~2010 年）

年度	雾霾浓度	人口规模	生活水平	产业结构	能耗强度	排放强度	技术变化
东部地区							
2001~2005	0.010 1	0.012 0	0.107 0	0.015 8	−0.012 0	−0.112 6	−0.124 6
2006~2010	−0.008 3	0.020 3	0.100 5	−0.005 8	−0.036 9	−0.086 5	−0.123 4
2001~2010	0.000 1	0.016 5	0.103 4	0.004 0	−0.025 6	−0.098 3	−0.123 9
中部地区							
2001~2005	0.002 3	0.000 4	0.108 7	0.028 3	−0.020 1	−0.115 0	−0.135 1
2006~2010	−0.001 6	0.003 2	0.119 9	0.019 3	−0.065 8	−0.078 2	−0.144 0
2001~2010	0.000 2	0.002 0	0.114 8	0.023 4	−0.045 0	−0.094 9	−0.140 0
西部地区							
2001~2005	−0.001 5	0.004 1	0.107 6	0.026 8	−0.002 9	−0.137 1	−0.140 0
2006~2010	−0.012 1	0.003 4	0.121 0	0.022 0	−0.062 2	−0.096 4	−0.158 6
2001~2010	−0.007 3	0.003 7	0.114 9	0.024 2	−0.035 2	−0.114 9	−0.150 1

注：期间数据由相应地区的数据取算术平均值得到，其中技术变化=能耗强度+排放强度

　　从各分解项来看，无论在哪个区域，生活水平都是导致雾霾污染加剧的主要原因，而排放强度的下降是缓解雾霾污染的主要动力来源。具体来看，各项驱动力在不同区域间的变化趋势体现出较大的差异。从生活水平对雾霾的影响看，东部地区生活水平对雾霾的影响基本保持平稳但略有下降，这表明东部地区相对其他地区经济发展水平相对较高，从而导致生活水平对环境冲击的影响在东部地区有所下降；中部地区生活水平对雾霾污染的影响在两个时期有所加强，影响力上升了 1.12 个百分点；西部地区与中部地区较为接近，生活水平对雾霾污染的影响也有所提升。这表明中西部地区经济发展程度相对较低，生活水平的提高对增加雾霾污染的影响力有进一步提高的趋势。同时，由于样本期内中国经济正经历着快速的发展，即便是相对欠发达的中西部地区，也有较高的经济增长率，因而促进了生活水平的快速提高，并造成了严重的环境问题。

　　在有效抑制雾霾污染的因素中，排放强度的作用在各个地区均有所减弱，东部地区降低了 2.61 个百分点，中部地区降低了 3.68 个百分点，而西部地区更是下降了 4.07 个百分点，下降幅度最大。值得庆幸的是，能耗强度对雾霾的抑制作用

在各个地区均有所加强，东部地区上升了 2.49 个百分点，中部地区上升了 4.57 个百分点，而西部地区更是上升了 5.93 个百分点。导致上述变化的原因可能是：①政府大力倡导"节能减排"；②伴随着能源价格的上升，偏向性技术进步使得能源要素的使用变得更有效率；③能源价格的扭曲会显著增加雾霾污染，而样本期内伴随着市场化改革的不断推进，能源价格扭曲程度大幅降低，进而提高了能源利用效率（冷艳丽和杜思正，2016）。

（三）省份层面分析

为进一步考察雾霾浓度变化及其分解项的差异，本章对所有年度取平均值，以观察截面维度的差异。基于全国及区域的分析表明，在"十五"和"十一五"规划期间，雾霾浓度及其分解项均表现出较大的差异。因此，在省份层面我们也报告两个时期中各省份雾霾浓度及其分解，结果如表 7-4~表 7-6 所示。从整个样本期间看，如表 7-4 所示，雾霾浓度上升最快的三个省份分别是山东、江苏及吉林，在样本期内雾霾浓度年平均上升幅度分别达到了 2.64%、1.82% 及 1.62%。考虑到全国雾霾浓度在样本期内年平均增长率为−0.27%，上述三个省份的雾霾污染恶化速度较为迅速，并且我们发现，造成这三个省份雾霾污染的因素排序和全国情况基本一致，也是生活水平、排放强度、能耗强度、产业结构及人口规模。

表 7-4 各省份平均雾霾浓度及其分解（2001~2010 年）

省份	雾霾浓度	人口规模	生活水平	产业结构	能耗强度	排放强度	技术变化
北京	−0.013 9	0.038 7	0.071 0	−0.028 2	−0.028 5	−0.067 0	−0.095 5
天津	−0.003 2	0.028 6	0.114 3	0.005 2	−0.053 8	−0.097 5	−0.151 3
河北	−0.008 4	0.007 9	0.103 1	0.008 2	−0.011 0	−0.116 6	−0.127 6
山西	−0.016 8	0.009 8	0.106 2	0.019 1	−0.052 1	−0.099 8	−0.151 9
内蒙古	−0.010 0	0.004 2	0.161 3	0.039 7	−0.047 6	−0.167 6	−0.215 2
辽宁	0.005 7	0.004 7	0.116 8	0.011 3	−0.057 7	−0.069 4	−0.127 1
吉林	0.016 2	0.002 3	0.121 2	0.028 6	−0.067 1	−0.068 8	−0.135 9
黑龙江	−0.000 9	0.000 6	0.108 3	−0.008 4	−0.031 6	−0.069 9	−0.101 5
上海	−0.009 1	0.035 8	0.073 6	−0.011 1	−0.025 6	−0.081 9	−0.107 5
江苏	0.018 2	0.007 4	0.119 8	0.000 9	−0.009 8	−0.100 2	−0.110 0
浙江	−0.005 9	0.015 7	0.103 2	−0.000 2	−0.013 3	−0.111 4	−0.124 7
安徽	0.012 0	−0.003 1	0.119 5	0.032 7	−0.078 0	−0.059 1	−0.137 1
福建	−0.015 8	0.007 7	0.110 4	0.017 1	−0.009 5	−0.141 6	−0.151 1
江西	−0.000 8	0.007 1	0.113 4	0.044 3	−0.053 3	−0.112 3	−0.165 6
山东	0.026 4	0.006 5	0.119 6	0.010 2	−0.026 8	−0.083 2	−0.110 0

续表

省份	雾霾浓度	人口规模	生活水平	产业结构	能耗强度	排放强度	技术变化
河南	−0.008 1	−0.001 8	0.119 2	0.026 2	−0.037 5	−0.114 3	−0.151 8
湖北	−0.002 6	0.001 4	0.114 4	0.021 1	−0.035 0	−0.104 4	−0.139 4
湖南	0.002 0	−0.000 4	0.117 2	0.022 6	−0.009 4	−0.127 9	−0.137 3
广东	0.002 9	0.019 8	0.102 5	0.009 9	−0.024 3	−0.105 1	−0.129 4
广西	0.000 4	−0.004 2	0.124 7	0.037 0	−0.036 6	−0.120 5	−0.157 1
海南	0.001 7	0.009 7	0.102 8	0.018 5	−0.024 3	−0.105 0	−0.129 3
重庆	−0.001 4	0.002 2	0.122 8	0.028 0	−0.046 6	−0.107 8	−0.154 4
四川	−0.001 9	−0.001 3	0.121 8	0.033 8	−0.047 0	−0.109 2	−0.156 2
贵州	−0.013 1	−0.009 8	0.119 0	0.000 4	−0.041 8	−0.080 9	−0.122 7
云南	−0.008 8	0.007 9	0.094 6	0.011 2	−0.012 5	−0.110 0	−0.122 5
陕西	−0.014 2	0.002 5	0.124 1	0.022 0	−0.037 1	−0.125 7	−0.162 8
甘肃	−0.011 5	0.001 6	0.103 5	0.018 8	−0.044 8	−0.090 7	−0.135 5
青海	−0.001 1	0.008 2	0.110 1	0.029 2	−0.034 7	−0.114 0	−0.148 7
宁夏	−0.018 4	0.013 0	0.100 5	0.021 6	−0.017 6	−0.135 9	−0.153 5
新疆	−0.001 0	0.016 9	0.082 9	0.023 8	−0.027 7	−0.096 9	−0.124 6
全国	−0.002 7	0.008 0	0.110 7	0.016 5	−0.034 7	−0.103 1	−0.137 8

表 7-5　各省份平均雾霾浓度及其分解（2001~2005 年）

省份	雾霾浓度	人口规模	生活水平	产业结构	能耗强度	排放强度	技术变化
北京	−0.024 1	0.026 2	0.088 0	−0.014 5	−0.037 9	−0.085 9	−0.123 8
天津	−0.011 5	0.009 5	0.125 8	0.022 4	−0.073 7	−0.095 6	−0.169 3
河北	−0.006 9	0.005 6	0.106 5	0.018 6	0.030 9	−0.168 5	−0.137 6
山西	−0.013 9	0.006 3	0.123 8	0.042 0	−0.054 5	−0.131 4	−0.185 9
内蒙古	−0.018 4	0.002 3	0.169 9	0.042 8	0.001 1	−0.234 5	−0.233 4
辽宁	0.010 3	0.001 6	0.109 0	−0.002 1	−0.047 3	−0.050 9	−0.098 2
吉林	−0.002 7	0.002 3	0.102 0	0.020 6	−0.045 2	−0.082 5	−0.127 7
黑龙江	−0.048 2	0.000 6	0.103 1	0.007 5	−0.039 2	−0.120 2	−0.159 4
上海	−0.030 2	0.031 2	0.084 0	0.006 7	−0.035 4	−0.116 8	−0.152 2
江苏	0.017 1	0.007 7	0.120 2	0.021 6	0.015 3	−0.147 7	−0.132 4
浙江	−0.017 0	0.013 5	0.114 4	0.007 6	0.017 2	−0.169 8	−0.152 6
安徽	0.012 5	−0.000 3	0.104 4	0.020 6	−0.064 7	−0.047 5	−0.112 2
福建	0.030 1	0.008 0	0.098 8	0.022 5	0.036 6	−0.135 8	−0.099 2
江西	0.041 8	0.007 4	0.109 3	0.067 1	−0.031 3	−0.110 7	−0.142 0
山东	0.034 0	0.005 7	0.124 6	0.035 0	−0.010 0	−0.121 4	−0.131 4
河南	−0.000 5	−0.004 6	0.118 0	0.034 5	−0.004 6	−0.143 8	−0.148 4
湖北	0.001 6	0.002 3	0.098 0	0.016 1	0.011 2	−0.126 0	−0.114 8

续表

省份	雾霾浓度	人口规模	生活水平	产业结构	能耗强度	排放强度	技术变化
湖南	0.027 9	−0.010 4	0.110 9	0.017 9	0.067 2	−0.157 7	−0.090 5
广东	0.073 8	0.012 9	0.117 7	0.024 0	−0.013 2	−0.067 7	−0.080 9
广西	0.044 9	−0.006 8	0.115 1	0.028 5	0.013 4	−0.105 4	−0.092 0
海南	0.036 0	0.009 9	0.087 9	0.031 5	−0.014 8	−0.078 6	−0.093 4
重庆	−0.013 2	−0.002 8	0.110 2	0.014 6	0.001 5	−0.136 7	−0.135 2
四川	−0.010 7	0.002 1	0.108 7	0.031 5	−0.004 6	−0.148 5	−0.153 1
贵州	0.026 7	−0.004 6	0.104 8	0.017 0	−0.057 3	−0.033 3	−0.090 6
云南	−0.012 9	0.009 3	0.081 6	0.003 7	0.041 9	−0.149 3	−0.107 4
陕西	−0.010 7	0.002 5	0.111 7	0.031 6	−0.011 6	−0.144 9	−0.156 5
甘肃	−0.016 9	0.002 2	0.101 9	0.015 8	−0.017 9	−0.118 8	−0.136 7
青海	0.004 9	0.009 4	0.105 0	0.038 7	−0.006 8	−0.141 5	−0.148 3
宁夏	−0.004 6	0.014 2	0.092 3	0.032 6	0.032 0	−0.175 8	−0.143 8
新疆	−0.005 9	0.017 2	0.081 8	0.037 6	−0.023 2	−0.119 4	−0.142 6
全国	0.003 8	0.006 0	0.107 7	0.023 1	−0.010 8	−0.122 1	−0.133 0

表 7-6　各省份平均雾霾浓度及其分解（2006~2010 年）

省份	雾霾浓度	人口规模	生活水平	产业结构	能耗强度	排放强度	技术变化
北京	−0.005 8	0.048 7	0.057 5	−0.039 2	−0.020 9	−0.051 9	−0.072 8
天津	0.003 4	0.043 9	0.105 0	−0.008 5	−0.037 9	−0.099 0	−0.136 9
河北	−0.009 5	0.009 8	0.100 4	0.000 0	−0.044 6	−0.075 1	−0.119 7
山西	−0.019 2	0.012 6	0.092 0	0.000 8	−0.050 2	−0.074 4	−0.124 6
内蒙古	−0.003 2	0.005 7	0.154 5	0.037 2	−0.086 6	−0.114 0	−0.200 6
辽宁	0.002 1	0.007 2	0.123 0	0.022 0	−0.065 9	−0.084 2	−0.150 1
吉林	0.031 2	0.002 3	0.136 6	0.034 9	−0.084 7	−0.057 8	−0.142 5
黑龙江	0.037 0	0.000 7	0.112 5	−0.021 1	−0.025 4	−0.029 6	−0.055 0
上海	0.007 8	0.039 5	0.065 3	−0.025 4	−0.017 7	−0.054 0	−0.071 7
江苏	0.019 1	0.007 3	0.119 5	−0.015 7	−0.029 8	−0.062 2	−0.092 0
浙江	0.002 9	0.017 5	0.094 2	−0.006 4	−0.037 8	−0.064 6	−0.102 4
安徽	0.011 7	−0.005 4	0.131 7	0.042 4	−0.088 7	−0.068 4	−0.157 1
福建	−0.052 6	0.007 5	0.119 6	0.012 8	−0.046 3	−0.146 2	−0.192 5
江西	−0.034 9	0.006 9	0.116 7	0.026 0	−0.070 8	−0.113 7	−0.184 5
山东	0.020 3	0.007 2	0.115 7	−0.009 7	−0.040 2	−0.052 7	−0.092 9
河南	−0.014 1	0.000 5	0.120 2	0.019 5	−0.063 8	−0.090 6	−0.154 4
湖北	−0.005 9	0.000 6	0.127 6	0.025 2	−0.072 0	−0.087 2	−0.159 2
湖南	−0.018 7	0.007 6	0.122 2	0.026 4	−0.070 7	−0.104 1	−0.174 8

续表

省份	雾霾浓度	人口规模	生活水平	产业结构	能耗强度	排放强度	技术变化
广东	-0.053 7	0.025 4	0.090 4	-0.001 3	-0.033 2	-0.135 0	-0.168 2
广西	-0.035 2	-0.002 2	0.132 3	0.043 7	-0.076 6	-0.132 5	-0.209 1
海南	-0.025 7	0.009 7	0.114 7	0.008 1	-0.032 0	-0.126 1	-0.158 1
重庆	0.007 9	0.006 1	0.132 8	0.038 8	-0.085 1	-0.084 7	-0.169 8
四川	0.005 2	-0.004 1	0.132 2	0.035 7	-0.080 9	-0.077 8	-0.158 7
贵州	-0.044 9	-0.013 9	0.130 4	-0.012 9	-0.029 4	-0.119 1	-0.148 5
云南	-0.005 6	0.006 7	0.105 0	0.017 2	-0.056 0	-0.078 5	-0.134 5
陕西	-0.017 0	0.002 4	0.134 0	0.014 3	-0.057 4	-0.110 3	-0.167 7
甘肃	-0.007 3	0.001 2	0.104 8	0.021 2	-0.066 3	-0.068 2	-0.134 5
青海	-0.005 9	0.007 2	0.114 2	0.021 6	-0.057 0	-0.091 9	-0.148 9
宁夏	-0.029 5	0.012 0	0.107 0	0.012 8	-0.057 3	-0.104 0	-0.161 3
新疆	0.002 9	0.016 7	0.083 8	0.012 8	-0.031 4	-0.078 9	-0.110 3
全国	-0.007 9	0.009 6	0.113 2	0.011 1	-0.053 9	-0.087 9	-0.141 8

从山东省雾霾浓度变化分解项来看，其人口规模、生活水平及产业结构的变化趋势与全国平均水平较为接近，并不是导致雾霾浓度快速上升的主要原因。从能耗强度及排放强度来看，山东省的能耗强度在样本期内平均每年下降 2.68%，比全国平均水平-3.47%低了 0.79 个百分点，而排放强度平均每年降低 8.32%，比全国平均水平-10.31%低了将近 2 个百分点。从上述分解结果来看，要降低山东省的雾霾污染，应该将重点放在提高技术水平以降低单位能源消费的雾霾排放量，也需要进一步提高能源利用效率，在科学节能的同时也可以达到减少雾霾污染的目的。

从江苏省的情况来看，在推高雾霾污染的因素之中，除生活水平高出全国平均值 0.91 个百分点外，其余驱动因素基本与全国平均水平持平。但从抑制雾霾污染的因素来看，江苏省能耗强度在样本期内平均每年下降幅度为 0.98%，相对于全国平均水平低了 2.49 个百分点，是导致江苏省雾霾浓度快速上升的主要原因。要化解这一困局，需要提高能源利用效率，降低单位工业产出的能源消耗水平，进而有效控制雾霾污染的加重，甚至是降低雾霾污染。

从吉林省的分解情况来看，其生活水平对于雾霾污染的推动作用相对于全国平均水平高出了 1.05 个百分点，同时产业结构也比全国平均水平高了 1.21 个百分点。从抑制雾霾污染的因素来看，吉林省排放强度平均每年下降 6.88%，较全国平均水平低了 3.43 个百分点。值得庆幸的是，吉林省在能耗强度上的表现十分出色，样本期内平均每年下降水平达到了 6.71%，远高于全国平均水平。正负因素相抵之后，使得吉林省雾霾浓度出现了年均 1.62%的上升。

雾霾浓度下降最快的三个省份分别是宁夏、山西及福建，这些省份在样本期内雾霾浓度平均每年降低了1.84%、1.68%及1.58%。宁夏和福建在整个样本期间雾霾浓度下降较快得益于排放强度的快速下降，样本期间宁夏的排放强度年均下降幅度为13.59%，而福建更是达到了14.16%。山西雾霾浓度的降低主要依赖于其能耗强度的下降，样本期内年平均降幅为5.21%。

如表7-5所示，从"十五"期间各省份雾霾浓度及其分解情况来看，广东、广西及江西三省雾霾浓度上升速度最快。上述三个省份在"十五"期间雾霾浓度年均上升幅度分别达到了7.38%、4.49%及4.18%。导致广东在"十五"期间雾霾浓度大幅上升的主要原因是其排放强度在"十五"期间下降幅度远低于全国平均水平，"十五"期间全国平均排放强度每年下降12.22%，比广东高出了5.45个百分点。相对来说广西的情况要复杂得多，在抑制雾霾污染的因素中，能耗强度在广西发挥了相反的作用，"十五"期间全国平均能耗强度每年下降1.08%，而广西却以年均1.34%的速度上升。加上排放强度的抑制作用也低于全国平均水平，并且生活水平的提高以及第二产业比重的上升均高于全国平均水平，使得广西在"十五"期间雾霾浓度上升较快。江西雾霾浓度在"十五"期间的快速上升主要是产业结构中第二产业的比重快速上升导致的，"十五"期间江西第二产业比重年均上升幅度达到了6.71%，比同一时期全国平均水平高出了4.4个百分点。

"十五"期间雾霾浓度降低最快的三个省份为黑龙江、上海及北京，年平均下降幅度分别为4.82%、3.02%及2.41%。从雾霾污染的驱动因素可以看到，黑龙江在"十五"期间雾霾浓度快速下降主要得益于产业结构基本保持平稳以及能耗强度的快速下降。由于上海经济发展水平较高，其在"十五"期间生活水平提高速度相对较慢。但人口的聚集效应使得上海在"十五"期间人口规模出现了年均3.12%的增长，是省级行政区中人口规模上升最快的，这在很大程度上抵消了生活水平提高较慢对缓解雾霾污染的作用。可喜的是，相对稳定的产业结构以及快速下降的能耗强度保证了上海雾霾浓度在"十五"期间的快速下降。北京的情况与上海十分类似，在"十五"期间北京人口规模提升同样高于全国平均水平，但生活水平的提升相对落后于全国平均水平。第二产业比重的下降使得北京在排放强度下降较慢的情况下依旧很好地控制了雾霾污染，实现了雾霾浓度年均2.41%的下降。

从表7-6可以看到，就全国平均水平而言，"十一五"期间较"十五"期间全国雾霾污染控制相对较好，实现了年均0.79%的降幅。在"十一五"期间雾霾污染恶化最严重的三个省份分别为黑龙江、吉林和山东，在"十一五"期间雾霾浓度年均上升幅度分别为3.70%、3.12%及2.03%。黑龙江"十一五"期间在排放强度及能耗强度的降低方面表现较差，排放强度年均降幅为2.96%，比全国平均降幅8.79%低了5.83个百分点。能耗强度平均降幅为2.54%，较全国平均水平低了 2.85 个百分点。第二产业比重的快速下降在一定程度上抵消了技术上表现较差而引起雾霾浓度快速上升的不利情况。吉林的情况与黑龙江相比具有很大不同，生活水平的快速提高、第二产业比重的上升以及排放强度降低相对缓慢共同导致了吉林雾霾浓度在"十一五"期间出现了快速上升的情况，值得庆幸的是能耗强度的快速下降在很大程度上抵消了上述不利因素导致的雾霾浓度快速上升的情况。山东的情况与黑龙江十分类似，但无论是从能耗强度还是排放强度上看，表现都要好于黑龙江。

　　"十一五"期间雾霾浓度下降最快的三个省份为广东、福建和贵州，雾霾浓度年均下降幅度分别为 5.37%、5.26%及 4.49%。除广东的快速下降部分得益于生活水平提升较慢之外，其余地区雾霾浓度的快速下降多数是技术水平提高带来的，雾霾浓度下降较快的省份在能耗强度的控制上有不错的表现。结合上述分析可以发现：①从"十五"期间到"十一五"期间，雾霾污染向北转移现象明显，最典型的就是雾霾污染最严重的三个省份从"十五"期间的广东、广西和江西转变为"十一五"期间的黑龙江、吉林和山东。与此相反的是，两个五年计划期间，雾霾浓度降低出现向南转移的特征，如雾霾浓度降低最快的三个省份从"十五"期间的黑龙江、上海和北京转变为"十一五"期间的广东、福建和贵州省。②即使是雾霾污染恶化都较快的省份之间，其驱动因素也存在着差异。这就要求在进行雾霾防治的时候要理解不同地区的主要驱动因素，这样才能做到有的放矢，并起到事半功倍的效果。

四、进一步分析

（一）"非减速治霾"的可能性：基于一个自然实验的发现

　　本章基于不同层面的分析发现，环境保护与经济增长看似"跷跷板"的关系并不必然成立。通过技术水平的提高可以打破这种"跷跷板"关系，在保持生活水平快速上升的同时，有效抑制雾霾污染的进一步恶化甚至是减轻污染。本章基于全国层面的分析发现，全国平均雾霾浓度曾在"十五"以及"十一五"收官前一年，两次出现大幅下降的现象。该现象为雾霾治理提供了自然实验，本节将通过剖析这两个时期雾霾浓度快速下降的原因，为雾霾治理工作提供理论依据与现实基础。

　　表 7-7 及表 7-8 分别列示了"十五"及"十一五"收官前一年各个省份雾霾浓度变化及其分解情况，从中可以看到 2003~2004 年全国平均雾霾浓度降低了

14.48%，而下降幅度最高的黑龙江降幅更是达到了 63.79%。2008~2009 年全国平均雾霾浓度下降了 12.45%，下降幅度最高的省份依旧是黑龙江，达到了 30.97%。从各驱动因素来看，2003~2004 年全国雾霾浓度的大幅度下降主要依赖于排放强度的快速降低，平均下降幅度达到了 28.69%。即使在生活水平有 11.52%的提升幅度的情况下，雾霾浓度还是出现了大幅降低，表明技术水平的提高完全可以在保持经济快速发展的基础上，降低雾霾污染的危害，实现经济增长与环境保护的"双重红利"。从表7-8的结果可以看到，虽然2008~2009年排放强度的下降幅度相对于 2003~2004 年出现了一定程度的降低，但仍然有效抑制了雾霾污染的危害，使得雾霾浓度降低了 12.45%。与排放强度对抑制雾霾污染"立竿见影"的效果不同，通过降低能耗强度抑制雾霾污染需要更为长久的努力，从表 7-8 的结果可以看到，虽然能耗强度的降低相对于 2003~2004 年对雾霾污染的抑制作用有所加强，但从绝对量上看还是未能完全发挥出作用，需要在将来进行进一步挖掘。

表 7-7　各省份雾霾浓度及其分解（2003~2004 年）

省份	雾霾浓度	人口规模	生活水平	产业结构	能耗强度	排放强度	技术变化
北京	-0.401 7	0.025 1	0.106 8	0.033 9	-0.065 3	-0.502 2	-0.567 5
天津	-0.203 0	0.012 8	0.133 9	0.043 7	-0.050 8	-0.342 6	-0.393 4
河北	-0.323 5	0.005 9	0.115 4	0.027 3	-0.022 8	-0.449 3	-0.472 1
山西	-0.321 1	0.006 3	0.135 2	0.047 5	-0.109 0	-0.401 1	-0.510 1
内蒙古	-0.552 7	0.002 9	0.183 5	0.013 2	0.077 4	-0.829 8	-0.752 4
辽宁	-0.393 2	0.001 7	0.118 8	-0.051 1	0.080 7	-0.543 1	-0.462 4
吉林	-0.456 1	0.001 8	0.113 3	0.031 7	-0.067 2	-0.535 8	-0.603 0
黑龙江	-0.637 9	0.000 5	0.110 1	0.018 7	-0.023 2	-0.744 1	-0.767 3
上海	-0.014 1	0.038 3	0.094 5	0.005 7	-0.052 7	-0.099 9	-0.152 6
江苏	-0.045 0	0.008 7	0.129 3	0.030 6	0.041 9	-0.255 5	-0.213 6
浙江	0.059 6	0.013 9	0.121 5	0.021 5	-0.028 8	-0.068 6	-0.097 4
安徽	-0.088 5	0.010 5	0.114 4	-0.009 5	-0.017 7	-0.186 1	-0.203 8
福建	0.106 3	0.007 7	0.103 9	0.023 2	-0.009 7	-0.018 8	-0.028 5
江西	-0.061 0	0.007 0	0.117 0	0.054 8	-0.071 5	-0.168 3	-0.239 8
山东	-0.215 5	0.006 0	0.137 2	0.049 1	-0.026 5	-0.381 4	-0.407 9
河南	-0.215 8	0.005 2	0.123 2	0.014 3	0.067 6	-0.426 1	-0.358 5

省份	雾霾浓度	人口规模	生活水平	产业结构	能耗强度	排放强度	技术变化
湖北	-0.131 6	0.002 3	0.103 9	0.001 9	0.060 2	-0.299 8	-0.239 6
湖南	-0.094 0	0.005 2	0.109 0	0.017 6	0.056 1	-0.281 8	-0.225 7
广东	0.037 2	0.016 4	0.121 6	0.026 3	-0.014 9	-0.112 3	-0.127 2
广西	0.102 8	0.006 6	0.105 0	0.045 7	0.019 3	-0.073 7	-0.054 4
海南	0.011 6	0.008 6	0.093 1	0.018 4	-0.037 6	-0.070 8	-0.108 4
重庆	-0.006 3	-0.003 6	0.118 7	0.021 2	0.042 6	-0.185 1	-0.142 5
四川	-0.042 0	-0.010 6	0.130 1	0.032 3	-0.001 2	-0.192 7	-0.193 9
贵州	0.087 8	0.008 7	0.099 2	0.017 4	-0.041 1	0.003 5	-0.037 6
云南	0.112 7	0.008 9	0.098 2	0.014 5	0.036 1	-0.045 0	-0.008 9
陕西	-0.213 1	0.002 4	0.118 9	0.035 7	-0.021 4	-0.348 8	-0.370 2
甘肃	-0.204 1	0.001 6	0.107 3	0.033 2	-0.039 0	-0.307 2	-0.346 2
青海	-0.005 7	0.009 3	0.106 6	0.030 2	0.048 8	-0.200 7	-0.151 9
宁夏	-0.187 2	0.013 7	0.092 5	0.040 8	-0.005 0	-0.329 2	-0.334 2
新疆	-0.050 2	0.014 9	0.093 1	0.081 8	-0.028 1	-0.211 9	-0.240 0
全国	-0.144 8	0.008 0	0.115 2	0.025 7	-0.006 8	-0.286 9	-0.293 7

表 7-8　各省份雾霾浓度及其分解（2008~2009 年）

省份	雾霾浓度	人口规模	生活水平	产业结构	能耗强度	排放强度	技术变化
北京	-0.201 7	0.049 0	0.048 1	-0.005 6	-0.053 8	-0.239 4	-0.293 2
天津	-0.204 4	0.043 3	0.109 5	-0.040 6	-0.021 2	-0.295 3	-0.316 5
河北	-0.184 8	0.006 4	0.088 9	-0.043 4	-0.007 7	-0.228 9	-0.236 6
山西	-0.184 3	0.004 7	0.047 9	-0.066 2	0.007 3	-0.177 9	-0.170 6
内蒙古	-0.154 2	0.005 7	0.150 4	0.019 1	-0.090 8	-0.238 7	-0.329 5
辽宁	-0.124 7	0.006 0	0.117 1	-0.007 7	-0.044 4	-0.195 7	-0.240 1
吉林	-0.118 0	0.002 2	0.125 3	0.009 6	-0.073 2	-0.181 9	-0.255 1
黑龙江	-0.309 7	0.000 3	0.107 7	-0.094 1	0.033 8	-0.357 4	-0.323 6
上海	0.068 9	0.031 7	0.047 1	-0.081 0	0.017 7	0.053 4	0.071 1
江苏	0.042 1	0.006 2	0.110 7	-0.017 8	-0.034 8	-0.022 2	-0.057 0
浙江	-0.126 5	0.012 2	0.073 1	-0.039 7	-0.015 5	-0.156 5	-0.172 0
安徽	-0.101 3	-0.000 7	0.122 0	0.027 2	-0.082 3	-0.167 6	-0.249 9
福建	-0.160 2	0.007 4	0.108 6	-0.001 3	-0.037 5	-0.237 4	-0.274 9
江西	-0.211 8	0.007 2	0.115 9	0.004 0	-0.050 4	-0.288 6	-0.339 0

续表

省份	雾霾浓度	人口规模	生活水平	产业结构	能耗强度	排放强度	技术变化
山东	-0.149 7	0.005 6	0.109 5	-0.018 5	-0.037 8	-0.208 5	-0.246 3
河南	-0.192 3	0.006 1	0.097 3	-0.007 4	-0.056 0	-0.232 4	-0.288 4
湖北	-0.166 3	0.001 6	0.125 1	0.037 8	-0.099 4	-0.231 3	-0.330 7
湖南	-0.113 6	0.004 1	0.124 3	0.000 6	-0.053 0	-0.189 6	-0.242 6
广东	-0.048 0	0.023 7	0.068 9	-0.022 0	-0.021 6	-0.097 0	-0.118 6
广西	-0.129 9	0.008 3	0.121 9	0.007 2	-0.052 2	-0.215 1	-0.267 3
海南	-0.168 5	0.011 6	0.099 0	-0.049 9	0.021 4	-0.250 7	-0.229 3
重庆	-0.167 7	0.007 0	0.131 9	0.000 7	-0.056 9	-0.250 3	-0.307 2
四川	-0.079 2	0.005 8	0.129 6	0.026 0	-0.086 6	-0.154 1	-0.240 7
贵州	-0.156 5	-0.016 5	0.124 5	-0.019 1	-0.023 0	-0.222 4	-0.245 4
云南	-0.116 8	0.006 1	0.108 1	-0.029 0	-0.018 1	-0.183 9	-0.202 0
陕西	-0.072 9	0.002 4	0.125 1	-0.017 8	-0.028 7	-0.154 0	-0.182 7
甘肃	-0.063 2	0.001 6	0.096 5	-0.029 4	-0.043 6	-0.088 2	-0.131 8
青海	-0.007 1	0.005 4	0.090 3	-0.027 6	-0.038 9	-0.037 0	-0.075 9
宁夏	-0.071 8	0.011 3	0.101 2	-0.034 7	-0.029 9	-0.119 7	-0.149 6
新疆	-0.059 3	0.013 1	0.064 8	-0.092 8	0.077 4	-0.121 9	-0.044 5
全国	-0.124 5	0.009 3	0.103 0	-0.020 4	-0.033 3	-0.183 0	-0.216 3

　　基于上述分析发现：①排放强度和生活水平对雾霾污染的影响是相互独立的，说明在不影响生活水平的情况下可以通过降低排放强度而有效治理雾霾，可以实现经济发展和环境保护的"双赢发展"。②治理雾霾可以讲究长短期策略。本章认为短期内可以通过降低排放强度的方式，在保持经济增长不被拖累的情况下，实现降低雾霾浓度减少雾霾污染的作用。在长期中，可以通过技术进步来优化产业结构，通过提高能源效率等来实现更为"清洁化"的生产。

（二）地方政府"治霾"面临的挑战和方向

　　为考察不同地区在短期治理雾霾的潜力，本章此处分析生活水平与雾霾浓度之间的关系。以世界卫生组织公布的雾霾浓度临界值和生活水平的均值为界，将30个省份划分为四个区域：位于第一象限的省份，其雾霾浓度和生活水平均高于临界值，属于"痛并快乐省份"；位于第二象限的省份，其雾霾浓度低于临界值，但生活水平高于全国平均水平，属于"双赢省份"；位于第三象限的省份，其雾霾浓度和生活水平均低于临界值，属于"发展中省份"；位于第四象限的省份，其雾霾浓度高于临界值，但生活水平低于全国平均水平，属于"低端锁定省份"。划分结果见图 7-4。

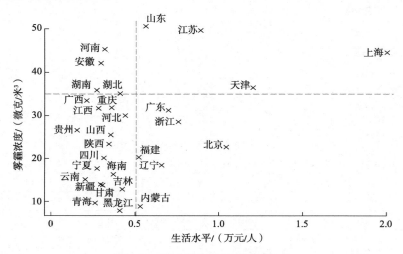

图 7-4　生活水平与地区雾霾浓度

从图 7-4 的结果可以看到，上海、天津、江苏及山东位于第一象限，这些地区生活水平高于全国平均水平且雾霾浓度高于临界值，需要在保持现有高生活水平的基础上，通过技术进步的方式降低雾霾浓度。广东、浙江等位于第二象限的省份相对来说雾霾污染并未超过临界值，且生活水平已超过全国平均水平，属于成功省份。这些地区相对来说较好地处理了经济发展与环境污染之间的关系，但仍需要警惕未来发展过程中可能出现的环境问题。河南、安徽、湖南及湖北位于第四象限，这些地区生活水平低于全国平均水平，而雾霾浓度高于世界卫生组织公布的临界值。位于第四象限的省份是未来雾霾治理工作的难点所在，这些地区在经济发展过程中表现出"发展慢，污染重"的态势，若得不到有效治理将会严重制约生活水平的进一步提高。最后，从图 7-4 中还可以发现，超过一半的省份（16 个省份）位于第三象限，其中大部分位于我国的中西部地区和东北地区。这些地区虽然目前雾霾污染并未超过世界卫生组织暂定的临界值，但其人均地区生产总值也低于全国平均水平，面临着较大的经济发展压力。根据本章研究推测，如果经济发展和生活水平的提高必然导致雾霾产生的话，这些地区将是中国今后的雾霾重灾区，对于这部分地区而言，预防经济进一步发展过程中雾霾污染的恶化显得十分迫切和重要，今后很长时间内实现这些地区的经济发展和环境保护的双赢目标任重道远。这些省份的可行发展策略就是借助技术进步来实现经济增长和赶超前沿省份，直接进入"双赢省份"行列，避免变为"低端锁定省份"，当然成为"痛并快乐省份"也不足取。同时，鉴于本章研究发现地区的人口规模对雾霾产生的影响作用最小，故地方政府可以在强调技术进步的同时辅之以人口转移策略，就是迅速将这些省份的人口向京津冀、长三角和珠三角转移，一方面可以保证这些落后地区的人均收入水平的提高，避免了这些地区经济发展的环境代价，另一方面吸纳了大量中西部人口的北京、广东、浙江及上海等成功省份在保持较高收入水平的前提下，仍然可能实现较低的雾霾排放。

（三）供暖引起的南北差异

2013 年，一项发表在《美国国家科学院院刊》上的研究表明，中国的雾霾导致中国人均寿命南高北低，北方居民人均寿命缩短的幅度超过 5.5 年，空气污染会让中国 5 亿人口的预期寿命总共降低 25 亿年（Chen et al.，2013）。在1950~1980 年的计划经济时期，中央政府根据 1 月平均气温 0℃等温线（大致为秦岭—淮河一线）将中国划分为南北两个部分，并对北方提供免费的冬季集中供暖，这一供暖政策一直持续到了今天，并导致了南北方冬季取暖燃煤量的差异。由于燃煤会带来总悬浮颗粒物的大量排放，因此集中供暖政策无意中造成了南北方总悬浮颗粒物浓度在秦岭—淮河一线附近发生了空间上的"断裂"。受既有文献的启发，本章进一步将 30 个省份根据是否在冬季提高供暖分为两个群体进行对比分析[①]，以识别冬季供暖政策对本章结论的影响。表 7-9 列示了有集中供暖政策的 14 个省份样本期间内雾霾浓度变化及其分解项，表 7-10 列示了未采取集中供暖措施的 16 个省份在样本期间内雾霾浓度变化及其分解情况。

表 7-9　供暖地区平均雾霾浓度变化及其分解（2001~2010 年）

年度	雾霾浓度	人口规模	生活水平	产业结构	能耗强度	排放强度	技术变化
2001~2002	0.067 1	0.006 6	0.096 6	-0.002 2	-0.006 4	-0.027 5	-0.033 9
2002~2003	0.140 0	0.005 9	0.109 7	0.032 5	-0.033 2	0.025 2	-0.008 1
2003~2004	-0.299 5	0.006 9	0.121 7	0.029 2	-0.012 8	-0.444 6	-0.457 3
2004~2005	0.060 9	0.005 4	0.121 0	0.035 0	-0.044 7	-0.055 8	-0.100 5
2005~2006	0.113 7	0.010 2	0.114 6	0.025 4	-0.050 2	0.013 8	-0.036 4
2006~2007	0.027 3	0.010 3	0.125 4	-0.000 5	-0.044 0	-0.063 9	-0.107 9
2007~2008	0.020 2	0.012 1	0.107 5	0.013 5	-0.071 9	-0.040 9	-0.112 8
2008~2009	-0.144 8	0.010 8	0.098 5	-0.030 2	-0.027 0	-0.196 9	-0.223 9
2009~2010	-0.011 1	0.015 9	0.109 1	0.029 7	-0.068 5	-0.097 4	-0.165 8
2001~2010	-0.002 9	0.009 3	0.111 5	0.014 7	-0.039 9	-0.098 7	-0.138 5

[①] 从 1950 年到 1980 年，中国政府经历了一段社会转型期。在这段时间，秦岭—淮河一线南北供暖线政策出台，使得秦岭—淮河以北、横跨东西大半个中国的居民和写字楼可以享受免费的供暖用煤炭。与此同时，由于财政预算的限制，秦岭—淮河以南的中国南方地区就不能享受免费的供暖用煤炭了。在此期间，人口流动性受到限制，许多人在一个地方常住数十年之久。

续表

年度	雾霾浓度	人口规模	生活水平	产业结构	能耗强度	排放强度	技术变化
2001~2005	−0.007 9	0.006 2	0.112 2	0.023 6	−0.024 3	−0.125 7	−0.149 9
2006~2010	0.001 1	0.011 9	0.111 0	0.007 6	−0.052 3	−0.077 1	−0.129 4

注：集中供暖省份包括黑龙江、吉林、辽宁、河北、山东、天津、北京、陕西、河南、内蒙古、新疆、山西、甘肃、青海，除这些地区外的省份均为非集中供暖地区

表 7-10　非供暖地区平均雾霾浓度变化及其分解（2001~2010 年）

年度	雾霾浓度	人口规模	生活水平	产业结构	能耗强度	排放强度	技术变化
2001~2002	−0.003 7	0.007 9	0.090 5	0.005 0	0.020 1	−0.127 3	−0.107 2
2002~2003	0.015 1	0.009 2	0.099 4	0.041 2	−0.010 0	−0.124 7	−0.134 7
2003~2004	−0.009 5	0.008 9	0.109 5	0.022 6	−0.001 5	−0.149 0	−0.150 5
2004~2005	0.054 0	−0.002 6	0.115 2	0.022 0	−0.004 8	−0.075 9	−0.080 7
2005~2006	0.019 9	0.008 3	0.112 1	0.036 2	−0.061 8	−0.074 9	−0.136 7
2006~2007	0.029 6	0.008 5	0.127 4	0.002 4	−0.042 0	−0.066 7	−0.108 6
2007~2008	−0.038 2	0.008 7	0.104 6	0.006 3	−0.058 1	−0.099 8	−0.157 9
2008~2009	−0.106 7	0.007 9	0.107 0	−0.011 9	−0.038 9	−0.170 8	−0.209 7
2009~2010	0.016 5	0.004 5	0.124 4	0.038 0	−0.075 6	−0.074 7	−0.150 3
2001~2010	−0.002 5	0.006 8	0.110 0	0.018 0	−0.030 3	−0.107 1	−0.137 4
2001~2005	0.014 0	0.005 8	0.103 7	0.022 7	0.000 9	−0.119 2	−0.118 3
2006~2010	−0.015 8	0.007 6	0.115 1	0.014 2	−0.055 3	−0.097 4	−0.152 6

　　结合表 7-9、表 7-10 的结果可以发现，两个区域在样本期间内平均雾霾浓度变化十分接近，有集中供暖省份雾霾浓度年均下降 0.29%，而未实行集中供暖的地区雾霾浓度年均下降 0.25%，两者几乎没有差异。从时间变化上看，"政治性蓝天"现象似乎在集中供暖的省份更加明显，2003~2004 年集中供暖省份雾霾浓度下降幅度达到了 29.95%，而未集中供暖地区仅为 0.95%；2008~2009 年集中供暖省份雾霾浓度下降幅度达到了 14.48%，而未集中供暖地区仅为 10.67%，两者仍然具有较大的差异。本章发现，无论是供暖地区还是非供暖地区，技术变化是抑制雾霾浓度的根本性力量，而生活水平的提高仍然是造成雾霾浓度上升的主要因素，说明本章分解结论十分稳健，没有受到国家供暖政策的影响。

　　基于上述结果，可以得到以下启示与认识：

　　（1）每个人都是污染源，治理雾霾需要社会公众从我做起和广泛参与。中国治理雾霾从自身找原因和出路是一个现实和科学的态度，更是一个成本低廉的选择。作为污染源的我们，不仅要改变生产方式，而且要改变生活方式。控制自己的欲望和不合理的消费，市场永远是满足需求的，如果我们能够从需求端降低对环境和资源的无尽索取，这无疑对改善我们的生存环境是最直接的。我们能否

不在春节期间燃放烟花爆竹，我们能否不疯狂追逐大排量的运动型多用途汽车，我们能否不再网上疯狂购物，等等，这是我们每个人对雾霾和环境问题每天面临的取舍问题，而雾霾最终是否能够远离我们的生活，直接取决于我们自身环保意识的觉醒和道德自律。

（2）雾霾不是一天形成的，治理雾霾要打持久战。基于三点理由：第一，今天的雾霾是我们长期的生产方式和生活方式造成的，改变需要时间。以雾霾最为严重的京津冀地区为例，这个地区目前的燃煤、工业、机动车和居民生活排放量都处于高位，在给定巨大存量的前提下，增量的调整和治理是需要时间的。第二，即使根据国际经验，也需要二三十年时间。洛杉矶、伦敦、巴黎等城市雾霾治理经验表明，雾霾可治，但是治理需要30年左右的时间。治理雾霾的过程是一个不断完善环境管理措施、提高环境保护技术以及优化产业结构的长期过程，不可能一蹴而就。第三，利字当头难取舍，我们不可能彻底中断我们的生产生活方式来治理雾霾，这是发展中的取舍问题。

（3）治理雾霾根本上还是要靠技术进步和科技创新，要将雾霾防治与"节能减排"任务紧密结合起来，才能从源头上解决雾霾污染问题。同时，由于我国尚处于环境库兹涅茨曲线转折点的左侧，这就需要花费更大的努力在尽量避免经济增长受到不利影响的基础上，通过技术的改进而达到"金山银山"与"绿水青山"共存的双赢目标。

（4）通过大城市化实现人口向东部沿海地区的集聚，不仅可以实现中西部地区的人均收入水平提高，而且可以实现整体排放水平的降低。同时，需要照顾到每个省份雾霾形成原因上的差异，根据自身实际情况实施更具针对性的治霾措施。例如，前文中对于山东省的分析表明，要降低其雾霾污染，应将重点放在提高技术水平以降低单位能源消费的雾霾排放量，同时也应该进一步提高能源利用效率，在科学节能的同时也可以减少雾霾污染。如何平衡各方的利益，如何建立新的市场机制，来平衡不同区域的经济发展利益，甚至是同一个区域不同经济主体的发展利益，也是一个重要课题，甚至可以考虑建立一个雾霾污染交易的市场，来平衡经济发展和环境保护之间的区域间利益。

（5）学习洛杉矶和伦敦好榜样，发挥政府在治理负外部性中的引导、监管和立法作用。体现在三个方面：一是引入市场机制来解决，而不是粗暴的行政式干预，以避免事后的反弹。借鉴水污染治理的排污许可证制度，将主要污染源纳入管理，排放指标在市场上公开挂牌交易，排污额度逐步降低，用价格手段激励企业减少空气污染。在抑制汽车使用方面，也非采用单双号限行、车牌准入等行政管制手段，而是通过征拥堵费、拼车合乘等市场化手段来实现。二是各个地方政府应该尽快出台自己的治理措施，借鉴美国加利福尼亚州经验①，建立北京标准、上海标准及广州标准等，形成雾霾治理标准的"逐高竞争"，高标准的出台可以倒逼居民的消费方式转型、企业的技术创新和生产方式的转型升级。三是建立一个与现代社会相匹配的有效的法治体系。这里面就涉及如何平衡不同区域和不同收入群体的利益，不要让收入的不平等同时转化为环境的不平等。例如，英国在 1956 年颁布了世界上第一部空气污染防治法案后，不断根据新的问题对法案进行扩充，并且在 1974 年进一步颁布了 *Control of Pollution Act*（《污染控制法》）。随着 1980 年之后汽车数量暴增，尾气开始替代煤炭燃烧成为主要的污染源，英国政府又开始建立对污染排放进行收费的制度来治理新的问题。美国 1970年出台 *Clean Air Act*（《清洁空气法》）修正案。这部新的法律不仅赋予环保部门以公众健康作为唯一目标来制定标准的新使命，而且规定了公民诉讼条款，任何人均可对违反环保法律的行为提起诉讼，制造出一种"破坏环境、人人喊打"的局面。

　　总之，治理雾霾是一个庞大的系统工程，人人有责。它的成功首先需要建立在科学家严谨客观的基础上，帮助政府和公众发现和查明雾霾产生的真相和根源；需要一个有远见、有作为、敢担当、对居民负责的政府；需要一群勇于创新、不断挑战新问题的企业家；更需要一个追求现代文明、崇尚节俭生活、以身作则敢于挑战的公民群体。相信每个人都做一点小事，自己生活和热爱着的城市便会大大不同。相信在社会各界的共同参与和共同努力下，一定会实现中华大地的"绿水青山"。

---

① 美国加利福尼亚州经验的简单概括就是政府一旦认定汽车尾气中的硫化物和氮氧化物是雾霾的罪魁祸首，就通过不断出台苛刻的汽车排放标准来倒逼企业界和社会公众通过改变自己的生产生活方式来应对，尤其是汽车产业和石油工业需要不断提升汽车发动机效率和油料品质来达到标准。例如，洛杉矶和全加利福尼亚州成品油执行的硫标准是全世界最苛刻的排放标准。

参 考 文 献

曹彩虹，韩立岩. 2015. 雾霾带来的社会健康成本估算. 统计研究，32（7）：19-23.

柴建，郭菊娥，汪寿阳. 2012. 能源价格变动对中国节能降耗的影响效应. 中国人口·资源与环境，（2）：33-40.

陈德敏，张瑞. 2012. 环境规制对中国全要素能源效率的影响. 经济科学，（4）：49-65.

陈诗一. 2010a. 工业二氧化碳的影子价格：参数化和非参数化方法. 世界经济，33（8）：93-111.

陈诗一. 2010b. 节能减排与中国工业的双赢发展：2009-2049. 经济研究，45（3）：129-143.

陈诗一. 2010c. 中国的绿色工业革命——基于环境全要素生产率视角的解释（1980-2008）. 经济研究，45（11）：21-34，58.

陈诗一. 2011. 边际减排成本与中国环境税改革. 中国社会科学，（3）：85-100.

陈松蹊课题组. 2015. 空气质量评估报告（一）：北京城区 2010-2014 年 $PM_{2.5}$ 污染状况研究. 北京大学统计科学中心.

陈松蹊课题组. 2016. 空气质量评估报告（二）：中国五城市空气污染状况之统计学分析. 北京大学统计科学中心.

成金华，李世祥. 2010. 结构变动、技术进步以及价格对能源效率的影响. 中国人口·资源与环境，20（4）：35-42.

东童童. 2016. 雾霾污染（$PM_{2.5}$）、工业集聚与工业效率的交互影响研究. 软科学，（3）：26-30.

东童童，李欣，刘乃全. 2015. 空间视角下工业集聚对雾霾污染的影响——理论与经验研究. 经济管理，（9）：29-41.

董利. 2008. 我国能源效率变化趋势的影响因素分析. 产业经济研究，（1）：8-18.

樊华，周德群. 2012. 考虑非合意产出的全要素能源效率研究. 数理统计与管理，（6）：1084-1096.

樊茂清，郑海涛，孙琳琳，等. 2012. 能源价格、技术变化和信息化投资对部门能源强度的影响. 世界经济，（5）：22-45.

范丹，王维国. 2013. 中国省际工业全要素能源效率——基于四阶段 DEA 和 Bootstrapped DEA.

系统工程，（8）：72-80.

冯蕾. 2009. 2005-2007年我国省际能源效率研究——基于DEA方法非意愿变量CRS模型的测度. 统计研究，（11）：31-35.

傅晓霞，吴利学. 2010. 中国能源效率及其决定机制的变化——基于变系数模型的影响因素分析. 管理世界，（9）：45-54.

高振宇，王益. 2006. 我国能源生产率的地区划分及影响因素分析. 数量经济技术经济研究，23（9）：46-57.

杭雷鸣，屠梅曾. 2006. 能源价格对能源强度的影响. 数量经济技术经济研究，（12）：93-100.

何小钢. 2015. 结构转型与区际协调：对雾霾成因的经济观察. 改革，（5）：33-42.

何晓萍. 2011. 中国工业的节能潜力及影响因素. 金融研究，（10）：34-46.

胡鞍钢，郑京海，高宇宁，等. 2008. 考虑环境因素的省级技术效率排名（1999-2005）. 经济学（季刊），7（3）：933-960.

康雨. 2016. 贸易开放程度对雾霾的影响分析——基于中国省级面板数据的空间计量研究. 经济科学，（1）：114-125.

冷艳丽，杜思正. 2016. 能源价格扭曲与雾霾污染——中国的经验证据. 产业经济研究，（1）：71-79.

冷艳丽，冼国明，杜思正. 2015. 外商直接投资与雾霾污染——基于中国省际面板数据的实证分析. 国际贸易问题，（12）：74-84.

李国璋，霍宗杰. 2009. 中国全要素能源效率收敛性及其影响因素——基于1995-2006年省际面板数据的实证分析. 经济评论，（6）：101-109.

李廉水，周勇. 2006. 技术进步能提高能源效率吗？——基于中国工业部门的实证检验. 管理世界，（6）：15-31.

李世祥，成金华. 2008. 中国能源效率评价及其影响因素分析. 统计研究，25（10）：18-27.

李涛. 2012. 基于环境效应的中国区域全要素能源效率评价. 山西财经大学学报，（6）：17-24.

林伯强，杜克锐. 2013. 我国能源生产率增长的动力何在——基于距离函数的分解. 金融研究，（9）：84-96.

林伯强，杜克锐. 2014. 理解中国能源强度的变化：一个综合的分解框架. 世界经济，（4）：69-87.

林毅夫，任若恩. 2007. 东亚经济增长模式相关争论的再探讨. 经济研究，（8）：4-12.

刘春梅，高阳. 2016. 碳交易下我国工业部门间碳减排成本研究. 软科学，（3）：85-88.

刘佳骏，董锁成，李宇. 2011. 产业结构对区域能源效率贡献的空间分析——以中国大陆31省（市、自治区）为例. 自然资源学报，（12）：1999-2011.

刘明磊，朱磊，范英. 2011. 我国省级碳排放绩效评价及边际减排成本估计：基于非参数距离函数方法. 中国软科学，（3）：106-114.

卢风，廖志军. 2014. 思想雾霾：独断理性主义批判. 探索与争鸣，（9）：43-47.

罗斯基 T G. 2002. 近年来中国 GDP 增长核算：目前的状态. 经济学（季刊），（1）：53-62.

马丽梅，张晓. 2014. 中国雾霾污染的空间效应及经济、能源结构影响. 中国工业经济，（4）：19-31.

孟昌，陈玉杰. 2012. 1995-2010 年间的中国区域能源效率变动研究——描述性特征与基于面板数据 DEA 方法的实证. 财贸经济，（6）：116-123.

齐绍洲，罗威. 2007. 中国地区经济增长与能源消费强度差异分析. 经济研究，（7）：74-81.

齐志新，陈文颖. 2006. 结构调整还是技术进步？——改革开放后我国能源效率提高的因素分析. 上海经济研究，（6）：8-16.

屈小娥. 2009. 中国省际全要素能源效率变动分解——基于 Malmquist 指数的实证研究. 数量经济技术经济研究，（8）：29-43.

单豪杰. 2008. 中国资本存量 K 的再估算：1952~2006 年. 数量经济技术经济研究，（10）：45-60.

师博，沈坤荣. 2008. 市场分割下的中国全要素能源效率：基于超效率 DEA 方法的经验分析. 世界经济，（9）：49-59.

石庆玲，郭峰，陈诗一. 2016. 雾霾治理中的"政治性蓝天"——来自中国地方"两会"的证据. 中国工业经济，（5）：40-56.

史丹. 2002. 我国经济增长过程中能源利用效率的改进. 经济研究，（9）：49-56，94.

史丹. 2006. 中国能源效率的地区差异与节能潜力分析. 中国工业经济，（10）：49-58.

史丹，吴利学，傅晓霞，等. 2008. 中国能源效率地区差异及其成因研究——基于随机前沿生产函数的方差分解. 管理世界，（2）：35-43.

孙广生，黄祎，田海峰，等. 2012. 全要素生产率、投入替代与地区间的能源效率. 经济研究，（9）：99-112.

孙立成，周德群，李群. 2008. 能源利用效率动态变化的中外比较研究. 数量经济技术经济研究，25（8）：57-69.

涂正革. 2008. 环境、资源与工业增长的协调性. 经济研究，（2）：93-105.

涂正革. 2010. 工业二氧化硫排放的影子价格：一个新的分析框架. 经济学（季刊），9（1）：259-282.

汪克亮，杨宝臣，杨力. 2010. 考虑环境效应的中国省际全要素能源效率研究. 管理科学，（6）：100-111.

汪克亮，杨宝臣，杨力. 2012. 基于环境效应的中国能源效率与节能减排潜力分析. 管理评论，（8）：40-50.

王兵，吴延瑞，颜鹏飞. 2010. 中国区域环境效率与环境全要素生产率增长. 经济研究，（5）：95-109.

王兵，张技辉，张华. 2011. 环境约束下中国省际全要素能源效率实证研究. 经济评论，（4）：31-43.

王群伟，周德群，沈璇，等. 2012. 我国全要素能源效率的测度与分析. 管理评论，（3）：
　　37-43.

魏楚. 2014. 中国城市 CO_2 边际减排成本及其影响因素. 世界经济，37（7）：115-141.

魏楚，黄文若，沈满洪. 2011. 环境敏感性生产率研究综述. 世界经济，34（5）：136-160.

魏楚，沈满洪. 2007a. 能源效率与能源生产率：基于 DEA 方法的省际数据比较. 数量经济技术
　　经济研究，24（9）：110-121.

魏楚，沈满洪. 2007b. 能源效率及其影响因素：基于 DEA 的实证分析. 管理世界，（8）：
　　66-76.

魏楚，沈满洪. 2008. 结构调整能否改善能源效率：基于中国省级数据的研究. 世界经济，
　　（11）：77-85.

吴军. 2009. 环境约束下中国地区工业全要素生产率增长及收敛分析. 数量经济技术经济研究，
　　26（11）：17-27.

吴力波，钱浩祺，汤维祺. 2014. 基于动态边际减排成本模拟的碳排放权交易与碳税选择机制.
　　经济研究，49（9）：48-61，148.

吴琦，武春友. 2010. 我国能源效率关键影响因素的实证研究. 科研管理，31（5）：164-171.

吴巧生，成金华. 2006. 中国能源消耗强度变动及因素分解：1980-2004. 经济理论与经济管
　　理，（10）：34-40.

吴英姿，闻岳春. 2013. 中国工业绿色生产率、减排绩效与减排成本. 科研管理，34（2）：
　　105-111，151.

武春友，吴琦. 2009. 基于超效率 DEA 的能源效率评价模型研究. 管理学报，6（11）：
　　1460-1465.

许广月，宋德勇. 2010. 中国碳排放环境库兹涅茨曲线的实证研究——基于省域面板数据. 中国
　　工业经济，（5）：56-70.

续竞秦，杨永恒. 2012. 我国省际能源效率及其影响因素分析——基于 2001~2010 年面板数据的
　　SFA 方法. 山西财经大学学报，34（8）：71-78.

严菲，谭忠富. 2009. 基于 DEA 方法的全要素能源效率分析. 华东电力，37（9）：1568-1571.

杨红亮，史丹. 2008. 能效研究方法和中国各地区能源效率的比较. 经济理论与经济管理，
　　（3）：12-20.

于立. 1992. 节能的微观动力机制分析. 数量经济技术经济研究，（5）：43，44-50.

袁鹏，程施. 2011. 我国工业污染物的影子价格估计. 统计研究，28（9）：66-73.

袁晓玲，张宝山，杨万平. 2009. 基于环境污染的中国全要素能源效率研究. 中国工业经济，
　　（2）：76-86.

曾胜，黄登仕. 2009. 中国能源消费、经济增长与能源效率——基于 1980~2007 年的实证分析.
　　数量经济技术经济研究，26（8）：17-28.

张少华，陈浪南. 2009. 经济全球化对我国能源利用效率影响的实证研究——基于中国行业面板

数据. 经济科学，（1）：102-111.

张少华，蒋伟杰. 2014. 基于 ISP 指数的中国能源生产率再测度与分解研究. 数量经济技术经济研究，31（6）：55-73.

赵金楼，李根，苏屹，等. 2013. 我国能源效率地区差异及收敛性分析——基于随机前沿分析和面板单位根的实证研究. 中国管理科学，（2）：175-184.

赵晓丽，马骞，马春波. 2013. 电力工业厂网分开改革对火电企业效率影响的实证分析. 中国软科学，（2）：184-192.

朱帮助，吴万水，王平. 2013. 基于超效率 DEA 的中国省际能源效率评价. 数学的实践与认识，（5）：13-19.

朱宁，王兵，于之倩. 2014. 基于风险偏好的中国商业银行不良贷款影子价格研究. 金融研究，（6）：67-81.

Aigner D J, Chu S. 1968. On estimating the industry production function. The American Economic Review, 58（4）: 826-839.

Ali A I, Seiford L M. 1993. The mathematical programming approach to efficiency analysis. The Measurement of Productive Efficiency, （23）: 120-159.

Ang B W. 2004. Decomposition analysis for policymaking in energy: which is the preferred method? Energy Policy, 32（9）: 1131-1139.

Ang B W. 2006. Monitoring changes in economy-wide energy efficiency: from energy-GDP ratio to composite efficiency index. Energy Policy, 34（5）: 574-582.

Arcelus J, Arocena P. 2005. Productivity differences across OECD countries in the presence of environmental constraints. Journal of the Operational Research Society, 56（12）: 1352-1362.

Banaeian N, Zangeneh M. 2011. Study on energy efficiency in corn production of Iran. Energy, 36（8）: 5394-5402.

Bian Y, Yang F. 2010. Resource and environment efficiency analysis of provinces in China: a DEA approach based on Shannon's entropy. Energy Policy, 38（4）: 1909-1917.

Blomberg J, Henriksson E, Lundmark R. 2012. Energy efficiency and policy in Swedish pulp and paper mills: a data envelopment analysis approach. Energy Policy, （42）: 569-579.

Boussemart J P, Briec W, Kerstens K, et al. 2003. Luenberger and malmquist productivity indices: theoretical comparisons and empirical illustration. Bulletin of Economic Research, 55（4）: 391-405.

Briec W. 2000. An extended Färe-lovell technical efficiency measure. International Journal of Production Economics, 65（2）: 191-199.

Chambers R G, Chung Y, Färe R. 1998. Profit, directional distance functions, and Nerlovian efficiency. Journal of Optimization Theory and Applications, 98（2）: 351-364.

Chang T P, Hu J L. 2010. Total-factor energy productivity growth, technical progress, and efficiency change: an empirical study of China. Applied Energy, 87（10）: 3262-3270.

Chang T P, Hu J L, Chou R Y. 2012. The sources of bank productivity growth in China during 2002-2009: a disaggregation view. Journal of Banking & Finance, （36）: 1997-2006.

Chen Y, Ebenstein A, Greenstone M, et al. 2013. Evidence on the impact of sustained exposure to air pollution on life expectancy from China's Huai River policy. Proceedings of the National Academy of Sciences of the United States of America, 110（32）: 12936-12941.

Choi Y, Zhang N, Zhou P. 2012. Efficiency and abatement costs of energy-related CO_2 emissions in China: a slacks-based efficiency measure. Applied Energy, （98）: 198-208.

Chung Y H, Färe R, Grosskopf S. 1997. Productivity and undesirable outputs: a directional distance function approach. Journal of Environmental Management, 51（3）: 229-240.

Coelli T. 1998. A multi-stage methodology for the solution of orientated DEA models. Operations Research Letters, 23（3/5）: 143-149.

Cooper W W, Seiford L M, Tone K. 2007. Data envelopment analysis: a comprehensive text with models, applications, references and DEA-solver software. Springer Science & Business Media.

Cooper W W, Seiford L M, Zhu J. 2011. Data envelopment analysis: history, models, and interpretations//Handbook on Data Envelopment Analysis. New York: Springer: 1-39.

Davidson R, MacKinnon J G. 2000. Bootstrap tests: how many bootstraps? Econometric Reviews, 19（1）: 55-68.

Du L, Hanley A, Wei C. 2015. Estimating the marginal abatement cost curve of CO_2 emissions in China: provincial panel data analysis. Energy Economics, （48）: 217-229.

Du L, Mao J. 2015. Estimating the environmental efficiency and marginal CO_2 abatement cost of coal-fired power plants in China. Energy Policy, （85）: 347-356.

Fallahi A, Ebrahimi R, Ghaderi S F. 2011. Measuring efficiency and productivity change in power electric generation management companies by using data envelopment analysis: a case study. Energy, 36（11）: 6398-6405.

Färe R, Grosskopf S. 1993. Derivation of shadow prices for undesirable outputs: a distance function approach. The Review of Economics and Statistics, 75（2）: 374-380.

Färe R, Grosskopf S. 2004. Modeling undesirable factors in efficiency evaluation: comment. European Journal of Operational Research, 157（1）: 242-245.

Färe R, Grosskopf S. 2010. Directional distance functions and slacks-based measures of efficiency. European Journal of Operational Research, 200（1）: 320-322.

Färe R, Grosskopf S, Hayes K J, et al. 2008. Estimating demand with distance functions: parameterization in the primal and dual. Journal of Econometrics, 147（2）: 266-274.

Färe R, Grosskopf S, Hernandez-Sancho F. 2004. Environmental performance: an index number approach. Resource and Energy Economics, 26（4）: 343-352.

Färe R, Grosskopf S, Tyteca D. 1996. An activity analysis model of the environmental performance of firms—application to fossil-fuel-fired electric utilities. Ecological Economics, 18（2）: 161-175.

Färe R, Grosskopf S, Weber W L. 2006. Shadow prices and pollution costs in US agriculture. Ecological Economics, 56（1）: 89-103.

Färe R, Lovell C A K. 1978. Measuring the technical efficiency of production. Journal of Economic Theory, 19（1）: 150-162.

Färe R, Martins F C, Vardanyan M. 2010. On functional form representation of multi-output production technologies. Journal of Productivity Analysis, 33（2）: 81-96.

Fisher-Vanden K, Jefferson G H, Liu H, et al. 2004. What is driving China's decline in energy intensity? Resource and Energy Economics, 26（1）: 77-97.

Fukuyama H, Weber L. 2009a. Output slacks-adjusted cost efficiency and value-based technical efficiency in DEA models. Journal of the Operations Research Society of Japan, 52（2）: 86-104.

Fukuyama H, Weber L. 2009b. A directional slacks-based measure of technical efficiency. Socio-Economic Planning Sciences, 43（4）: 274-287.

Guo X D, Zhu L, Fan Y, et al. 2011. Evaluation of potential reductions in carbon emissions in Chinese provinces based on environmental DEA. Energy Policy, 39（5）: 2352-2360.

Hailu A, Veeman T S. 2000. Environmentally sensitive productivity analysis of the Canadian pulp and paper industry, 1959-1994: an input distance function approach. Journal of Environmental Economics and Management, 40（3）: 251-274.

He F, Zhang Q, Lei J, et al. 2013. Energy efficiency and productivity change of China's iron and steel industry: accounting for undesirable outputs. Energy Policy, 54（Mar.）: 204-213.

Hernández-Sancho F, Molinos-Senante M, Sala-Garrido R. 2011. Energy efficiency in Spanish wastewater treatment plants: a non-radial DEA approach. Science of the Total Environment, 409（14）: 2693-2699.

Ho M S, Garbaccio R F, Jorgenson D W, et al. 1999. Why has the energy-output ratio fallen in China? The Energy Journal, 20（3）: 63-91.

Honma S, Hu J L. 2008. Total-factor energy efficiency of regions in Japan. Energy Policy, 36（2）: 821-833.

Honma S, Hu J L. 2009. Total-factor energy productivity growth of regions in Japan. Energy Policy, 37（10）: 3941-3950.

Hu J L, Kao C H. 2007. Efficient energy-saving targets for APEC economies. Energy Policy, 35（1）: 373-382.

Hu J L, Wang S C. 2006. Total factor energy efficiency of regions in China. Energy Policy, 34（17）: 3206-3217.

Hu J L, Wang S C, Yeh F Y. 2006. Total-factor water efficiency of regions in China. Resources Policy, 31（4）: 217-230.

Iribarren D, Martín-Gamboa M, Dufour J. 2013. Environmental benchmarking of wind farms according to their operational performance. Energy, 61（11）: 589-597.

Jeon B M, Sickles R C. 2004. The role of environmental factors in growth accounting. Journal of Applied Econometrics, 19（5）: 567-591.

Kaya Y. 1989. Impact of carbon dioxide emission control on GNP growth: interpretation of proposed scenarios. IPCC energy and industry subgroup, response strategies working group. Paris: Response Strategies Working Group, IPCC.

Kerstens K, Mounir A, van de Woestyne I. 2011. Geometric representation of the mean-variance-skewness portfolio frontier based upon the shortage function. European Journal of Operational Research, 210（1）: 81-94.

Khoshroo A, Mulwa R, Emrouznejad A, et al. 2013. A non-parametric data envelopment analysis approach for improving energy efficiency of grape production. Energy, 63（12）: 189-194.

Kuosmanen T. 2012. Stochastic semi-nonparametric frontier estimation of electricity distribution networks: application of the StoNED method in the Finnish regulatory model. Energy Economics, （34）: 2189-2199.

Lee J D, Park J B, Kim T Y. 2002. Estimation of the shadow prices of pollutants with production/environment inefficiency taken into account: a nonparametric directional distance function approach. Journal of Environmental Management, 64（4）: 365-375.

Li K, Lin B Q. 2015. Metafroniter energy efficiency with CO_2 emissions and its convergence analysis for China. Energy Economics, （48）: 230-241.

Li L B, Hu J L. 2012. Ecological total-factor energy efficiency of regions in China. Energy Policy, 46（Jul.）: 216-224.

Liu C H, Lin S J, Lewis C. 2010. Evaluation of thermal power plant operational performance in Taiwan by data envelopment analysis. Energy Policy, 38（2）: 1049-1058.

Liu Z, Guan D, Wei W, et al. 2015. Reduced carbon emission estimates from fossil fuel combustion and cement production in China. Nature, 524（7565）: 335-338.

Ma C, Stern D. 2008. China's changing energy intensity trend: a decomposition analysis. Energy Economics, 30（3）: 1037-1053.

Mandal S K, Madheswaran S. 2010. Environmental efficiency of the Indian cement industry: an interstate analysis. Energy Policy, 38（2）: 1108-1118.

Mousavi-Avval S H, Rafiee S, Mohammadi A. 2011. Optimization of energy consumption and input costs for apple production in Iran using data envelopment analysis. Energy, 36（2）: 909-916.

Mukherjee K. 2008a. Energy use efficiency in US manufacturing: a nonparametric analysis. Energy Economics, 30（1）: 76-96.

Mukherjee K. 2008b. Energy use efficiency in the Indian manufacturing sector: an interstate analysis. Energy Policy, 36（2）: 662-672.

Nagata Y. 1997. The US/Japan comparison of energy intensity. Estimating the real gap. Energy Policy, 25（7/9）: 683-691.

Ouellette P, Vierstraete V. 2004. Technological change and efficiency in the presence of quasi-fixed inputs: a DEA application to the hospital sector. European Journal of Operational Research, 154（3）: 755-763.

Pastor J T, Ruiz J L, Sirvent I. 1999. An enhanced DEA Russell graph efficiency measure. European Journal of Operational Research, 115（3）: 596-607.

Pasurka Jr C A. 2006. Decomposing electric power plant emissions within a joint production framework. Energy Economics, 28（1）: 26-43.

Patterson M. 1996. What is energy efficiency? Concepts, indicators and methodological issues. Energy Policy, 24（5）: 377-390.

Pham M D, Zelenyuk V. 2016. Slack-based directional distance function in the presence of bad outputs: theory and application to vietnamese banking（No. WP072016）. School of Economics, University of Queensland, Australia.

Ramanathan R. 2005a. An analysis of energy consumption and carbon dioxide emissions in countries of the Middle East and North Africa. Energy, 30（15）: 2831-2842.

Ramanathan R. 2005b. Estimating energy consumption of transport modes in India using DEA and application to energy and environmental policy. Journal of the Operational Research Society, 56（6）: 732-737.

Seiford L M, Zhu J. 2002. Modeling undesirable factors in efficiency evaluation. European Journal of Operational Research, 142（1）: 16-20.

Shan Y, Liu J, Liu Z, et al. 2016. New provincial CO_2 emission inventories in China based on apparent energy consumption data and updated emission factors. Applied Energy, 184（15）: 742-750.

Shi G M, Bi J, Wang J N. 2010. Chinese regional industrial energy efficiency evaluation based on a DEA model of fixing non-energy inputs. Energy Policy, 38（10）: 6172-6179.

Song F, Zheng X Y. 2012. What drives the change in China's energy intensity: combining decomposition analysis and econometric analysis at the provincial level. Energy Policy, （51）: 445-453.

Song M L, Zhang L L, Liu W, et al. 2013. Bootstrap-DEA analysis of BRICS'energy efficiency based on small sample data. Applied Energy, 112（12）: 1049-1055.

Sueyoshi T, Goto M. 2011. DEA approach for unified efficiency measurement: assessment of Japanese fossil fuel power generation. Energy Economics, 33（2）: 292-303.

Sueyoshi T, Goto M. 2012. Environmental assessment by DEA radial measurement: US coal-fired power plants in ISO（Independent System Operator）and RTO（Regional Transmission Organization）. Energy Economics, 34（3）: 663-676.

Sueyoshi T, Goto M. 2013. DEA environmental assessment in a time horizon: malmquist index on fuel mix, electricity and CO_2 of industrial nations. Energy Economics, 40（11）: 370-382.

Tone K. 2001. A slacks-based measure of efficiency in data envelopment analysis. European Journal of Operational Research, 130（3）: 498-509.

Tone K. 2011. Slacks-based measure of efficiency//Cooper W W, Seiford L M, Zhu J. Handbook on Data Envelopment Analysis. 2nd ed. New York: Springer: 195-209.

Wang C, Chen J, Zou J. 2005. Decomposition of energy related CO_2 emission in China: 1957-2000. Energy, 30（1）: 73-83.

Wang H, Zhou P, Zhou D Q. 2013. Scenario-based energy efficiency and productivity in China: a non-radial directional distance function analysis. Energy Economics, 40（11）: 795-803.

Watanabe M, Tanaka K. 2007. Efficiency analysis of Chinese industry: a directional distance function approach. Energy Policy, 35（12）: 6323-6331.

Weber W L, Domazlicky B. 2001. Productivity growth and pollution in state manufacturing. Review of Economics and Statistics, 83（1）: 195-199.

Wei C, Ni J, Shen M. 2009. Empirical analysis of provincial energy efficiency in China. China & World Economy, 17（5）: 88-103.

Wu F, Fan L W, Zhou P, et al. 2012. Industrial energy efficiency with CO_2 emissions in China: a nonparametric analysis. Energy Policy, 49（10）: 164-172.

Xiao B, Niu D, Wu H, et al. 2017. Marginal abatement cost of CO_2 in China based on directional distance function: an industry perspective. Sustainability, 9（1）: 138.

Yuan P, Liang W, Cheng S. 2012.The margin abatement costs of CO_2 in Chinese industrial sectors. Energy Procedia, （14）: 1792-1797.

Zhang N, Zhou P, Choi Y. 2013. Energy efficiency, CO_2 emission performance and technology gaps in fossil fuel electricity generation in Korea: a meta-frontier non-radial directional distance function analysis. Energy Policy, 56（5）: 653-662.

Zhang X, Xu Q, Zhang F, et al. 2014. Exploring shadow prices of carbon emissions at provincial levels in China. Ecological Indicators, 46（5）: 407-414.

Zhang X P, Cheng X M, Yuan J H, et al. 2011. Total-factor energy efficiency in developing countries. Energy Policy, 39（2）: 644-650.

Zhang Z X. 2003. Why did the energy intensity fall in China's industrial sector in the 1990s? The relative importance of structural change and intensity change. Energy Economics, 25 (6): 625-638.

Zhou P, Ang B W. 2008. Linear programming models for measuring economy-wide energy efficiency performance. Energy Policy, 36 (8): 2911-2916.

Zhou P, Ang B W, Han J Y. 2010. Total factor carbon emission performance: a malmquist index analysis. Energy Economics, 32 (1): 194-201.

Zhou P, Ang B W, Poh K L. 2006. Slacks-based efficiency measures for modeling environmental performance. Ecological Economics, 60 (1): 111-118.

Zhou P, Ang B W, Poh K L. 2008. A survey of data envelopment analysis in energy and environmental studies. European Journal of Operational Research, 189 (1): 1-18.

Zhou P, Ang B W, Wang H. 2012. Energy and CO_2 emission performance in electricity generation: a non-radial directional distance function approach. European Journal of Operational Research, 221 (3): 625-635.

Zhou P, Zhou X, Fan L W. 2014. On estimating shadow prices of undesirable outputs with efficiency models: a literature review. Applied Energy, 130 (10): 799-806.

Zhou X, Fan L W, Zhou P. 2015. Marginal CO_2 abatement costs: findings from alternative shadow price estimates for Shanghai industrial sectors. Energy Policy, 77 (2): 109-117.

Zhou Y, Xing X, Fang K, et al. 2013. Environmental efficiency analysis of power industry in China based on an entropy SBM model. Energy Policy, 57 (6): 68-75.

后　记

只有当回首往事的时候，才明白那些点点滴滴是如何连成线和打成面的。我在能源与环境效率方面的研究亦如是。

2007年，我有幸进入中山大学岭南学院攻读博士学位，开始接受专业化和规范化的现代经济学训练。其中一门课程是大名鼎鼎和令人爱戴的王美今教授倾心讲授的"高级计量经济"，课程作业是独立完成一篇规范的学术论文。我当时以"外包对能源环境的影响研究"为主题，在中山大学图书馆里面认真手工整理了行业面板数据，使用自学的Stata分析软件完成了实证分析，最后论文《外包对于我国环境污染影响的实证研究：基于行业面板数据》很快被《当代经济科学》录用和发表。论文从选题、数据处理、实证分析到反复修改、投稿发表都"一帆风顺"，让我真切感受到现代经济学训练的重要性和实证分析的说服力，这也为我博士期间的写作和发表奠定了良好的基础。

2010年，我博士毕业并有幸入职浙江理工大学经济管理学院，在美丽的杭州开始了自己新的教学和科研生活，也成了家，有了孩子。繁重的教学科研工作和紧张幸福的家庭生活，每天鞭策和激励着我。一天晚上，我在办公室浏览北京大学国家发展研究院的网站时，无意中看到中国台湾"中央研究院"的周雨田教授的一篇论文，其采用一种新的分解方法来计算和分解中国商业银行的效率，这种分解方法可以分解和识别出各个商业银行在资本和劳动投入方面的冗余和不足，我认为这是一种非常"接地气"的方法。

同时，我直观上认为这种方法可以在能源和环境效率方面使用。于是，我认真研读了能源和环境效率测度和分解方面的文献。经过文献梳理和综述，我发现国内学者在使用和测度能源效率方面存在"方法混用"的严重问题，能耗强度、全要素能源效率、环境全要素能源效率等各种方法不加选择地使用，而且所有这些方法都无法单独分解出能源投入的效率贡献。为此，我和学生蒋伟杰先后完成了两篇论文，顺利发表在国内权威期刊《数量经济技术经济研究》上面。《数量经济技术经济研究》是我最钟爱的期刊，钟爱的原因竟然是因为其中的论文过于注重数量方法，简单来说，就是看不懂。我从硕士期间的"看不懂"，到博士期间的"能看懂"，再到工作后的"能发表"，这一步又一步的进步和收获，不仅建立了我和自己钟爱期刊的友谊，而且促进了我自身的成长和发展。

　　能源和环境效率测度以及全要素生产率测度的研究，使得我的研究志趣和研究风格发生了根本转向，实际上是在实践中解决了自己科研中的困惑。博士期间，因为学习了"高级计量经济学"这些实证分析课程，论文写作自然就是计量回归分析。但是计量回归分析经常受困于找不到"有趣的"命题、缺乏理论基础、抓不住核心变量、遗漏了重要的控制变量甚至回归结果截然相反等问题。这些年，国内学者痴迷于政策评估方法带来的因果识别技术，一时间 DID、PSM、DIDID、PSM+DID 等方法"满天飞"。我向来对流行的东西"敬而远之"，即使做也是要梳理清楚再下手。幸运的是，我通过努力和摸索找到了"测度和分解"这样一条研究线路，无论是在能源和环境效率方面，还是在全要素生产率的测度和分解方面，抑或是在最近两年刚开始的系统性金融风险的测度和分解方面，这种研究线路和研究风格，不仅可以规避计量回归分析在研究中的种种困惑，而且能够帮助我不断学习和挑战各种前沿的方法和技术。这也许就是诗中所说的"林中另一条人迹罕至的路"和经中的"走窄门"吧。

　　文章憎命，不是每一份努力都会迎来喝彩。本书中的几个章节就是在国内权威期刊被淘汰下来的，因为倾注了自己的心血和心力，更因为好的论文常常与顶级期刊"失之交臂"，所以我选择以书稿的方式让它们面世。近些年，随着双向匿名审稿制度的滥用和研究群体的暴涨，在国内权威期刊甚至是 CSSCI 期刊发表论文的难度日益增加。同时，随着二宝的降临和年龄的成长，我越来越感受到高校科研教师的压力和主要矛盾，那就是学科整体向前沿面不可逆转的探索与科研个体自身脑力、体力和心力不可逆转的下降之间的矛盾。

　　生活还需要继续，不仅要以更高的姿态演进，而且要时刻满怀感恩之情。本书能够顺利出版，还需要着重感谢两个人，一位是傅元海院长，他帮助解决了本书出版的资金问题；一位是科学出版社的杭玫编辑，她专业、细致和耐心的编辑工作，无论是形式上还是内容上，都大大提升了本书的质量。

张少华谨记于广州

2021 年 7 月 26 日